FRIEDRICH VORREYER

Auf alten Wechseln zu neuen Wegen

FRIEDRICH VORREYER

Auf alten Wechseln zu neuen Wegen

Über ein halbes Jahrhundert

auf der Fährte des Hirsches

im Harz und anderswo

NEUMANN-NEUDAMM
EDITION WALTER SCHWARTZ

2. Auflage

ISBN 978-3-7888-1188-4

Edition Walter Schwartz

als Lizenzausgabe des Verlages J. Neumann-Neudamm KG
Schwalbenweg 1, 34212 Melsungen
Tel. 05661-9262-0, Fax 05661-9262-20
www.neumann-neudamm.de, info@neumann-neudamm.de

Printed in the European Community
Satz/Layout: J. Neuman-Neudamm AG
Titel: Aus dem Archiv des Verfassers
Bildnachweis: Die Fotos entstammen der Sammlung des Verfassers und des Rotwildarchives in Bad Harzburg, die Aufnahme des Sachsenspiegels von der Herzog-August-Bibliothek in Wolfenbüttel.
Quellen, soweit sie nicht im Text angeführt sind: Urkunden und Akten
der Niedersächsischen Landesarchive Hannover und Wolfenbüttel,
des Stadtarchives Goslar,
der Herzog-August-Bibliothek in Wolfenbüttel,
der Bibliothek des Oberbergamtes Clausthal-Zellerfeld und
der Bibliothek der Stadt Bad Harzburg.
Titelbild: Gemälde von Fritz Laube
Druck und Weiterverarbeitung: Bercker-Druck, Kevelaer

Vorwort

Ein höheres Alter allein berechtigt und genügt nicht, Erinnerungen von sich zu geben. Persönliche und sachliche Gründe müssen hinzukommen, um zur Feder zu greifen.

Der Harz ist meine Heimat, und der Rothirsch gehört zu ihr. Ihm bin ich verbunden, wie wohl kaum ein Harzjäger zuvor, denn über sechs Jahrzehnte hänge ich der Fährte dieses edlen Wildes in meinen Heimatbergen nach. Und seit fünfundvierzig Jahren steht meine Spur für die Jäger sichtbar neben dem Trittsiegel des Harzhirsches. Frühzeitig wurde es mir auch auferlegt – anders kann ich es nicht empfinden und ausdrücken – mich der Jagd auf das Rotwild, die auf neuen Wegen in eine Bewirtschaftung der Rotwildbestände übergeführt werden musste, mehr oder weniger amtlich, beruflich zu widmen.

Es ist nicht meine Absicht, dies deutlich zu machen, aber der Dank für das in so langen Jahren Erlebte und die Freude am Werk, an dem ich schaffen durfte, geben mir persönlich Anlass, die Feder in die Hand zu nehmen und sie zu führen.

Zur Sache, meine ich, wäre es eine ebenso dankbare wie notwendige Aufgabe, einiges über den Harzhirsch und seine Jäger und nicht nur über diesen und diese, zusammenzutragen und zu betrachten, was aus der Erinnerung zu schwinden droht, und was daher auf eine solche Arbeit wartet.

Eine Fülle von Tatsachen und Erlebnissen gibt beredetes Zeugnis nicht nur von der Lust am Jagen, sondern auch von der Mühe und Sorge, die der Erhaltung und Hege des Rotwildes in den Harzwäldern, aber auch anderswo auf alten Wechseln und neuen Wegen gewidmet worden sind!

Das Wissen hierum dient nicht zuletzt auch dem Erkennen unseres Standortes. Nur der, der weiß, woher er kommt, findet die Richtung, in die er gehen muss!

Und niemand sollte vergessen, dass auf neuen Wegen vor ihm auf alten Wechseln die Spuren der Alten stehen!

Bad Harzburg, im Frühjahr 1983

Zum Geleit

Im Jahre 1983 erschien dieses Buch aus der Feder von Friedrich Vorreyer, das leider nicht die Verbreitung gefunden hat, die es verdient gehabt hätte.

Er wuchs mit dem Harzer Rothirsch auf und wollte sich nicht damit abfinden, dass der alte Sechser oder Achter in diesem Rotwildgebiet das Ziel der Hege sein sollte. Als Geschäftsführer des dortigen Rotwildringes, als Rotwildsachverständiger im Reichsjagdamt und später als Forstamtsleiter in Oderhaus schaffte er das Wunder, dem Harzhirsch wieder eine Krone aufzusetzen. Es war ein langer und mühsamer Weg dorthin und all dies hat Vorreyer in seinem Buch in humorvoller, nie langweilig werdender Sprache dargestellt. Auch räumt er in diesem Buch mit manchen, heute noch gerne kolportierten Thesen auf. Zum Beispiel der Behauptung, dass zu Zeiten des Reichsjagdgesetzes eine hemmungslose und waldverwüstende Hirschzucht praktiziert worden sei. Vorreyer legt glaubhaft (und nachvollziehbar) dar, dass in den dreißiger und vierziger Jahren des vorigen Jahrhunderts – von „oben" verordnet – eine kräftige Reduktion der Rotwildbestände stattgefunden hat. Er kämpft vehement für das Geweih als Auswahlkriterium für die Qualität eines Hirsches und erntet damit gewiss den Widerspruch mancher moderner Wildbiologen. Aber seine Erfolge geben ihm Recht – nicht nur im Harz, sondern auch „anderswo" wie in den belgischen Ardennen und auf einer schottischen Insel, wo man sich gerne seiner Erfahrungen und seines Rates bediente.

Dieses Buch ist nun alles andere als eine monotone Harz-Hirsch-Monografie. Auch seine eigenen jagdlichen Erlebnisse hat Vorreyer darin verarbeitet und genau dies macht die Lektüre abwechslungsreich und auch spannend.

Es ist ein hohes Verdienst der Edition Walter Schwartz im Verlag J. Neumann-Neudamm, dass dieses Buch jetzt wieder in einer Neuauflage auf dem Jagdbuchmarkt zu haben ist. Ich habe die große Hoffnung, dass dieses wertvolle Buch jetzt die Verbreitung in der deutschen Jägerei erfährt, die der Erstauflage versagt geblieben war. Es ist ein absolutes MUSS für jeden Jäger, der – in welcher Funktion auch immer – für das Rotwild Verantwortung trägt und darüber hinaus für jeden Jäger, dem der Rothirsch am Herzen liegt.

Bernd Krewer

Inhaltsverzeichnis

Wie es anfing

Am 12. August 1922 war es, Feistzeit also, frühmorgens, aber schon gutes Büchsenlicht. Braunschweigisches Forstamt Stiege/Harz, im Klingenberg, als mein im Pirsch weg hinter mir stehender Vater den Stoßseufzer hervorbrachte: »Nun schieß doch endlich!« Eine mir bislang noch nicht zuteil gewordene Aufforderung, die den bisherigen Beginn jagdlicher Unterhaltung mit der Frage: »Vater, was hast du geschossen?«, grundlegend änderte.

Ich schoss dann endlich auf fünfundzwanzig Meter, nachdem das bekannte alte Gelttier im räumen Buchenaltholz, schon mehrfach in günstiger Schussposition stehend, über zweihundert Meter herangewechselt war. Erstmalig stand ich nach jahrelang vorbereitender jagdlicher Beschäftigung mit Kleingetier, den Mäusen, Ratten und Spatzen ein gefürchteter Feind, mit Vaters Mannlicher in der Hand vor einem ersten jagdbaren Stück Wild, gleich einem Stück Rotwild, das nach dem Schuss und kurzer Flucht, außer Sichtweite allerdings, zusammenbrach. Auch Vater flüchtete außer Sichtweite. Himmel, war der aufgeregt! Bald waren wir am verendeten Stück, stolz nahm ich den ersten Bruch Harzer Fichte aus Vaters Hand. Achtzehn Jahre war ich jung, Primaner!

Und so begann es vor sechzig Jahren! Die Pirsch auf den Hirsch im Harz und anderswo!

Noch einmal: Braunschweigisches Forstamt Stiege, Ostharz, im Kreise Blankenburg gelegen. Mein Elternhaus, meine Heimat, meine jagdliche Lehr- und Ausbildungsstätte, mein unvergessenes Paradies.

Viel Laubholz noch, viele gut gepflegte Wiesen. Der Rotwildbestand echt »harzerisch«: Viel zu hoch und von schlechter Qualität! Aus harzerischem Grund: Grenzen, überall Grenzen. Im Norden das noch gegatterte ehemalige Hofjagdrevier Braunschweigisches Forstamt I Hasselfelde, im Osten Anhaltinisches Forstamt Güntersberge, im Süden Fürstliches Forstamt Stolberg und Stiftsforst Ilfeld, im Westen die offenen Feldjagden Stiege und Hasselfelde. Grenzen also genug! Und alle mehr oder weniger schlecht! Nicht etwa, weil die Jäger mehr oder weniger schlecht gewesen wären, solche gab es natürlich auch, sondern weil es Grenzen waren, offene Grenzen, die das Rotwild selbstverständlich nicht kannte und respektierte. Und jeder Grenznachbar hatte eine eigene Vorstellung von Rotwildjagd und Rotwildhege. Das wirkte verständlicherweise äußerst beunruhigend und hemmend auf jede Zielsetzung und dementsprechende Planung. Man wusste ja auch noch nicht allzu viel vom Rotwild, und Schonzeit gab es für diese Wildart im braunschweigischen Harz erst seit dem Jahre 1910!

Vaters erster Hirsch im eigenen Revier war im Jahre 1914 ein ungerader Zwölfer von geschätzten 140–150 I.P., blutjung, fünf bis sechs Jahre alt, über den er sich ehrlich freute, und der in der örtlichen Tageszeitung unter der Schlagzeile »Kapitalhirsch erlegt« erwähnt wurde. Es war eben ein »jagdbarer« Hirsch, mehr als zehn Enden. Die Freude wurde etwas gedämpft, als später einer der Betriebsbeamten – ich sollte ihn ruhig nennen: der alte Förster *Steinhoff* – auf Vaters Frage, ob der Hirsch wohl noch stärker hätte werden können, schlicht antwortete: »Natürlich, wenn Sie ihn nicht totgeschossen hätten, und er doppelt so alt hätte werden können!« Vater war jagdlicher Autodidakt, von einer grundsoliden Auffassung. Er hat mir später oft erzählt, wie sehr ihn diese offene Antwort aufgeschreckt und aufgeweckt habe. Auch bei mir hinterließ das erste Spuren. Aber hätte er den Hirsch nicht geschossen, wo wäre der damals wohl geblieben? Sehr wahrscheinlich oder gar mit Sicherheit hätte er, wie mancher seiner Kumpane, bei Aufhebung der Schonzeit wegen Wildschadens auf der Gutsjagd Bärenrode bei Güntersberge sein frühzeitiges Ende als Basthirsch gefunden. Nun, wir und die Hirsche mussten versuchen, damit fertig zu werden, und so entwickelte sich ein eigenes Beschussprinzip meines Vaters, und sicherlich nicht nur das seinige: Es wurde für sträflich gehalten, einen geringen, also jungen, Hirsch zu schießen. Wo sollten sonst die alten herkommen?

Vater schoss noch manchen braven Hirsch im Harz, überaltert waren sie alle nicht, und über einen Zwölfer brachte er es nicht. Mein Großvater, auch einmal das Forstamt Stiege verwaltend, schoss keinen Hirsch, der mehr als zehn Enden getragen hätte. Das war in den Jahren von 1879 bis 1887.

Sehr bald nach dem Jahre 1922, in dem ich Rotwildjäger geworden war, übernahm ich, 1924 Forstbeflissener, den Hirschabschuss meines Vaters mit der strengen Weisung, nur einen starken Hirsch zu schießen, so stark, wie ich ihn eben erwischen könnte. Diana und mein loser Drückefinger haben mich bei meinem ersten Hirsch vor solchem Erfolg bewahrt, und so fiel der nicht auf Anhieb weisungsgemäß aus. Ein fünf- bis sechsjähriger Achter war es, den ich in der Feistzeit 1924 nach anfängerhaften Mühen zur Strecke brachte.

Aber, es war mein erster Hirsch, und über diese Tatsache hinaus vergesse ich nicht einige bemerkenswerte Begleitumstände. Bei der Nachsuche bekam ich nämlich von meinem Vater den sicherlich nicht mehr ganz ernst gemeinten, letzten Backenstreich, nachdem ich eingestanden hatte, dem Hirsch auf 180 Schritte spitz von vorn die Kugel angetragen zu haben. Genau konnte ich trotz meiner begreiflichen Aufregung bei Schussabgabe den Anschuss verweisen, denn der Hirsch machte gerade das »Himmelszeichen«, indem er einen über ihm hängenden Eichenzweig so abdrehte, dass er über der Anschussstelle hing. Mit meinem Wachtelhund nahm ich die Nachsuche auf und stand nach etwa sechzig Schritten vor dem längst verendeten Hirsch, meinem ersten! Am Vorabend beschossen, war er natürlich vom Fuchs angeschnitten. Das war fast das Schlimmste! Schon in der vergangenen, schlaflosen Nacht hatte ich mir sowieso geschworen, nie wieder abends auf einen Hirsch zu schießen. Später tat ich das natürlich doch wieder.

Vorläufig stand ich aber ehrlich ergriffen vor meinem ersten Hirsch und nahm aus Vaters Hand den Bruch. So etwas erlebt man nur einmal und vergisst es nicht.

Mit mir waren mein Vater, sein Bürobeamter und der Jagdpächter der zwei Kilometer entfernten Feldjagd Hasselfelde. Dieser sollte im Forstamt einen Hirsch schießen, um die Hirsche auf dem Felde, wo er sie nicht ansprechen konnte, in Ruhe zu lassen. Das gab es damals auch schon! Wir waren entsprechend instruiert, keinesfalls verlauten zu lassen, dass dieser Hirsch wohl auch einmal zu Felde hätte ziehen können. Der gute Jagdpächter hatte auch nicht den geringsten Verdacht auf eine solche Möglichkeit. Als ich nun den Hirsch unter den üblichen Begleitreden der Umstehenden aufgebrochen hatte, schärfte ich den Pansen auf, um ihn als Hundefutter zu bergen, und siehe da: Schöner gelber Hafer quoll hervor! Den konnte mein Achter ja nun wirklich nicht im Walde zu sich genommen haben, hierzu war er Gast des Jagdpächters gewesen! Wir standen ziemlich bedeppert da, nur der Bürobeamte fasste sich schnell und sagte sinnigerweise: »Na, Herr Weber, den hätten Sie aber auch schießen können!« Das war ja nun nicht mehr zu verheimlichen, und nur das befreiende Lachen des Jagdpächters erlöste Vater und mich aus unserer Erstarrung. Aber ich hatte es noch nicht gewusst, geschweige denn erlebt: Der Hirsch hatte den Hafer nach mindestens fünfzehn Stunden noch voll erkennbar im Pansen, fünfzehn Stunden nach seinem Feldbesuch!

Auch die Geschichten meiner vier folgenden Hirsche gehören in dieses Kapitel. Sie fielen schon wesentlich mehr zur Zufriedenheit meines Vaters aus, denn sie waren stark und entsprechend alt. Dennoch hatten sie nach meiner Ansicht einige Schönheitsfehler. Am 17. September 1925, zu Brunftbeginn also, saß ich mit meinem Vater wieder im Klingenberg auf der »Loßschen Kanzel« an Bottergeorgswiese. Diese war aber keine Wiese, sondern, wie damals üblich, nur eine ehemalige, jetzt im Dickungsalter stehende Fichtenpflanzung. Langgestreckt lag sie vor uns, zweigeteilt durch eine breite Schneise. Ringsum Buchenaltholz. Eigentlich war es schon zu spät am Morgen, um noch besondere Ereignisse zu erwarten. Ein mausender Fuchs auf der Schneise hatte uns gut unterhalten. An einen Hirsch dachten wir jedenfalls nicht mehr. Da stieß vor der Dickung doch noch einer an. Einmal nur, aber keine schlechte Stimme. Sofort abgebaumt, die Mittelschneise hinauf, vorsichtig um die Ecke spekuliert, und schon hieß es: »Schieß, ein starker Hirsch!« Da stand er brettelbreit auf sechzig Gänge kurz vorm Einwechseln in die schützende Dickung. Allein, vermutlich ein Platzhirsch, der zu Anfang der Brunft sein Rudel verlassen hatte, um wieder in seinen Feistzeiteinstand zurückzukehren. Das war in den ersten Tagen der Brunft ganz typisch.

Ja, stark war er, lange und dicke Stangen, mehr sah ich nicht in der Überraschung und schoss leider freihändig. Der Hirsch quittierte die Kugel mit einer hohen Flucht, nach der ihn die Dickung verschluckte. Wir beobachteten aber, schnell auf die Schneise zurückspringend, wie der Hirsch diese hochflüchtig überquerte, um wenig später über einen schmalen Kahlschlag das Weite zu suchen. Zumindest ich habe wohl nicht sehr geistreich hinterhergesehen. An Schießen war spitz von hinten nicht zu denken. »Der ist vorbei«, »Der hat die Kugel!« Vaters bzw. mein erstes Wort. Also selbstverständlich zurück zum Ort der Tat, zum Anschuss. Dort fanden wir starke Eingriffe und wenig kurzes Schnitthaar, vom Stich vermutlich. Kein Schweiß, und nach dem gerade gesehenen Befund war eine Nachsuche wohl kaum erforderlich. Dazu war der Hirsch, den wir über mehrere hundert Meter hatten flüchten sehen, doch wohl zu munter.

Das war fatal, doch ersparten wir uns die Suche guten Gewissens und auch gern wegen der damit verbundenen Störung. Wir marschierten betrübt zum Jagdhaus, und während des Marsches wurden der Hirsch in der Rekonstruktion des Ereignisses immer älter, die Stangen immer dicker und länger, wir immer trauriger. Nur auf die Frage, wie viele Enden der Hirsch wohl getragen habe, wussten wir beide keine Antwort. So unbekümmert konnte man damals noch auf »dicke« Hirsche den Finger krumm machen!

Die Brunft kam in Gang, und ziemlich lustlos ob des gehabten Misserfolges saß ich am 29. September morgens auf der so genannten »Zehnerkanzel« im Klingenberg an einer Buchenaltholz und Fichtendickung trennenden Schneise. Gut schrie ein Hirsch unweit im nicht einzusehenden Altholz. Ich wusste, der musste früher oder später über die Schneise. Er kam aber zunächst nicht, vielmehr gab es nach längerer Zeit einen erbitterten, spektakelnden Hirschkampf im Altholz, für mich unsichtbar, den ich mir aber unbedingt besehen wollte. Also runter. Auf der halben Hochsitzleiter spürte ich Gegenverkehr. Vater kam atemlos herauf, hatte die kämpfenden Hirsche gesehen und auch, dass sie sich trennten. »Mach dich fertig, der Platzhirsch, ein recht guter, muss gleich erscheinen!« Kurz darauf erschien der Hirsch und wurde nach Vaters »Richtlinien« als passend angesehen, nicht etwa mit heutiger Akribie angesprochen. Heraus war der Schuss auf wohl achtzig Gänge, und schon war der Hirsch mit einer hohen Flucht in der Dickung verschwunden. Na, das kam mir durchaus bekannt vor. Sehr schnell hörten wir den Hirsch aber Schweiß aushusten und dann auch zusammenbrechen. Trotzdem holte ich meinen Wachtel aus dem nicht fernen Jagdhaus. Vater legte ihn zur Fährte, nachdem ich ihn vom Hochsitz eingewiesen hatte. Er tauchte mit dem Hund in der Dickung unter, und ich hörte schnell den die Spannung lösenden Ruf »Tot«. Vom Hochsitz herunter, dorthin, wo ich den Hund Laut geben hörte, und da sagte mein Vater vor sich hin: »Viel zu stark. Viel zu stark!«

Na, dachte ich, warum denn das? Also erst einmal zum Hirsch. Donnerwetter, da lag wirklich ein ganz starker. Dicke, fast einen Meter lange Stangen, alt, aber nur acht Enden. Überglücklich war ich, nur Vaters Freude, seine Mitfreude, die er immer hatte, wollte nicht so recht durchbrechen. So wagte ich die Frage, warum denn der Hirsch »viel zu stark« sei. Gerade diese Sorte sollte ich doch schießen. Ja, natürlich, aber mein etwas vergrämter Vater kam gerade von der Pirsch mit seinem Inspektionsbeamten, den er auch zu Schuss gebracht hatte. Auch ein Achter, aber in den Geweihausmaßen gerade die Hälfte des meinigen. Ich war Student, der »dicke Salle« Oberforstmeister. Das war damals noch was, und ich muss ihm hier ein Denkmal setzen. In rührender, großzügiger Weise hat er sich mit mir über meinen Erfolg gefreut. Keine Spur von Neid! Eine schöne Geschichte ging von ihm um: Noch als Forstamtsvorstand in Seesen hatte ihm einer seiner Beamten einen starken Hirsch ausgemacht, der in der Nacht mit seinem Wild die Feldmark aufsuchte. Abfassen konnte man ihn nur auf der Feldgrenze. Also postierte sich *Salle* dort im Morgengrauen, und schon sah er den Hirsch spitz auf sich zu ziehen, das mächtige Geweih über dem Rumpf schaukelnd. Spitz von vorn auf nächste Entfernung war die einzige Lösung. Im Schwarzpulverknall und Dampf war in der noch herrschenden Dunkelheit reineweg nichts zu sehen, aber auf dem Grenzweg musste der Hirsch wohl liegen. Tatsächlich, da lag er ja, gerade im Dunkeln zu erkennen. Genüsslich strich der glückliche Schütze mit seinem Krückstock über den Rücken des Hirsches, um das entspannende Anschlagen des Stockes am Geweih zu hören. »Nun muss es doch gleich klappern«, murmelte er vor sich hin, als er nichts vernahm. Konnte er auch nicht, denn was da vor ihm lag, war ein Schmaltier mit sauberem Schuss auf dem Stich. Diesem Schmaltier war der Hirsch dichtauf gefolgt, ohne dass der Schütze bemerkt hatte, dass das Geweih über dem Schmaltierkörper zu sehen war.

Doch zurück zu meinem Hirsch. Bei genauer Untersuchung ergab sich eine erfreuliche Überraschung: Es war mein alter Freund vom 17. September. Meine Kugel hatte ihn mit ganz geringfügiger Verletzung am Stich fast als Streifschuss getroffen. Völlig ungefährlich. Nun war ich doppelt froh und die Gedanken an den schwarzen Tag los.

Zwei Jahre später, Brunft 1927. Im Vorjahr war ich Schneider geblieben, und nun sollte und durfte es ein starker Kronenhirsch werden. Schon hatte aber der Förster *Cyrenius,* Allrode, wieder einen starken Achter entdeckt, der »vielleicht« ein einseitiger Kronenhirsch sein konnte. Klar, dass ich den Hirsch den »Landpfleger« nannte. Gesehen hatte ich ihn noch nicht, es wollte und wollte nicht klappen, da der Hirsch im Klingenberg alle Brunftplätze sehr unregelmäßig besuchte. Am Morgen des 2. Oktober pirschte ich gegen 10 Uhr im Buchenaltholz hinter der schon genannten »Zehnerkanzel« bei sehr stürmischem, aber klarem Wetter und hörte in Richtung Kanzel einen einzelnen Schrei. Ihm ging ich nach und sah Hirsch und Tier vor mir wegziehen. Ansprechen war nicht möglich, nur dass es ein starker war, konnte ich mehr ahnen als sehen. Des Windes wegen musste ich eine ziemliche Umgehung machen, legte mich richtig am Wechsel vor und sah bald das einzelne Tier in einem kleinen Fichtenhorst äsend erscheinen, vom Hirsch nichts. Schnell klemmte ich mich hinter eine Meterbank, denn Deckung war in dem Altholz ziemlich rar, und wartete auf das Erscheinen des Hirsches. Eine halbe Stunde lang geschah nichts, und ich vermutete den Hirsch schon in der nahen Dickung. Plötzlich, ich traute meinen Augen kaum, war hinter einem Reisighaufen dicht vor mir, auf etwa fünfundzwanzig Meter, eine Bewegung am Boden. Ohne Glas leicht zu erkennen: Die rechte Stange eines wie schlafend auf dem Boden liegenden Hirsches. Ganz auf der Seite lag er, die Läufe weit von sich gestreckt, das Haupt mit der linken Stange an der Erde. Schnell kombinierte ich: Die linke Stange, die ich nicht sehen konnte, das ist die mit einer Krone. Rechts war es eine starke Achterstange, was auf die nahe Entfernung leicht auszumachen war. Also, der Hirsch darf mir nicht entkommen. Aber, was tun? Er schlief doch ganz fest. Ich tat das, was mir als das sicherste erschien, was ich aber nicht durfte, und was ich auch nie wieder getan habe: Ich mahnte ganz leise – es war doch sehr nahe – und schoss auf den völlig verschlafenen Hirsch, als er kurz das Haupt hob, von hinten. Er war sofort verendet. Der Einschuss saß dort, wo er nur sitzen konnte, zwischen den Lauschern im Hinterhaupt, Ausschuss rechter Unterkiefer. Pfui und nochmals pfui! Die Strafe kam sofort: Die linke Stange hatte nur drei Enden, von denen die Augsprosse noch dazu abgekämpft war. Sechserstange, allerdings 93 cm lang. Es war der »Landpfleger«! Wieder ein ganz alter, starker Achter.

Auf dem Forstamtshof wurde der Hirsch wie üblich gerecht gestreckt. Vater war mehr als zufrieden, nur wurde ich blass, als er mit seinem Eichenheister dem Hirsch über die Decke fuhr und fragte: »Wo sitzt denn eigentlich die Kugel?« Ich wünschte, ich hätte sie ihm irgendwo auf dem Rumpf, meinetwegen gar auf der Keule, zeigen können, doch musste ich meine Tat eingestehen. Ehe sich Vater einer Strafpredigt zuwenden konnte, rettete ein Jagdgast, *Bodo von Spörcken,* die Situation mit der klassischen Bemerkung: »Herr Forstmeister« – den schönen Titel gab es damals noch – »Herr Forstmeister, wenn Sie allein sind, bohren Sie wohl auch mal in der Nase?« Vater verschlug es die Sprache! Jedenfalls habe ich auf diese Weise später nicht wieder in der Nase gebohrt. Es war eine Jugendsünde, damit möchte ich mich entschuldigen.

Das Jahr 1928 sah mich sehr bemüht, einen starken Hirsch zur Strecke zu bringen. Wieder brunftete er im Klingenberg, große Kultur, aber ich kam nicht einmal so weit, ihn richtig angesprochen zu haben. Die in Dickungsschluss gekommene Kultur ließ ihn nicht ausreichend ansichtig werden. Nur soviel wusste ich von ihm: Ein kurzes, rundes Geweih mit dicken Stangen, vermutlich wieder ohne Krone. Na, woll'n mal sehen! Ich opferte ihm vergeblich die ganze Brunftzeit, nachdem ich im Sommer zwei mittlere Abschusshirsche, auch Achter, erlegt hatte. Das Ziel meiner jagdlichen Mühen, der mehr oder weniger unbekannte Starke, erhielt den Ehrennamen »Phantom«.

So kam das Jahr 1929. Ich hatte es inzwischen zum Forstreferendar in Braunschweigischen Diensten gebracht und hatte für mein »Phantom« die Hoffnung, es möge sich auch entsprechend entwickelt haben. Vermutlich brunftete der Hirsch auf seinem alten Platz, sehen ließ er sich aber nicht. Bis eines abends, es war schon der 3. Oktober geworden, ihn mein älterer Bruder *Karl* außerhalb seines normalen Einstandes bestätigen und ansprechen konnte. Die Gegebenheiten erlaubten es, mich auf seinen Hochsitz zu holen, und so schoss ich den dritten starken Hirsch, zwar nach zweijährigen Mühen, aber doch ziemlich sang- und klanglos. Abgebrunftet saß er auf einer großen Windwurfblöße inmitten seines Rudels. Ich mahnte ihn an, er stand auf und erhielt sofort meine Kugel, die ihn in der Fährte zusammenbrechen ließ.

Das »Phantom« war mein: Ein alter, kurz-, aber dickstangiger Achter. Wieder ein Achter, kein Ende mehr, keine Andeutung eines Kronenendes. Und doch hätte er dem Alter nach genügend Zeit gehabt, eine Krone zu tragen.

Auch das Jahr 1931 brachte mir einen starken Hirsch, wieder einen dickstangigen Achter, der wohl etwas älter hätte sein können.

Aber seine typischen großen, quergestellten Gabeln ließen eine spätere Kronenbildung wenig wahrscheinlich sein.

Eine kleine bezeichnende Episode am Rande: Mein Onkel, der an dem Hirsch insofern etwas beteiligt war, als er ihn gern selbst hätte schießen wollen, schenkte mir zur Erinnerung an die gemeinsame Unternehmung ein graviertes Bierglas mit einem Text, von dem mir nur der Schluss noch erinnerlich ist:

»... doch hat es sein Bewenden
bei den ewigen acht Enden!«

So, da hatte ich nun den Anfang: Sieben Hirsche, davon vier alte, starke. Es waren sieben Achter, jünger oder älter, Achter und kein Ende mehr. Meiner Abschussfreigabe entsprechend hätte ich ebenso gut vier starke Kronenhirsche erlegen können. In den zehn Jahren meiner unbekümmerten jagdlichen Lehrzeit stand ich nur einmal bewaffnet einem Kronenhirsch gegenüber. Es sollte mein erster Hirsch sein, er wäre es auch gewesen, hätte ich nicht schmählich vorbeigeschossen.

An dieser Stelle möchte ich einmal einhalten, tief Luft holen und zum Verständnis erklären: Selbstverständlich waren bei diesen meinen ersten, ernsten Jagderlebnissen und Erfolgen als Rotwildjäger, auch bei dem Sündenfall von 1927, Sonnenauf- und -Untergang, Vogelsang und Waldesduft, Brunftschrei und Stille der Nacht dabei – alles war dabei, alles habe ich gesehen, gehört und empfunden, was die Jagd so innerlich bewegend und beglückend werden lässt. Alles habe ich aufgenommen, was die Jagd an erzieherischen Werten gibt. Aber ich bemühe mich hier um Jagdgeschichte und Jagdgeschichten besonderen Inhaltes, in denen kaum Platz ist für gefühlsbetonte Abschweifungen, die sich stets wiederholen müssten.

Und noch etwas möchte ich eingangs sagen: Wir hielten es für selbstverständlich und besonders zweckmäßig, nicht nur die Hochsitze im Revier mit Namen zu versehen, auch die Hirsche, soweit sie von bemerkenswerter Standorttreue waren und entsprechend häufig und langzeitig gesehen wurden, hatten ihre Namen. So konnte man sich schnell verständigen, ohne dass Missverständnisse untereinander aufkamen. »Zehnerkanzel«! Von ihr hatte Vater den alten, schlechtwüchsigen Zehner geschossen, den er schon so lange kannte. »Kreuzotterkanzel«, hier hatte ein Waldarbeiter einmal eine Blindschleiche an die Leiter gehängt, die er stolz als Kreuzotter zur Strecke meldete. Auch bei den Hirschen bewährte sich die Namensgebung, und nie sind wir auf den Gedanken gekommen, damit den Begriff der Domestikation aufzubringen oder zu fördern. Nein, unsere Hirsche waren uns »wild« genug, und wenn wir z.B. vom »Phantom« sprachen, so wussten wir, dass ich zwei Jahre gebraucht hatte, um es zur Strecke zu bringen.

Landschaftsnamen und solche von Bergen und Tälern, von Wiesen, Forstortsnamen gehörten einfach zum Wild, nicht nur in Erzählungen, sondern selbstverständlich zum Streckenbericht im Schussbuch, zu dessen Führung mich mein Vater vom ersten Jagdtage an verpflichtete. Ich kann ihm nicht dankbar genug dafür sein wie auch meiner Frau, die dieses unersetzliche Erinnerungsstück in den Kriegswirren gerettet hat.

Nicht verschweigen möchte ich auch, dass Vater während des Krieges 1914/18 einige wenige Kronenhirsche schoss. Sie waren noch nicht alt genug, aber man entschuldigte sich mit der Sorge, dass Vater trotz seines schweren Magenleidens doch noch zum Militärdienst hätte eingezogen werden können, wie auch immer wieder mit den Grenzen, die den Hirschen keine hohe Lebenserwartung zukommen ließen.

Mit dem Jahr 1932 hörte meine regelmäßige Jagdausübung im Harz zunächst auf. An anderen Dienststellen hatte ich ein eigenes Betätigungsfeld. Außerdem bereitete ich mich zum Staatsexamen vor, und das Geschick wollte es, dass das Thema für meine schriftliche Arbeit sich mit Rotwild befasste, wenn auch »böswilligerweise« mit Betonung auf den Wildschaden. Auch mit dem Biotop »Harz« hatte es nichts zu tun, sondern bezog sich auf den Hils, Forstamt Grünenplan, dass ich später kurz verwalten durfte. Zwei gute Wirkungen hatte diese Arbeit: Ich lernte mein späteres Forstamt kennen, und ich stieß auf die Jagdhistorie – ein Gebiet, das mein Interesse nicht wieder verloren hat und dem ich später für den Harz mit besonderer Intensität nachgegangen bin.

1925

1927

1929

1931

Auf alten Wechseln …

Zu der Zeit, als ich anfing, mich dem Harzhirsch noch als Jungjäger zu widmen, für mein Alter allerdings bereits auffallende Jagderfolge hatte – zu der Zeit konnte man sich mit Stand und Ergebnissen der Rotwildjagd im Harz keinesfalls zufrieden geben, als Jäger im »grünen Rock« schon gar nicht.

So waren es den Gegebenheiten entsprechend auch Forstleute, die sich etwa seit Mitte des vorigen Jahrhunderts dessen annahmen, was wir heute komprimiert als »Rotwildproblem« zu bezeichnen uns angewöhnt haben. Zunächst taten sie es mehr oder weniger nur beobachtend, seit der Jahrhundertwende aber schon sehr bemerkbar und an die jagdliche Öffentlichkeit tretend. Aus dem Kreise dieser Forstleute nenne ich vorab den Fürstlichen Oberforstmeister *von Eschwege,* Wernigerode, den Preußischen Forstmeister *Potthoff,* Bad Grund, und den Preußischen Revierförster *Müller,* Hahnenklee. Auf ihre Arbeit ist noch zurückzukommen.

Aber erst die seit der Jahrhundertwende Wissensgut interessierter Jäger gewordenen neuen Erkenntnisse der Rotwildbiologie, der Erlass des Reichsjagdgesetzes mit seinem Eckpfeiler, dem obligatorischen Abschussplan, 1934, und die etwa gleichzeitige Übernahme des Jagdreferates der Braunschweigischen Landesforstverwaltung, damals mit 13 Forstämtern am staatlichen Waldbesitz des Harzes maßgeblich beteiligt, gaben mir das Instrumentarium in die Hand, das nötig war. So konnte die angestrebte Wende, der Übergang von einer zusammenhanglosen Rotwildjagd zu einer einheitlichen Bewirtschaftung des Gesamtrotwildbestandes im Harz, in Angriff genommen werden. Und es waren mein Plan und Ziel, durch eine möglichst große Summe vermeidbarer Fehler zu dem Erfolg zu kommen, auf den einsichtigen Jäger schon lange gehofft hatten.

Die gemachten Fehler, die zum Teil in bisher unabänderlichen Gegebenheiten lagen, mussten im einzelnen zunächst erkannt und verdeutlicht werden. So machte ich mich also auf die Nachsuche, nahm Fährte und Spuren des Harzhirsches und seiner Jäger auf, und zwar notwendigerweise auf der Rückfährte. Eine leichte Nachsuche war es nicht, im Gestrüpp, in der »Hecke« sagt der Harzer, nicht die Zeichen zu übersehen, die das Bild des Harzhirsches ausmachten, und das zusammenzutragen, was in Archiven und Akten verstreut, unübersichtlich und zum Teil unzugänglich auf eine solch sichtende Arbeit wartete.

Dass damit Harzer hirschgerechte Jäger vor der Vergessenheit bewahrt werden, die vor mir und mit mir ihre Sorge und Arbeit dem Rotwild ihrer Heimat gewidmet haben, ist mir eine besondere Genugtuung, ja, ich empfinde es als selbstverständliche Pflicht, sie zu erwähnen.

Die großflächige Ausdehnung des Harzes und die daraus sich ergebende Vielfalt der Administrationen zwingt zu einem Rückblick durch ein grobes Raster. Nur insoweit sollen jagdgeschichtliche Quellen in Anspruch genommen und ihre Aussagen gewertet werden, wie sie als Pars pro toto es ermöglichen, ein allgemein gültiges Bild zu erstellen. Auch die Bereiche, aus denen Fakten erhoben und verwertet werden sollen, mussten des sehr umfänglichen Materials wegen auf die wichtigsten eingeschränkt werden, und zwar im wesentlichen auf die des Wildschadens, der Bestandesangaben, der seinerzeitigen biologischen Auffassungen und der sich daraus entwickelnden Jagdmethoden.

Den Wildschaden erwähne ich nicht zufällig oder gar in bestimmter, betonender Absicht. Nein, fast stimmt es mich ein wenig traurig, weil Angaben über den vom Rotwild angerichteten Wildschaden im Walde schon sehr frühen Datums sind. Denn immer wieder, immer häufiger und immer gründlicher beschäftigte man sich mit diesem leidigen Thema, das heute noch ebenso aktuell ist, wie vor Hunderten von Jahren. Derjenige, der den Schälschaden, um den geht es hier vornehmlich, für ein »modernes Übel« ansieht, muss sich sagen lassen, dass man es tatsächlich fast mit einem historischen Übel zu tun hat, das die Jahrhunderte leider überdauerte. Dies Ärgernis macht bewusst, dass das Rotwild nicht nur im, sondern auch vom Walde lebt!

Da findet sich zum Beispiel schon aus dem Jahre 1578 über eine auf Befehl des *Herzog Julius zu Braunschweig-Lüneburg* durchgeführte »Forstbereitung« ein Bericht über Wildschäden in den Harzburgisch-Seesenschen und anderen Forsten, in dem es unter anderem heißt: »dass die jung aufgewachsene Holzung, fürnehmlich Solweiden, Aornen (Ahorne?) und Eschen auch sowohl mannshoch gefrezt (gefressen) niedergeknickt und beschädigt, auch geschälet und mit den Hörnern zerschlagen und vernichtet worden augenscheinlich befunden sei ...«

Ausdrücklich wird vermerkt, dass »dahin keine Kühe als anderes Vieh hätte gelangen können, was an den Fußmalen gespürt worden sei«.

Im Jahre 1753, zweihundert Jahre später, stellt die »General Haushaltsprincipia vom Berg-, Hütten-, Saltz- und Forstwesen in Spezie vom Hartz« von *Christian Bösen* fest: »Was aber das Borkenschaaben des Rotwildprets betrifft, so ist solches hergegen an anderen Orten noch weniger bekannt und nur hier im Hartz und absonderlich in der Communion in den letzten 20–30 Jahren her erst, wie mich die alten Forstbedienten versichern, so stark angefangen.« Und weiter, dass »sonderlich im Frühling, da der Saft am stärksten gehet« geschält wird, und dass das Schälen im Harz »eines von den größten Verderben des Tannenholzes ist und so geschaffen, dass oft in Revieren von 1 Meile Weges groß unter 10 Stämmen kaum einer mehr gefunden wird, der nicht auf diese Art lädiert ist«.

Oberforstmeister *Müller*, Wernigerode, trägt vor dem Harzer Forstverein im Jahre 1883 vor, dass schon aus dem Jahre 1763 berichtet wird: »Dass in Folge der geführten großen Holzschläge bei starkem Wildgehege das Wild, weil es in den großen Dickungen keine Aesung gefunden, bei Tage aber das Hinaustreten auf die großen freien Schlagflächen gescheuet habe, wegen Nahrungsmangels am Tage, angefangen habe, die jungen Tannenorte zu schälen.«

Seit Mitte des vorigen Jahrhunderts mehren sich dann die Wildschadenberichte. Sie sind zunächst noch oberflächlich, werden dann gründlicher, auch werden Fragen gestellt und diskutiert, ob und wie dem Übel abzuhelfen, oder ob und wie es bei Erhaltung des Wildstandes zu mindern sei. Über den Verlauf solcher Auseinandersetzungen berichten die jährlichen Veröffentlichungen des Harzer Forstvereins und seiner Nachfolger, in deren Jahrestagungen jagdliche Themen in regelmäßiger Wiederkehr abgehandelt wurden.

So steht schon kurz nach der Gründung des Vereins auf der Jahreshauptversammlung 1845 das Thema zur Diskussion: »Welche Beobachtungen sind über das Schälen der Bestände durch das Wildbrett gemacht, und gibt es Mittel, dasselbe bei Erhaltung des Wildstandes zu vermeiden?« Referate von Forstmeister *Wolf*, Stiege, und von Oberförster *Kalimeyer*, Sophienhof, waren Grundlage der Diskussion.

Wolf glaubt, »dass das Übel in einer fortschreitenden Zunahme begriffen sei«, und dass er bereits 1817 über die Art des Wildschadens und über den späteren Zustand der Bestände Untersuchungen angestellt hat. Der zweite Referent bemerkt unter anderem, »das Schälen in den Fichtenbeständen ist übrigens eine Erscheinung, die nicht neu, sondern an vielen älteren Fichtenbeständen bemerkbar ist«, und sagt weiter, er »sei der Meinung, dass dem Schälen des Wildes nur durch das Abschießen des beim Schälen betroffenen Stückes einmal gesteuert werden kann«.

Kommentierend kann man zu diesem Bericht nur unterstellen, dass die diskutierenden Versammlungsteilnehmer wohl nicht sehr ernst bei der Sache gewesen sind, oder dass ihnen die Sache ernst genug gewesen ist, um ihr aus dem Wege zu gehen. Diesen Eindruck verstärkt auch das Resümee des Vorstandes, das lautet: »Es scheint demnach, als werde das Verhüten des Schälens wohl schwerlich gelingen, und wenn man nicht die Macht habe, durch Verminderung des Wildstandes den Schaden zu verringern, so bleibe nichts übrig, als das letzte Mittel gegen alle Übel, das Unabänderliche mit Geduld zu tragen.«

Aber auch eine ernste Resignation spricht aus dieser Schlussbetrachtung: Einer beabsichtigten Verminderung des Wildstandes stehe die Tatsache gegenüber, dass man dazu die Macht nicht habe!

Wieder vom Harzer Forstverein wird 1847 berichtet: »Das Schälen der Buchen durch das Rotwild, vornämlich in den Sommermonaten, hat noch immer seinen Fortgang. Zuerst im Jahre 1841 am Forstorte Drachenberg, Forstrevier Seesen, vorgekommen, hat das Schälen der Buchenbestände sich allmählich verbreitet über den übrigen Teil des Forstrevieres Seesen, über das ganze Hahäuser Revier und über den dem Hahäuser Reviere zunächst belegenen Teil des Forstrevieres Langelsheim. Binnen wenigen Jahren werden auch die Buchenstangenorte des übrigen Teiles des Langelsheimer Revieres nicht mehr von jener Calamität verschont werden, und auch das Forstrevier Wolfshagen wird davon zu leiden haben«.

Meines Wissens die erste broschierte Abhandlung über unser Problem überhaupt verfasste der Reitende Förster, spätere Forstmeister *Pape,* Lautenthal, später Elbingerode, im Jahre 1859. Er weist darauf hin, dass exakte Untersuchungen über die Folgeschäden des Schälens noch nicht vorliegen, und bemüht sich auch nachzuweisen, dass sie erträgliche Ausmaße haben werden. Schon im Jahre 1849 hatte er unter Beifügung einiger Holzstücke einen Bericht über »Das Schälen des Rothwildprets in den Fichtenbeständen des Harzes« beim Finanzminister in Hannover vorgelegt.

Es sollen diese zeitgenössischen Zitate genügen darzulegen, wie alt das Schälschadenproblem im Harz ist, ohne bis heute gelöst zu sein.

Aber ein persönliches, den Schälschaden betreffendes Erlebnis möchte ich nicht versäumen, hier zu erzählen:

Im schon mehrfach erwähnten »Klingenberg« war zur Zeit meines ersten jagdlichen Erfolges im Jahre 1922 der Haupteinstand des Rotwildes ein im Übergang vom Dickungs- ins Stangenholzalter stehender Fichtenbestand, wohl etwa 30–35 Jahre alt. Er war wirklich hundertprozentig geschält, nicht nur Winterschälung. Ein trauriger Anblick, der mich im Lehrjahr zu der neugierigen Frage veranlasste: »Was tut man denn gegen den Schälschaden?« Antwort: »Man ärgert sich darüber!«

Diesen »Musterschälbestand« konnte ich nun 1975, nach 50 Jahren, wieder besuchen, als ich die Stätten meiner Jugend Sohn und Enkel zeigen wollte. Gerade diesen Klingenbergbestand hätte ich dabei gern gemieden und umgangen, aber an seinem Rande verlief ja damals der Pirschweg, von dem aus ich das Gelttier schoss. Das sollte doch vorgezeigt und rückerinnernd gemeinsam erlebt werden. Im Stillen hatte ich auch gehofft, war mir sogar ziemlich sicher, dass die häufigen Weststürme des Harzes den Bestand wegen seiner doch anzunehmenden Anfälligkeit längst geworfen hätten. Wenn nicht, dann aber müsste wohl der katastrophale Orkan des Jahres 1972 zur Folge gehabt haben, dass dieser unliebsame Zeuge alter Sünden beseitigt wäre. Im Vertrauen darauf riskierte ich die Ortsbesichtigung, doch, das muss ich gestehen, mir war nicht sehr wohl beim Anmarsch.

Es kam anders als gedacht bzw. gefürchtet. Anschuss und Stelle, wo Vater und ich vor meinem ersten jagdbaren Stück Wild gestanden hatten, waren in einer bürstendichten Buchen-Lärchendickung unzugänglich, unsichtbar und nicht vorzeigbar. Aber der vermeintliche, fast erhofft nicht mehr vorhanden sein sollende Fichtenbestand war noch da. Die Dickung, die völlig geschälte, muss ich wiederholen, von 1922 stellte sich als ein voll bestocktes, äußerlich intaktes Fichtenaltholz von 80–90 Jahren vor. Es war fast wie ein Wunder, eine große, mich sehr nachdenklich machende Freude!

Eine verstärkte Beobachtung und Beachtung der Schälschäden musste zwangsläufig dieses Problem mit dem der Wildbestandsgröße verbinden. Konzentriert befasste man sich ab Mitte des vorigen Jahrhunderts mit der Frage: Wie hoch kann ein zu erhaltender Rotwildbestand im Harz sein, um auftretende Schälschäden tragbar zu machen? Denn dass ein Wildbestand auch geringster Stückzahl einen gewissen Schaden anrichten würde, darüber war man sich durchaus schon im klaren. Zunächst also musste die Frage beantwortet werden: Wie hoch ist der Rotwildbestand im Harz überhaupt? Mit den langjährigen Versuchen, hierauf eine Antwort zu finden, begann sicher eins der schwierigsten und auch ärgerlichsten Kapitel der harzerischen Jagdgeschichte, soweit sie mit dem Rotwild zu tun hat.

Schon in den ersten Forst- und Holzordnungen können wir Regelungen finden, die der Erfassung der Wildbestände dienen sollen. So zum Beispiel in der von *Herzog Heinrich Julius von Braunschweig-Lüneburg* im Jahre 1590 erlassenen, erweiterten Wiederholung der schon von seinem Vater gegebenen (1547) Forst- und Holzordnung. Sie richtete sich an »alle unser Erzgebirge des Ober- und Unterharzes Ober- und Amtleute, Oberförster, Forstschreiber, Forstknechte und Förster«. In ihren 36 Artikeln, vornehmlich Dinge des Forstschutzes betreffend, finden wir unter anderen folgende Bestimmung:

»Zum 26. sollen unsere Förster und Forstknechte alle Jahre auf Johannis unseren Oberförstern berichten, wieviel gekrönter Hirsche und von wieviel Enden an jedem Berge stehen, wieviel Wildpret dabei und wieviel Kälber bei dem Wildpret an jedem Berge gesehen ...«. Bei Beurteilung dieser Bestimmung sollte man aber daran denken, dass sie nicht zuletzt als »Vorratsermittlung« für die Versorgung des umfangreichen fürstlichen Haushaltes Bedeutung hatte. Eingesalzenes Wildbret spielte damals hierfür eine besonders wichtige Rolle. Nicht übersehen wollen wir aber auch, dass sich schon hier ein gewisses Interesse an der Trophäe bemerken lässt, im Vergleich mit der allgemein üblichen Wertung der Geweihe zu jener Zeit sehr frühzeitig. Bleiben wir aber zunächst bei der Ermittlung der Rotwildbestände um die Mitte des vorigen Jahrhunderts. Sie wurde umso dringender, je mehr Augenmerk man dem Schälschaden widmete und widmen musste. Die »Zählung« wurde ein Element des Rotwildproblems und ist es bis heute geblieben!

Ist die Zählung eines freilebenden Wildbestandes an sich schon eine kaum zu lösende Aufgabe, so war sie damals besonders schwierig und mehr oder weniger aussichtslos, weil sich die territoriale Aufgliederung des Harzgebietes, die Vielzahl der Administrationen mit unterschiedlichen Hegezielen jedem wirklichkeitsnahen Ergebnis entgegenstellte.

Noch etwas kam hinzu: Offensichtlich wurde von Anfang an das Problem mit großer Wahrscheinlichkeit auch von einem psychologischen Gesichtspunkt abhängig. So bringe ich hier – nicht gerade gern – das Zitat einer Braunschweigischen Verordnung, in der bereits 1827 bestimmt wird:

»... dass derjenige Forstbedienstete, welcher bei der Zählung des Wildes betrüglich zu Werke gehen oder wissentlich ein falsches Resultat angeben werde, auf vorgängige Untersuchung durch das zuständige Gericht zum ersten Mal mit einer Gefängnisstrafe von 2–6 Monaten belegt, im Wiederholungsfall aber seines Dienstes enthoben werden soll.«

Ganz gern hätte ich diesen nicht gerade amüsanten Aktenfund verschwiegen, doch gibt er einen recht frühen kritischen Hinweis auf Schwierigkeiten bei der Wildzählung. Und leider hat man sich später daran gewöhnt, dieses damals strafwürdige Verhalten als »Kavaliersdelikt« anzusehen. So glaube ich auch, keinen Fehler zu machen, wenn ich annehme, dass in den wenig wirklichkeitsnahen Ergebnissen der Wildzählungen einer der Hauptgründe gesucht werden muss, der alle Bemühungen, den Wildbestand größenmäßig in den Griff zu bekommen, damals zum Scheitern verurteilt hat!

Die Verschiedenheit in der Zielsetzung, die völlige Vernachlässigung der territorialen Gegebenheiten, die drastische Unkenntnis der Rotwildbiologie und nicht zuletzt die Indolenz vieler Jagd- und Forstbediensteten, all das machte die Bemühungen, hinsichtlich einer einheitlichen Norm für die Wilddichte weiterzukommen, zunichte.

Es wirkt geradezu tragikomisch, wenn man in alten Jagdakten jener Zeit verfolgt, wie angestrebt wurde, für kleine und kleinste Gebiete bestimmte, und zwar unterschiedliche Wilddichten festzusetzen und auch herbeizuführen. Hier wieder einige Beispiele, die zeigen sollen, mit welcher Inkonsequenz und Unsicherheit man vorging:

Das Reglement für die Herzoglich Braunschweigischen Jagden vom Jahre 1815 bestimmte, dass für den Unterharzdistrikt, das war der Oberforst Hasselfelde, der höchstzulässige Rotwildbestand pro 1.000 Waldmorgen mit 20, für die Blankenburger und Walkenrieder Oberforste pro 1.000 Waldmorgen mit 10 Stück Rotwild anzusetzen sei, das waren 6 bzw. 3 Stück je 100 ha. Eine solche Anordnung war natürlich, selbst wenn sie ernst genommen wäre, bei der Gemengelage der Reviere überhaupt nicht zu realisieren. Und sie konnte nicht ernst genommen werden, da nicht grundsätzlich und zeitbestimmt entschieden wurde, ob die Jagd weiterhin »Jagd« bleiben sollte oder nicht.

So wurde bereits im Jahre 1830, also nur 15 Jahre später, für denselben Oberforst Walkenried »auf Sr. Durchlaucht unseres allergnädigsten Herzog Befehl« strengste Wildhege angeordnet und allen Forstbeamten das Schießen von Rotwild, Rehwild und sogar von Hasen untersagt!

Schon wenig später, 1835, – inzwischen war der »allergnädigste Herzog« durch die Revolution in Braunschweig außer Landes vertrieben – wird den Forstbeamten des Walkenrieder Bezirks »zur heiligen Pflicht gemacht, zur Abwendung des Feldwildschadens das Rotwild zu allen Jahreszeiten und ohne irgendeine Rücksicht niederzuschießen«!

Wieder wenig später, 1838, wird für den Walkenrieder Bezirk nun ein Wildbestand von 5 Stück Rotwild je 1000 Waldmorgen zugelassen. Dieses heillose Durcheinander nur als Beispiel für viele, die zu nennen den Rahmen dieser Darstellung sprengen müsste.

Der Versuch, aus alten Streckenberichten auf die Höhe jeweiliger Wildbestände rückzuschließen, hat wenig Aussicht auf überzeugenden Erfolg, allenfalls wird die Tendenz einer eventuellen Wildstandsbewegung erkennbar. Aber auch das ist nicht sicher. Die Meldungen können hinsichtlich ihrer Aussagekraft zu wenig oder gar nicht überprüft werden. Immerhin lassen sie aber erkennen, dass Rotwild in nennenswerten Beständen vorhanden gewesen ist. Wieder als Pars pro toto ein Beispiel aus dem eben genannten Oberforst Walkenried: Es ergeben sich hier aus den Meldungen an »geschossenem Wildbrädt wie gefundenem Fall-Wildbrädt« für die Perioden 1764 – 1769 315, d.s.i.D. 52 Stück jährlich; 1770 – 1779 612, i.D. 61 Stück; 1780 – 1789 372, i.D. 37 Stück; 1790 – 1799 372, i.D. 29 Stück; 1840 – 1849 342, i.D. 34 Stück; 1850 – 1859 157, i.D. 16 Stück; 1860 – 1869 184, i.D. 18 Stück; 1870 – 1879 290, i.D. 29 Stück jährlich.

Es kam das in der deutschen Jagdgeschichte berüchtigte Jahr 1848, das die Aufhebung des Jagdrechtes auf fremden Grund und Boden brachte. Wir können dieses Geschehnis schnell übergehen, denn wegen des überwiegend fiskalischen Besitzes im Harz ist hierbei das Rotwild noch verhältnismäßig ungeschoren davongekommen. Berichte, besonders Streckenberichte aus den Jahren 1849/50/51 etwa lassen unschwer erkennen, dass noch ein nennenswerter Rotwildbestand vorhanden gewesen sein muss. Sehr bald wurden auch wieder Mindestgrößen für Jagdbezirke gesetzlich festgelegt, was sehr zur Beruhigung des unkontrollierten Abschusses beigetragen haben wird. Allerdings gewährte man in den Braunschweigischen Staatsforsten seit 1848 keine gesetzliche Schonzeit, hatte lange Zeit sogar zeitweiliges Ausrottungsgebot – ein Zustand, der bis zum Jahre 1910, also fast über ein halbes Jahrhundert, andauerte, zumindest theoretisch, denn praktisch hielt man sich doch in den staatlichen Forsten etwa an jagdliche bzw. auch waidmännische Regeln. Auch ein Abschussetat wurde aufgestellt, wenn auch nicht regelmäßig und überall.

Unter dem Eindruck des Jahres 1848 und seiner für das Jagdrecht und die Jagdausübung stattgehabten Auswirkungen hat man sich dann im Königlich Hannoverschen Harz, der den ganzen Oberharz umfasste, eingehend mit dem Problem einer zukünftigen Rotwildhaltung beschäftigt. Das geht besonders eindrucksvoll aus einem Protokoll hervor, das gelegentlich eines vor dem Königlichen Berg- und Forstamt Clausthal abgehaltenen »Generalforstamtes« – »Forstmeisterbesprechung« würden wir heute sagen – im Juni 1849 aufgenommen worden ist. Zur Besprechung stand die Klärung der Fragen über die »Beibehaltung des Wildstandes am Harze«. Sie wurden von den versammelten Chefs der sechs Forstinspektionen, also Clausthal, Elbingerode, Herzberg, Lautenthal, Lauterberg und Zellerfeld, diskutiert und für das Königliche Berg- und Forsthauptamt protokolliert, letzteres wohl in erster Linie deswegen, weil die Ansichten recht weit auseinandergingen. Dabei ging es weniger um die Frage ob, als vielmehr wie viel Rotwild im Harz gehalten werden könne. Der Wildschaden und seine Begrenzung waren selbstverständlich ein beherrschender Maßstab.

In seinem Hannoverschen Teil war der Harz durch Gesetz von 1848 als ein Teil der Krondotation bestimmt und daher die Jagd rechtlich fast wie ein auf den Forsten lastendes Servitut anzusehen. So war die Haltung eines Wildstandes an sich nicht in Frage gestellt.

Über seine Größe ergaben sich in der sehr ausführlichen Diskussion naturgemäß recht unterschiedliche Auffassungen und Meinungen. Die Daten gingen von zwei Stück je 1000 Hannoversche Morgen bis auf acht Stück für die gleiche Fläche. Das bedeutete einen Höchstwildbestand von drei Stück je 100 ha. Der Besprechung, die einen realisierbaren Beschluss im übrigen nicht erbrachte, wurde deswegen von der Forstinspektion Herzberg ein »Memorandum« nachgeliefert, in dem unterstellt wurde, dass das »Harzinnere« mit 8.000 Morgen den genannten Höchstbetrag als »mäßigen Bestand« tragen und so mit ca. 640 Stück beziffert werden sollte. Das Gebiet des Harzrandes mit etwa 120.000 Morgen sollte dann nur noch 160 Stück tragen, so dass mit einem Gesamtbestand von 800 Stück gerechnet werden könne. In dem von der Inspektion Herzberg, Forstmeister *Meyer,* erstellten »Memorandum« wird dann mit einer im Hinblick auf die kontroverse Debatte geradezu verblüffenden Sicherheit festgestellt, dass dieser Gesamtwildbestand »mutmaßlich annähernd der Wirklichkeit entspricht«! Nach späteren Berichten wurde zumindest vorübergehend die Wilddichte auf 4 Stück je 1000 Hannoversche Morgen festgelegt.

So wurde dann auch geplant, und die Höhe des Jahresabschusses bestimmte das im Fachjargon bekannte »Harzer Fünftel«, also 20% des Gesamtsommerbestandes. Hier lag natürlich schon ein grober Fehler vor: Die Unterschätzung des Zuwachses, von dem man aber vielleicht wusste, denn man rechnete außerdem noch mit drei Faktoren, die den Abschuss beeinflussen mussten: Wilderei, Winter, Grenzen! Alle drei in ihrer Größe kaum erfassbar.

Dass im Harz gewildert wurde, und zwar nachdrücklich und mit Passion, folgert schon aus dem Vorkommen eines »mäßigen« Rotwildbestandes, zu dem ja auch noch Rehwild hinzukam. Die Winterverluste waren zumal in strengen Wintern wesentlich höher als heute, da Fütterungen nicht so gut und regelmäßig beschickt wurden, wie das heute geschieht. Und die Grenzen, die auch noch der Wilderei förderlich waren, verunsicherten die Abschussplanung und -durchführung insofern, als man mit einem unbestimmbaren Abgang an den Grenzen rechnen musste, was in der Regel zu entsprechenden Einsparungen wegen eines zu erwartenden Verlustes führte.

Zu diesen drei Faktoren noch einige zeitgenössische Hinweise, die allerdings nur als Schlaglichter gewertet werden können:

Gewildert wurde stark, und diese Tätigkeit entsprach wohl der Not der Bevölkerung, entsprach aber auch dem Charakter des Harzers, lag ihm sozusagen »im Blut«. Nach dem Revolutionsjahr 1848 wurde die Wilderei mehr und mehr zügellos, zumal die Jagdschutzbeamten im Waffengebrauch stark gehemmt gewesen sind. So konnte dieses »Gewerbe« einen seiner Höhepunkte erleben. Im Jahresprotokoll des Harzer Forstvereins vom Jahre 1849 wird daher der Vorschlag gemacht, zwei Fliegen mit einer Klappe zu schlagen, indem man den Wildbestand des Schadens wegen stark vermindert, um »eine neue Generation des Edelwildes zu erziehen, welcher die üblen Gewohnheiten der jetzigen Generation nicht kennt, und um andererseits den Wilddieben die Gelegenheit zur Ausübung ihres Gewerbes zu entziehen«. Es wird berichtet, dass »bei den alten eingefleischten Wilddieben die jetzige milde Gesetzgebung größtentheils schon keinen Beifall mehr finde, weil sie zu der Überzeugung gekommen sei, dass sich durch die große Vermehrung der Zahl der Wilddiebe schon jetzt der Erwerb durch den Wilddiebstahl zu sehr zersplittere und selbst die Ausübung der Wilddieberei durch zu große Beunruhigung der Jagdreviere weit mühseliger und erfolgloser geworden sei«.

Man lese dieses Zitat mit Bedacht; ich finde es bezeichnend, aber doch ganz amüsant.

Einen weiteren Einblick gestattet auch eine Abschussübersicht aus dem Jahre 1851 für die Inspektionen Herzberg, Lauterberg, Clausthal und Elbingerode:

Sommerbestand (ohne Kälber) 1851	611 Stück
Abschuß	106 Stück
Bleibender Bestand (ohne Kälber)	505 Stück
Abgang sonstiger Art	105 Stück
Bestand Februar 1852 (ohne Kälber)	400 Stück

Dazu wird erläuternd vermerkt: »Da principmäßig 4 Stück pro 1.000 Morgen gehalten werden sollen, so fehlen an dieser Normalzahl von 560 etwa 160 Stück, die der Zuwachs von 1852 nicht ergeben dürfte. Es stellt sich mithin gegenwärtig ein sehr ungünstiges Resultat für die hiesigen Königlichen Jagden dar, dessen Ursache in den gegenwärtigen Gesetzen bezüglich der Bestrafung des Wilddiebstahls liegt, denn der vorgemerkte Abgang von 105 Stück Rotwild ist wohl größtenteils dem Wilddiebstahl zuzumessen«.

Die Fehlerhaftigkeit und Großzügigkeit solcher Abschussplanung ist heute kaum nachvollziehbar, nur sei eins festgestellt: Die fehlenden 160 Stück wären aus dem Februarbestand mit 157 Alttieren und 130 Schmaltieren leicht zu erwarten gewesen!

Was aber, wenn, wie es mit ziemlicher Sicherheit unterstellt werden kann, der Ausgangsbestand ebenso fehlerhaft, dann natürlich zu gering, angesetzt worden ist? Hier beginnt das Übel: Der Planer hat den Bestand nicht im Griff, seine Größe läuft ihm davon!

Einer etwas effektiveren Kontrolle unterlagen die Winterverluste, wenn auch hier manches Stück im Revier nicht gefunden wurde, manches Stück vielleicht auch nur auf dem Papier zu finden gewesen ist. Aber der Oberharzer Winter war hart, brachte viel Schnee und Kälte, nicht regelmäßig, aber doch häufig. Eine gut organisierte Fütterung war auch noch nicht die Regel, und so fiel nicht nur schwaches Wild den Witterungsverhältnissen zum Opfer.

Schon ein »Publicandum« aus dem Jahre 1803, herausgegeben vom Berg- und Forsthauptamt Clausthal, lässt erkennen, dass »ermattetes« Wild in nennenswerter Zahl von der Bevölkerung aufgegriffen werden konnte, was nachdrücklich verboten und als Wilddieberei unter Strafe gestellt war. »Es ist vorgekommen, dass ein großer Theil der Harz-Einwohner in der irrigen Meinung stehe, dass es einem jeden erlaubt sey, das im Schnee matt gewordene und sonst erkrankte Wild, insoferne es ohne Anwendung weiterer Mittel mit den Händen ergriffen werden könne, sich anzueignen«.

Forstdirektor *Burckhardt,* ein gewiss glaubwürdiger Referent, berichtete in Heft VII seiner Mitteilungen »Aus dem Walde« 1876: »Die periodisch mit ungewöhnlicher Strenge auftretenden Winter sind es hauptsächlich, welche den Wildstand sehr herunterbringen können. Im Winter 1874/75 war es nur ungewöhnlichen Anstrengungen beizumessen, dass das Wild erträglich durch den schlimmen Winter kam. In den Jahren 1860 und 1867 zählte man das gefallene Wild nach Hunderten, und wie dabei vorzugsweise das Jungwild leidet, sah man noch im Jahre 1870, wo u. A. in der Oberförsterei Lonau (Herzberg) unter aufgefundenen 25 Stück 23 Kälber sich befanden.«

Von dem schon erwähnten Winter 1874/75 wird auch vor dem Harzer Forstverein berichtet mit dem Hinweis »auf die beklagenswerten Verwüstungen, welche der verflossene kalte und schneereiche Winter an der Wildbahn angerichtet hat, und gibt den Abgang an

Rothwild in dem früher Hannoverschen Antheile des Harzes allein auf nachweislich 400 an, was etwa 20% des zu 2128 Stück geschätzten Bestandes ausmacht.«

Da haben wir wieder einmal eine »amtliche« Zahl: 2128 Stück, wo nur 800 Stück zulässig gewesen sein sollen!

Und noch eine kleine Panne: Im Oberforst Walkenried war die Strecke in der Zeit von 1860–1869 i.D. jährlich 18 Stück, wobei vermerkt wird, dass im strengen Winter 1869/70 3/4 des Bestandes eingegangen sei. Dennoch steigt die Strecke im anschließenden Zeitraum 1870–1879 auf 29 Stück im jährlichen Durchschnitt! Ob da die Frage erlaubt ist, wie das wohl zusammenhängt?

Mit diesen zeitlichen und territorialen Beispielen sollte nur dargestellt werden, wohin es führt, wenn man sie einer vergleichenden, kritischen Betrachtung unterzieht. Man kann die Zahlen vergessen; sie haben zu wenig wirkliches Gewicht, soweit sie Bestandeszahlen sind. Aber merken sollte man sich doch, dass der Wildbestand nicht unterschätzt werden darf, soweit er sich aus Streckenmeldungen und Fallwildverlusten erahnen lässt.

Der dritte Unsicherheitsfaktor in den seinerzeit vorgenommenen Planungen: Die Grenzen und der über sie fließende unkontrollierbare Ab- und auch Zugang waren wohl entscheidend für die Fehlkalkulationen. Wer konnte und wer wollte überhaupt bei der territorialen Zerrissenheit des einheitlichen Rotwildbiotops, wer konnte und wer wollte überhaupt bei den unterschiedlichen, sich zum Teil diametral gegenüberstehenden Zielsetzungen noch Interesse an und Verantwortung für eine Planung haben bzw. sie übernehmen? Nur mit nicht verpflichtenden Sprüchen und übersehenen Widersprüchen versuchte man, diese wichtige Sache zu steuern, wenn man es noch »steuern« nennen kann.

Doch auch zum Problem der Grenzen einige zeitgenössische Schlaglichter: Im Jahre 1750 entsteht beim Berg- und Forstamt Clausthal ein umfangreicher Schriftwechsel wegen Veränderung der »Wildprets-Taxe«, und da heißt es in einem Bericht: »... es solle auch den Förstern erlaubet werden, ohne alljährlich dazu besondere Vergünstigung abzuwarten, welche zuweilen so spät einläuft, dass von denen Grenznachbarn das Mehrste von dem überwechselnden Wildpret bereits geschossen ist, soviel Wildpret, als die Wildbahn ertragen kann, weidmännisch zu pirschen«. Und in einem anderen

Bericht aus demselben Jahr: »Von denen Grenznachbarn, und zwar von Blankenburgischer Seite wird zwar die Setzzeit gehalten, außer derselben wird aber so viel geschossen, als sie bekommen können.« Das war Mitte des 18. Jahrhunderts! Und noch Ende des 19. Jahrhunderts, im Jahre 1885, berichtete Forstmeister *Schreiber*, Harzburg, an die Braunschweigische Kammer: »Es ist die Forstverwaltung der Stadt Goslar und die Königlich Preußische Forstverwaltung der Oberförsterei Schulenberg in die unangenehme Lage versetzt, dass das von ihnen gepflegte Rotwild beim Übertritt in das diesseitige Revier rücksichtslos abgeschossen wird. Es ist hierdurch eine große Verstimmung bei den Grenznachbarn umso mehr eingetreten, als das Rotwild gern übertritt und im vorigen Jahr 22 Stück Rotwild hier abgeschossen sind.«

Es ist hier daran zu erinnern, dass im Herzogtum Braunschweig seit dem Jahr 1848 das Rotwild in der freien Wildbahn dem Ausrottungsgebot unterlag. Es durfte nur in den mit einem feldseitigen Schutzgatter versehenen Forsten gehegt werden, hatte aber auch hier keine Schonzeit.

So konnte es sich auch zutragen, dass mein Vater, wohlbestallter Forstassessor, gelegentlich einer Pirsch im Forstamt Oker, in der Großen Romke, nach der Brunft 1906 den berühmten Ahrendsberger Hirsch »Durchlaucht« Schussgerecht vor sich gehabt, sich aber bezwungen und auf den Schuss verzichtet hatte. Als er das, ziemlich stolz, seinem Forstamtsvorstand, der den schönen Spitznamen »Brunftheinrich« hatte, meldete, sagte der nur kopfschüttelnd: »Na, Herr Assessor, 20 Mark hatten Sie wohl nicht übrig?« Sich dann aber schnell wieder fassend und von seinem Schreck erholend, rief er seiner Tochter durch die Tür: »Grete, Herr Assessor trinkt einen Grog, ich trinke einen mit!« Nur auf solche Weise kam er zu Haus noch an Alkohol. Und da wir gerade bei Grenzen sind: Berühmt und berüchtigt war des »Brunftheinrichs« in Abständen abzuhaltende Grenzbereisung gegen die Goslarsche Stadtforst. Das war eine steile und anstrengende Angelegenheit. Und jedesmal kamen beide Grenzbereiser, so wird erzählt, »wie die Hirsche nach frischem Wasser (sprich: »Bier«) schreiend« an der Kote auf dem Brautstein an.

Bezeichnend war auch ein guter Rat, der meinem Vater aus Kollegenkreisen gegeben wurde, als er sich als »Einrichter« im Jahre 1905 und 1906 im Harz bei dem zuständigen Forstamtsvorstand zum

Der Harz als Bannforst im Sachsenspiegel genannt.

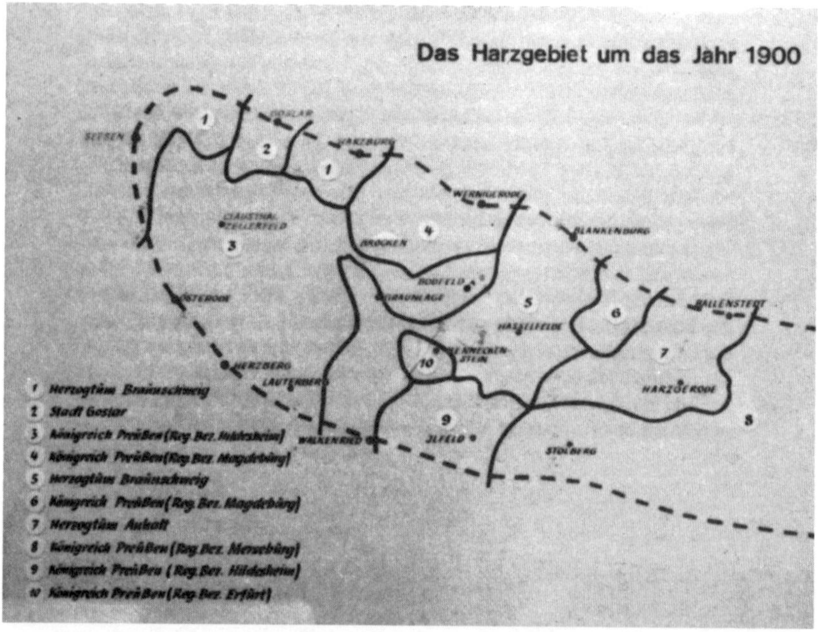

Gebietsgrenzen im Harz um 1900.

Dienstantritt melden wollte: »Wenn Sie sich beim Forstmeister in seinem Zimmer melden, husten Sie bitte nicht, sonst fallen die Enden von den Geweihen!« Der Forstmeister schoss damals noch seine Hirsche meist im Bast und ersetzte die etwa noch faulenden Enden durch Holzspitzen. Andere Zeiten, andere Sitten, aber nur möglich, weil keine Schonzeit im braunschweigischen Harz bestand.

Über die alten Jagdmethoden an den alten Wechseln eingehend zu berichten, wäre sicher sehr reizvoll, soll hier aber nur im gedrängten Rückblick geschehen, zumal eine solche Betrachtung einfach zur Jagdhistorie gehört.

Der Harz war ein »Bannforst«, die Jagd auf Rotwild war »Königsjagd«. Das verdeutlicht der Text des »Sachsenspiegels«. Dies alte Rechtsbuch, übrigens im Harz auf der Burg Falkenstein im Selketal um 1230 geschrieben, ist eine späte Niederschrift alten sächsischen Gewohnheitsrechtes. Es heißt hier: »Da Gott den Menschen schuf, da gab er ihm Gewalt über Fische und Vögel und über alle wilden Tiere. So haben wir verkündet von Gott, dass niemand seinen Leib noch seine Gesundheit an diesen Dingen verwirken kann.« Das bedeutet also das Recht auf freien Tierfang. Und weiter: »Doch sind drei Stätten in Sachsen, da den Tieren Friede gewirkt ist bei Königsbann, außer Bären, Wölfen und Füchsen. Diese heißen Bannforste. Das eine ist die Heide zu Koyne, die andere der Harz, die dritte die Magitheide. Wer hierinnen Wild fängt, der soll zahlen des Königs Bann, das sind 60 Schillinge.«

Bannforst bedeutete also: Das Recht auf freien Tierfang, d.h. die freie Jagd, ist hier nicht gültig, und die Jagd steht dem König oder seinem Beauftragten zu.

Für unsere Betrachtung ist dieser alte Forstbann, eigentlich Wildbann, im Harz insofern von Bedeutung, als sich hierdurch die ersten territorialen Ansprüche und Einteilungen, auch die Anlage von deren Zentren, den königlichen Jagdhöfen, die ersten Besiedlungen und letztlich auch die Entstehung der heutigen Landesforsten in ihren Anfängen erklären.

Hier nur einige Hinweise: Hasselfelde, Siptenfelde, Bodfeld waren u. a. königliche Jagdhöfe im Harz und früheste Siedlungen in diesem Gebiet. Bodfeld ist überhaupt die erste Harzsiedlung, die in Urkunden genannt wird. Bodfeld – wer kennt heute noch diesen Ort? Nur acht Kilometer von Braunlage entfernt, liegt er hinter der DDR-Grenze.

Heinrich I., der sogenannte »Harzkönig«, ein leidenschaftlicher Jäger und Vogelsteller, war schon gelegentlich seines ersten Königsumrittes im Jahre 919 in Bodfeld. *Otto I.* hat in den Jahren 936, 940, 946 und 961 in Siptenfelde und in den Jahren 944, 945 und 952 in Bodfeld geurkundet. Sein Sohn *Otto II.* weilte hier im September 973, später auch 975, 979 und 980. Dessen Sohn *Otto III.* war 991, 992 und 995 in Bodfeld. Was soll denn, so muss man fragen, diese Herrscher so häufig in den damals so unwirtlichen Harz geführt haben, um ausgerechnet hier zu Urkunden? Die starken Buchen oder die starken Hirsche, das Rotwild oder auch die wehrhaften Sauen? Wie besser kann die jagdliche Bedeutung dieser Orte unterstrichen werden als durch die Tatsache, dass *Heinrich II.*, von dem wir wissen, dass er der Jagd abgeneigt war, Bodfeld und die anderen Harzer Jagdhöfe nicht besucht hat!

Erst 50 Jahre später kommt Bodfeld wieder zu besonderem Glanz, als *Heinrich III.*, ein leidenschaftlicher Jäger, dem Goslar die Erhebung zum damaligen Mittelpunkt des Reiches und die Vollendung des Kaiserdomes verdankte, zur herbstlichen Jagdzeit wieder auf dem königlichen Jagdhof weilte. Am 15., 21., 23. und 28. September wurden von ihm hier Urkunden ausgefertigt. Dann hat er sich in diesen Tagen auf der Jagd übermäßig erhitzt, soll darauf »zuviel Hirschleber« gegessen haben und starb nach 7tägigem Krankenlager am 5. Oktober 1056 auf Bodfeld.

So kann man fast sagen, dass wir anlässlich dieser ernsten, legendären Erinnerung die erste, wenn auch tragikomische Begegnung mit dem Harzhirsch »in Person« haben. Fast eintausend Jahre also liegt sie zurück.

Wir wollen seiner Fährte im Augenblick noch nicht folgen, sondern zunächst in ganz groben Zügen darstellen, wie es zur territorialen Zersplitterung des geschlossenen Harzraumes gekommen ist. Dies erscheint umso notwendiger, als sie nicht nur jagdliche Hintergründe hatte, sondern auch als die entstehende bunte Mannigfaltigkeit der Territorien um die Wende des 18. und Anfang des 19. Jahrhunderts das Finden der neuen Wege so außerordentlich erschweren sollte.

Die Lande um den Harz waren bereits seit langer Zeit vom alteingesessenen Landadel zu großen Teilen in Besitz genommen. Es war nicht nur dessen verständliches Bestreben, seine Herrschaftsbereiche zu erweitern, sondern auch die Könige waren darauf bedacht, diese

Geschlechter zur Verwaltung des Königsgutes, d.h. auch zur Erhaltung ihrer Jagd, heranzuziehen. So haben Usurpation wie Lehnsvergabe gleichermaßen zur Verstärkung der Hausmacht der Adelsgeschlechter wie auch schließlich zur Schwächung der Königsmacht beigetragen und damit die Auflösung der Einheit des Harzraumes bewirkt. Es sei hier an die Kämpfe *Heinrichs IV.* und *V.* um das Harzgebiet erinnert.

Im Ostharz begann diese auflösende Entwicklung früher als im Westharz, war dort auch wesentlich intensiver als hier. Das hatte vor allem seinen Grund darin, dass der Ostrand den stets unruhigen slawischen Grenzen näher lag, wo dann durch ihren Einsatz einige Grafengeschlechter zu besonderer Macht gelangten, so die *Ballenstedter,* die *Wettiner,* die *Mansfelder,* im Südharz die Grafen *von Hohnstein, Ilfeld, Stolberg,* im Nordharz die von *Blankenburg, Regenstein* und *Wernigerode,* die aus ihren Grafenämtern heraus sich territorialen Besitz schafften.

Im Westharz entwickelte sich eine merkbare Territorialgeschichte wesentlich später, führte auch zunächst nicht zu gleicher Aufsplitterung der Besitzverhältnisse. Im Jahre 1158 wird *Heinrich der Löwe* mit der Grafschaft im Lisgau, dem Harzvorland um Herzberg und Osterode, sowie mit dem Wildbann in den angrenzenden Harzforsten belehnt. Auch hier ging es also nicht zuletzt um die Jagd. Welchen Wert und Inhalt die Harzgrafen ihrer Herrschaft damals gaben, das dokumentierten sie sinnbildlich durch die in ihre Wappen gesetzten Zeichen. Es war besonders der Hirsch, der eine Rolle spielte. Die Grafen *von Stolberg* und die *von Clettenberg* nahmen den Hirsch, die von *Blankenburg* und die *von Regenstein* die Hirschstange in ihren Schild, und so stehen Hirsch und Hirschstange als Folge von Erbgängen und Lehnsrück fällen noch im Wappen des Hauses *Braunschweig-Lüneburg.* Der Harzhirsch ist es, der hier territoriale Rechte und Ansprüche dokumentiert, und so begleitet er auch als Symbol das Stoiberger Münzwesen.

Um 1500 war die Einheit des Harzraumes soweit aufgelöst, dass wir bereits in zehn Teilgebieten eine politische Eigenentwicklung sehen, um 1800 ist der Harz in 15 Gebiete in unübersichtlicher Gemengelage, um 1900 noch in 10 Gebiete aufgesplittert – eine Entwicklung, die selbstverständlich einen entscheidenden Einfluss auf die jagdlichen Verhältnisse haben musste, wie wir gesehen haben und noch sehen werden.

Doch wenden wir uns nun wieder der Fährte unseres Harzhirsches zu und verfolgen wir die alten Wechsel, wobei wir uns allerdings damit begnügen müssen, ihren Verlauf über das Mittelalter hinweg nur an den markantesten Stellen aufzuzeigen, um schließlich wieder Anschluss an die wesentlich besser aufgehellten jagdlichen Verhältnisse um die Mitte des vorigen Jahrhunderts zu nehmen.

So bedeutungsvoll die Jagd zur Zeit der sächsischen und fränkischen Könige im Harz gewesen sein mag, so wenig erfahren wir aus zeitgenössischen Urkunden über Wildstand, Jagdmethoden und Jagdstrecken. Zwar heißt es in einer Chronik des 12. Jahrhunderts, dass *Heinrich I.* häufig in Goslar weilte, um im Waldgebirge auf Bären, Hirsche und Rehe zu jagen, doch Hegt diese Dokumentation 200 Jahre nach der Begebenheit. Die Jagdmethoden des frühen Mittelalters waren auf reine Fangjagd abgestellt, besonders unter Anwendung von Fangeinrichtungen, wie Fallen und Gruben, ebenso spielte aber auch die Hetzjagd mit Hunden und Netzen eine Rolle. So gut wir hierüber unterrichtet sind, so müssen wir es uns aber doch vorstellen, dass sich die Jagd der Könige, um die es sich im Bannforst Harz handelte, nicht unbedingt dieser allgemein gebräuchlichen Methoden bedient haben muss. Sie war sicher wesentlich verfeinert, mehr auf den persönlichen, fast sportlichen Einsatz ausgerichtet. Charakteristisch ist hierfür die Verwendung der reinen Hetzhunde und Packer, der meist die Arbeit des Leithundes vorgespannt gewesen ist.

Erst mit dem Aufkommen der Armbrust entwickelten sich andere Jagdmethoden, insbesondere die Pirsch, die damals aber ganz anders verlief, als wir das heute unter dieser Bezeichnung verstehen und praktizieren. Es war eine Drückjagd, bei der berittene Jäger das Rotwild im dichten Walde vorgestellten Armbrustschützen zudrückten. Es ist u. a. das Verdienst von Prof. *Kurt Lindner*, uns diese Jagdart in Übersetzung und Textkritik des alten deutschen Jagdtraktats aus dem 13. Jahrhundert »De arte bersandi« (Über die Kunst des Pirschens) wieder sichtbar gemacht zu haben – eine Jagdart, die ausschließlich auf Rotwild zur Anwendung kam, und von der schon in der alten Handschrift gesagt wird, dass sie »domina omnium venationum reputatur«, d. h. als Herrin aller Jagdarten geschätzt wird. Aber, wie schon gesagt, aus unserem Harzraum fehlen leider jedwede Berichte über die Jagd auf Rotwild und deren Ergebnisse aus der Zeit des frühen Mittelalters, in der die deutschen Könige hier jagten. Und auch nach dem Übergang des Bannforstes in die Hände der Fürsten, Grafen und Herren erfahren wir wenig Einzelheiten über den Betrieb der Jagd, die vornehmlich die Jagd auf den Hirsch gewesen ist.

Ihre Bedeutung ist aber aus mannigfaltigen Lehns- und Pfandurkunden seit dem 13. Jahrhundert gelegentlich zu erkennen. Als z.B. *Herzog Albrecht von Braunschweig* 1271 seine Bergordnung für den westlichen Oberharz erließ, gestattete er darin den mit Erbgut angesessenen »Erfexen in dem Harte« zweimal im Jahre eine Jagd auszuüben. Ebenso ist die Bedeutung der Jagd ersichtlich am Entstehen der sehr umfangreichen Jagddienste – Lasten, die z.T. noch bis in das 19. Jahrhundert bestanden haben.

So sehr auch die Harzgrafen sich immer wieder untereinander befehden mochten, zur Wahrung ihrer Jagdrechte und ihres Wildstandes verfolgten sie ihre Ziele wohl auch einmal gemeinsam. So erließen im Jahre 1570 bereits die Grafen *von Stolberg, von Wernigerode, von Hohnstein, von Schwarzburg, von Regenstein* und von *Blankenburg* ein gemeinsames Jagdmandat zum Schütze ihrer Wildbahnen gegen Wilderer. Die darin festgelegten Strafen waren recht drastisch und gaben Zeugnis von der Wertschätzung der Jagd, wie von den Schwierigkeiten, die durch die schlecht zu überwachenden Grenzen entstanden. Es heißt hier:

»Würde es sich zutragen, dass ein Übertreter dieses Mandats auf die Unsern (d.h. auf unsere Jäger) geschossen habe, er habe getroffen oder nicht, so soll er mit dem Schwert gerichtet werden. Und würde jemand mit verbotenen Büchsen, d. s. solche, die hinten einen Anschlag (d. h. einen Schaftkolben) haben, in unseren Gehölzen angetroffen, so soll ihm seine rechte Hand abgeschlagen werden.«

Aus dieser Zeit, der Mitte des 16. Jahrhunderts, mehren sich die überkommenden Nachrichten über den Betrieb der Jagd, insbesondere auch der auf den Hirsch. Es bleibt jedoch zu bemerken, dass erst die Berichte aus der Mitte des 19. Jahrhunderts in Bezug gebracht werden können zu Kenntnissen, die wir für den heutigen Betrieb der Jagd verwerten können.

Aufschlussreich ist ein Pachtvertrag, den *Herzog Heinrich Julius von Braunschweig* mit dem Grafen *Ernst zu Stolberg* im Jahre 1585 auf die Dauer von 15 Jahren abschloss. Er beinhaltet, dass der Herzog im Gebiet zwischen Ecker und Regensteinischer Grenze »so oft gefällig nach Hirßen, Sauwen, Behren und Rehen jagen und pirßen möge«. Der Herzog gab dafür ein einmaliges zinsloses Darlehen von 23000 Reichstalern.

Nach einem Verzeichnis über die eben genannte Pachtjagd hat der gräfliche Jäger in 12 Jahren Schussgeld und Jägerrecht erhalten für 172 Hirsche, 115 Stück Wild, 37 Wildkälber, außerdem für 300 Sauen. Der Jagdpachtkontrakt von 1585 ist noch insofern interessant, als in ihm hervorgehoben wird, dass der Herzog hoffe, durch diese Art des Jagdbetriebes wieder einen Stand starker Hirsche heranzuziehen. Wenn auch zu jener Zeit unter einem »starken« in der Regel ein feister Hirsch verstanden wurde, so könnte doch hier schon auch eine Wertung der Trophäe anklingen, denn vom selben Herzog *Heinrich Julius* ist uns ein Schreiben aus dem Jahre 1587 überliefert, in dem er den *Grafen Stolberg* ersucht, ihm zur Ausschmückung seines Schlosses einige besonders starke Hirschgeweihe zu überlassen.

Es heißt: »Uns ist glaubwürdig berichtet, dass Euer seliger Vetter etliche schöne Hirschgehörne, sonderlich aber zwehn, eins von 28, das andere von etlichen 20 Enden, sehr dick und stark, hinterlassen hat.« Es ist nicht ohne weiteres anzunehmen, dass es sich hierbei um Geweihe von Harzhirschen handelte, doch liegt die Vermutung nahe. Die Hirsche hatten ja noch freien Zutritt zu den Feldern, durften dort in der Regel nicht gestört, geschweige denn gejagt werden und hatten, wie aus den Geweihsammlungen der Schlösser Erbach und Moritzburg bekannt ist, zum Teil Geweihe mit enormen, heute kaum vorstellbaren Ausmaßen, wobei vielleicht manche Geweihe von Gatterhirschen stammen könnten.

An dieser Stelle soll auch vermerkt werden, dass das älteste uns aus dem Harz überkommene Geweih im Rathaus von Goslar sich im sogenannten »Kaiserleuchter« befindet. Es stammt aus dem Jahre 1349, doch handelt es sich nicht um eine Trophäe aus freier Wildbahn, vielmehr ist urkundlich hierüber festgehalten:

»1349: Der König versetzt die Stadt an den Grafen zu Schwartzburg. Dem widersetzen sich auch die mitversetzten Mühl- und Nordhausen, biß die Versetzung widerrufen wird. Ist der große Steyrerbock auf dem Schäperwalle gefangen, abgethan, und das Geweihe zum Andenken depricierter Stadt Versetzung, in prätorio aufgehangen.« Die Stadt Goslar unterhielt damals im Bereich der heutigen Wallstraße einen Hirschgarten, auch zur Jagdbelustigung der Patrizier. Das

Geweih ist dann etwa 150 Jahre im Rathaus aufbewahrt worden, ehe es der berühmte Bildschnitzer *Hans Witten* benutzte, um daraus den repräsentativen »Kaiserleuchter« zu schaffen. Man geht wohl in der Annahme nicht fehl, dass das Wildbret des »abgethanen« Hirsches einem Festessen aus Anlass »depricierter Stadtversetzung« gedient hat. Darum ging es wohl auch mehr als um das Geweih!

Im Rückblick auf die schon erwähnte Forstordnung von 1590 kann man aber mit einiger Berechtigung annehmen, dass an der Trophäe bereits, vielleicht nur für einen vorübergehenden Zeitabschnitt, ein Interesse bestand.

Ich erinnere in diesem Zusammenhang an die Zählung der Hirsche mit Kronen und ergänze noch, dass es in der Forstordnung auch heißt: »Zum 29. soll von niemand unserer Dienern oder Unterthanen Hirsch- oder Rehzweige (d. s. Abwurfstangen) anderswohin verkauft oder zugebracht werden, als unseren Ober- und Förstern, auch Forstschreibern eines jeden Orts.«

Artikel 35 bringt uns übrigens mit den »schadhaftigen Tieren«, u. a. mit Wolf und Luchs, in Berührung. Der Bär wird an dieser Stelle nicht mehr genannt, aber wir sollten jetzt einmal die Spuren dieser autorisierten »Harzjäger« bis zu ihrem endgültigen Verschwinden im Harz verfolgen, wenn uns das auch weit in die nächsten Jahrhunderte führt.

Der Bär, schon im Sachsenspiegel zum Freiwild erklärt, war ohne Zweifel das Raubwild, das infolge seiner Schwerfälligkeit, auch wegen der auf seiner Wehrhaftigkeit beruhenden geringeren Fluchtdistanz, nicht zuletzt wegen seiner Eigenart, ein Winterlager zu beziehen, am leichtesten mit Erfolg zu bejagen war. Das führte dazu, dass er als erster der natürlichen Regulatoren ausfiel. Aber auch die zunehmende Besiedelung des Harzrandes, dessen Waldaufbau ihn mit Eicheln und Bucheln, auch mit dem diesen folgenden Weidevieh, gute Ernährungsmöglichkeiten bieten konnte, muss ihn mehr und mehr verdrängt haben, wo dann wohl das geringere Nahrungsangebot seinerseits als natürlicher Regulator des Bärwildes gewirkt haben mag. Der von ihm am Rotwild angerichtete Schaden stand weit hinter dem des Wolfes und Luchses zurück, dem Weidevieh gegenüber war er jedoch ein »schadhaftiges« Tier und wurde von den Bauern im Einverständnis der Jagdherren verfolgt, gefangen und gestochen. So meldet z.B. die Wernigeroder Amtsrechnung vom Jahr 1525/26, dass auf Befehl des *Grafen Botho zu Stolberg* zwei Elbingeroder Einwohnern ein halber Gulden gezahlt wurde, weil sie »drei bern gefangen und die klauen meinem gnädigen Herrn geben«. Im Jahre 1538 schreibt *Graf Wolfgang von Stolberg* an seinen Bruder: »Ich kann Dir auch nit verhalten, dass die Männer von Drübeck zwei Bären gefangen haben, gar an den Bergen, fast unter dem Brocken, hat der erste gehabet 164 Pfund, der ander 180 Pfund Feistes.« In einem weiteren Brief aus dem Jahr 1540 schreibt er: »...denn es viel guter Schweine und Bären um Stolberg« hat. Im Oktober 1554 meldet der Hauptmann von Wernigerode, *Dietrich von Gadenstedt,* dem Grafen, ein Jäger »sey heud Montag im stapelburgischen Forst gewesen und darin am Kihnberge ein hauffen schwein und einen grossen behrn androffen.« Um Anfang bis Mitte des 16. Jahrhunderts war also der Bär im Harz noch keine Seltenheit, und um 1530 hielt *Herzog Julius von Braunschweig-Wolfenbüttel* noch eine Meute Bärenfängerhunde. Ausgangs des 16. Jahrhunderts aber wurde der Bestand an Bären schon so gering, dass eine erfolgreiche Jagd als ein besonderes Ereignis gewertet wurde. Es wurde z. B. im April des Jahres 1573 ein Bär bei Ilsenburg in der Grube gefangen und für eine Hetzjagd im Reddebberholz wieder ausgesetzt. Hierzu ergingen Einladungen des *Grafen von Stolberg* an die *Grafen von Blankenburg,* an den Domprobst von Hildesheim u.a.m. *Graf Botho von Blankenburg* muss zu seinem großen Bedauern absagen und schreibt aus Stiege: »Wir haben E. L. schreyben empfangen und alles Inhaltes verlesen, auch daraus vernommen, dass Euer Liebden by Ilsenburg einen behren in der Gruben hatten, welchen E. L. morgen vor den Hunden zu fangen entschlossen.« Um aber zum Erfolg der Hetzjagd beitragen zu können, stellt er seine Jäger und Hunde zur Verfügung, »und haben gleichwol zu der behueff unsere beiderseitz Jäger und Diener sampt den englischen Hunden abgefertigt«.

Noch im Jahre 1656 findet sich in der Beschreibung einer Brockenbesteigung durch den Superintendent *Olearius* aus Halle der Bericht, dass bisweilen Bären am Brocken angetroffen würden, und dass am Schlosstor in Ilsenburg der Kopf eines Bären angenagelt gewesen sei, der im Jahre 1655 am Brocken geschossen worden wäre. Es ist allerdings zweifelhaft, ob es sich bei diesen letzten, im 17. Jahrhundert erwähnten Bären um ureingesessene Harzbären gehandelt hat. Zur Aufrechterhaltung des fürstlichen Jagdvergnügens, der Bärenhatz, wurden nämlich Bären im Harz ausgesetzt. Wir entnehmen das einem Schreiben des Jägermeisters des Herzogtums Braunschweig-Wolfenbüttel, *Herzog Rudolf August*, das er im Jahre 1663 von Bündheim aus an seinen Vater, *Herzog August*, richtet und in dem er etwa meldet, »dass Euer liebden gnedigen Befehl zu Folge den Behren gesuchet, auch einige Spur von demselbigen gefunden, halte auch dafür, selbiger wohl sollte können gefangen werden, wann er dem Luder nachgehen will; der Bärenkaste ist nur eine Meile Wegs davon wohin er wohl wird können geludert werden, sonst findet man gar wenig Nachrichtung von Behren, und vermeinen die hiesigen Waldbediente, dass nicht mehr als zween am hiesigen Harztheile vorhanden, welche beyde einerley sexus seyn werden, weil man gar keine Junge vernimmet. Ich habe wohl davon gehöret, dass Herzog Heinrich Julius die ersten Bähren in den Hartz gebracht, welche Seine Liebden dahmals von dem Schwieger Herr Vätern, dem Churfürsten von Sachsen geschenket bekommen, und haben sich selbige zimblich vermehret, bis hernach etzliche unverständige Schützen gekommen, und sie alß schädliche Thiere weggeschossen und verwüstet, da doch an hiesigen Örthern ein solches Thier keinen Schaden thut, insonderheit wan ihrer nicht zu viel werden, worauff man gar leicht Acht haben kann.«

Der letzte Bär des Harzes wurde im Jahre 1706 am Brocken erlegt. Von ihm wissen wir also nicht, ob er noch ein autochthoner Vertreter seines Stammes gewesen ist.

Die aus dem Schreiben *Herzogs Rudolf August* erkennbare Sorge um die weitere Erhaltung des Harzbären erscheint uns doch jagdhistorisch zumindest bemerkenswert. Hier ging es in gewisser Weise bereits um die »Erhaltung der freilebenden Tierwelt«, wie wir das heute auszudrücken pflegen, denn Wert und Bedeutung dieser Einstellung der fürstlichen Jagdherren, die schon vor mehr als 300 Jahren das Aussetzen von Bären zur Folge hatten, werden nur wenig gemindert durch die Vordergründigkeit des Jagdvergnügens. Keinem anderen Motiv und daher auch keinem anderen als dem Jäger verdanken wir doch den größten Anteil an der Erhaltung des Wildes in der Kulturlandschaft. Das gilt in vollem Umfang auch für den Harzhirsch!

Dem Bären hinsichtlich der Einwirkung auf den Rotwildbestand weit überlegen war der zweite autorisierte Harzjäger, der Wolf, besser gesagt: waren die Wölfe. Ihre heimliche Lebensweise, Schnelligkeit und Wehrhaftigkeit, besonders den Hunden gegenüber, erschwerten die Bejagung, bei der sie sich weitgehend einem erfolgreichen Einsatz der Schusswaffe entzogen. Ihre große Fähigkeit und Fertigkeit, auch flüchtendes Wild, wie gerade das Rotwild, zu hetzen und zu reißen, machte die Wölfe zu einem Schadwild ersten Ranges, damit aber auch zu einem entsprechenden Regulator des Wildbestandes. So wurde die Ausrottung mit Intensität betrieben, nicht zuletzt, weil auch der am Viehbestand angerichtete Schaden ganz beträchtlich gewesen ist. Schon frühzeitig wurden daher Methoden und Einrichtungen entwickelt und angewandt, um die Wölfe unter Kontrolle zu halten. Treibjagden unter Einsatz von Wolfsgarnen und Anlage von Fanggruben ermöglichten das in ausreichender Weise, so lange eine nachdrückliche und organisierte Bejagung durchgeführt wurde, an der sich Jäger und Bauern mit gleichem Eifer beteiligten. Zunächst lauten daher auch die zeitgenössischen Berichte über das Vorkommen der Wölfe im Harz verhältnismäßig harmlos. Vielleicht lag das daran, dass der Wolf wegen seines Pelzes stets ein hoch bewertetes Jagdwild gewesen ist. Wir hören zwar von Schäden am Vieh im und am Harz, das Gestüt auf der Lange (Elbingerode) wird häufig von Wölfen heimgesucht und meldet im Jahre 1550 – um nur ein Beispiel zu nennen – den Verlust einiger Fohlen.

Große Strecken an Wölfen werden nicht gemacht, und auch die großzügige Auslobung von Prämien für erlegte Wölfe lässt vermuten, dass der Bestand bis zum Ausgang des 16. Jahrhunderts unter Kontrolle gehalten werden konnte. Aber: »Der Wolf folgt der Trommel« sagt ein im dreißigjährigen Krieg geprägtes Wort. Und in den Wirren dieser Zeit entwickelte sich eine Wolfsplage, nicht nur im Harz, sondern weit hinein ins flache Land, weil der Wolf nicht mehr ausreichend bejagt werden konnte. In den Bergwäldern des Harzes, dem Haupteinstandsgebiet der Wölfe, von dem aus sie auch weit ins Land streiften, hat das Rotwild schwere Verluste hinnehmen müssen. Wir erfahren das u.a. aus einem Schreiben des *Grafen Heinrich Ernst zu Stolberg-Wernigerode* vom 27.9.1641 an den Bürgermeister der Reichsstadt Goslar, die selbst über großen Waldbesitz verfügte, der aus Anlass eines Bischofsbesuches um Lieferung von Wildbret gebeten hatte: »Und geben den Herren hinwider gonstiglich zu vernehmen, dass unsere Wilbahn dieses ortts dermaßen ruiniert, verödet und verwüstet, dass wir nunmehr innerhalb eines Jahres keinen eintzigen Hirsch darinnen schießen oder bekommen konnten.« So sah es in dem Jagdgebiet aus, das ein halbes Jahrhundert zuvor *Herzog Heinrich Julius* für einen hohen Preis erpachtet hatte, und in dem im Zeitraum von 12 Jahren zu jener Zeit mehr als 300 Stück Rotwild zur Strecke kommen konnten. Gewiss geht die Verödung der Wildbahn nicht allein auf das Konto des Wolfes, aber dem das Harzinnere meidenden Kriegsvolk wird man keinen allzu großen Teil zuschreiben können.

Auf den Schaden, den die Wölfe am Wildbestand anrichteten, lässt auch eine Verordnung aus dem Jahre 1640 schließen, in der den »Förstern und Schützen« verboten wurde, sich Wild anzueignen, »welches etwa in dem kalten Winter und tiefen Schnee am Harze von Wölfen und anderen Unthieren verfolgt und gerissen und gefunden wird«. Es musste dem Amte gemeldet werden.

Nach Beendigung der Kriegswirren wurde nun die intensive Bejagung dieses Schadwildes wieder aufgenommen, und so konnten z.B. in der Zeit von 1653–1665 in der nächsten Umgebung von Wolfenbüttel 42 Wölfe zur Strecke gebracht werden. Im Harz entstanden zahlreiche »Wolfsgärten«, in denen das Raubwild gefangen wurde. Sehr viele Forstortsnamen und Flurbezeichnungen »Wolfsgarten«, so etwa bei Hasselfelde, Stiege, Wernigerode, Seesen usw., erinnern noch heute an diese damals zum Schütze des Wildes erstellten Anlagen. Eine besonders anschauliche Beschreibung des Wolfsgartens bei Stiege bringt *H. Behrens* in seinem im Jahre 1712 erschienenen Werk »Hercynia curiosa«.

»Einem solchen Garten trifft man nicht weit von dem Amte Stiege an, welcher viereckicht, über eine Viertel Meile lang und breit, auch mit hohen Plancken umgeben ist. Der Eingang ist wie ein ziemlich breiter Thor-Weg weit, und befindet sich gegen Morgen, zur Rechten des Gartens an der Ecke, allwo auch auswendig ein Häuslein gebauet worden, darinnen ein Tuch oder Garn zu folgendem Gebrauch verwahret wird: Von diesem Eingang gehet ein breiter Weg durch das in dem Garten befindliche dicke Holz, nach einem gegen Abend zur Linken in der Ecke des Gartens vorhandenen blossen Platze, allwo man das Luder, als todte Pferde oder Kühe, auf diesen Weg hinschleifen lässt. Gegen Mittag ist, nicht weit von der gegen Morgen zu gehenden Ecke die Planke etwas niedriger, und dahinter ausserhalb des Gartens, ein Fall oder eine grosse und tieffe Wolfss-Grube gemacht, die mit Reis-Holtz bedecket wird. Ferner hat dieser Garten inwendig an der Planke herum einen schmalen Weg oder Fuß-Steig auswendig aber einen rechten breiten Fahr-Weg, auf welchem gegenüber dem

Luderplatz auff einem sehr hohen Baum, damit die Wölffe von dem hierinnen zu Zeiten vorhandenen Jäger keinen Wind haben können, ein Jägerhäusgen stehet, und ist auch ein anderes und grösseres Jäger-Häuslein nach Mitternacht gegen die Ecke des Gartens gebauet, in welchem ein Glöcklein henget, so von einer Linie oder dünnem Strick gezogen wird, welcher auf den Bäumen hin in Rollen biß zu dem vorbesagten auf den Baum befindlichen Häuslein gehet. Wenn dann die Jäger vermercken, dass die Wölfe das Luder gerochen und davon gefressen haben, so steiget einer zu der Zeit, da die Nächte helle sind, auff den Baum in das Häuslein, die anderen hingegen begeben sich in das andere, wo das Glöcklein henget. So bald nun zu Nacht die Wölffe sich in dem Garten bey dem Luder versammelt haben, ziehet der Jäger so vielmahl an dem Stricke, als er Wölffe vermercket, auf welches Zeichen sich die anderen Jäger nach dem Eingang eilends fortmachen, und vor demselben das vorgemeldete Tuch oder Garn ziehen, bey welcher Arbeit einer von denselben mit einem oder mehr hierzu abgerichteten Hunden in den Garten gehet, und auff einen gegenüber der Wolffs-Grube stehenden Stamm oder Baum steiget, allda er Achtung geben muss,, wieviel Wölffe in die Grube springen. Unterdessen gehen die Hunde auf die Wölffe loß, die denn nicht ermangeln, einen Ort zu suchen, wo sie durch zu kommen gedencken, doch vergebens, massen die Planken viel zu hoch dahin sind, derohalben sie so lange in dem Garten an denen Planken herum laufen, biß dieselben vor die Grube kommen. Weile es hier nicht so dunkel als an anderen Orten des Gartens ist, indem nicht allein die Plancke sich niedriger, sondern auch zu Nacht die Gegend nach Mittag heller als andere befindet, so vermeynen die Wölffe da hinaus zu kommen, und springen also in die Grube hinein.«

Behrens schildert dann weiter, wie die Wölfe am Morgen geknebelt, auf einen Karren verladen und nach Wolfenbüttel zur »Lustjagd« transportiert werden. Im Jahre 1702 seien in diesem Wolfsgarten 24 Wölfe auf solche Weise gefangen worden.

Wenn man die große Zahl derartiger Wolfsgärten im Harz bedenkt, kann man sich leicht vorstellen, dass bei solchen Fängen den Wölfen bald der Garaus gemacht werden konnte. Wir hören noch von drei im Jahre 1715 bei Hüttenrode geschossenen bzw. totgehetzten Wölfen, im Jahre 1730 erlegte man »einige« bei Tanne, im Jahre 1732 verfolgte man sieben Wölfe durch die Braunlager und Tanner

»Brockenhirsch«, von Wölfen gerissen.

Forst, und im Jahre 1741 ließ sich noch einer im Stieger Revier sehen. 1756 wurde noch ein Wolf zwischen Hohegeiß und Zorge erlegt, und der letzte seines Stammes im Harz kam am 23. März 1798 durch den *Grafen Ferdinand zu Stolberg-Wernigerode* bei der Plessenburg zur Strecke. Man glaubte hierbei an einen zugewanderten Wolf, da seit 45 Jahren im Harz kein Wolf mehr zur Strecke gekommen war.

Der Tätigkeit der Wölfe verdanken wir übrigens das älteste, aus der freien Wildbahn des Harzes stammende Geweih eines starken Hirsches, das auf der Plessenburg bei Ilsenburg verwahrt wurde. Der Hirsch, ein 18Ender, ist nach einer Inschrift auf der Geweihtafel am 26. August 1725 am Brocken unter der Hölle von Wölfen gerissen worden. In der Fürstlichen Eisengießerei Ilsenburg fertigte man sehr viel später eine Serie von maßstabgerechten Eisenabgüssen, die an einer großen Anzahl braunschweigischer Forstamtsgebäude im Harz deren Bestimmung symbolisierten. Es ist mir eine gute Erinnerung, dass ich unter einem solchen Abguss im Forstamt Stiege schon als Kind Kontakt zu einem alten Harzgeweih gewann. Auf der Marienburg, am alten Jägerkasino Goslar und im Archiv des Rotwildringes Harz befinden sich ebenfalls solche Abgüsse. Ich habe auch das Originalgeweih auf einer Ausstellung einmal vermessen; es brachte ungefähr 170 I.P., hatte also für heutige Verhältnisse, das kann man an dieser Stelle schon sagen, keine auffallende Stärke.

Aber noch einmal erklang im Harz fast der freudige Ruf »Der Wolf ist tot«, denn am 24. März 1817 veranstaltete man am Brocken unter großem Aufwand eine Wolfstreibjagd. Seit Jahren war man hinter ihm her gewesen, nachdem 1814 der Brockenwirt *Gerlach* gemeldet hatte, »dass an dem verwichenen Mittwoch Nacht der Wolf die Stapelburger Rinderherde am Brocken ganz zerstreihet, aber noch keines gefangen.« Nach vielen Fehljagden, bei denen er auch einmal angeschweißt wurde, erreichte den »Unhold« an jenem Märztage des Jahres 1817 in der Lappstatt sein Schicksal – aber, die große Überraschung: Es war ein Luchs! Den zeitgenössischen Bericht finden wir in des »Weidmanns Feierabende« gleichen Jahrgangs, in dem es abschließend heißt: »Seit länger als sechzig Jahren war ein solcher Räuber in jenen Forsten nicht mehr bemerkt worden. Sein Gewicht betrug 53 Pfund. Er hatte sich trefflich genährt und von Weihnachten an in den Gräflich Wernigerodischen Forsten allein 27 Stück Hochwild gemordet.«

So stellt sich uns nun das dritte große Raubwild vor, der Luchs, der gemeinsam mit Bär und Wolf in vergangenen Zeiten dem Rotwild seinen Tribut abverlangte, dies in umfangreichem Maße, wenn wir obigem Bericht Glauben schenken können. So ist es auch zu verstehen, dass ein auftauchender Luchs die alte Jägerei zu äußersten Anstrengungen trieb, um seiner habhaft zu werden.

Von einem weiteren erlegten Luchs wird in der Schilderung der letzten Luchsjagd im Harz insofern berichtet, als bei der Versammlung der Jäger das Ölbild eines Luchses gezeigt wurde mit der Inschrift »Anno 1649 den 17. September ist dieser Luchs von Adam Engeln, dem Förster auffm Clausthal, auf der Herrn-Thallswiese geschossen worden. Hatt gewogen 87 Pfundt.« Zu diesem Gewicht macht der Berichterstatter, der Herzoglich Braunschweigische Forstmeister *W. Graf von Veitheim,* eine glossierende Bemerkung, die wegen ihres aktuellen Bezugs nicht vorenthalten werden soll: »Ein wahrlich ungeheueres Gewicht gegen die Luchse unserer Zeit, welches die Wahrscheinlichkeit bestätigt, dass, wenn die ganze Schöpfung in dieser Stufenfolge allmählich abnehmen sollte, dereinst alles dasjenige Wild, welches unsere Altvorderen mit derben Büchsenkugeln schössen, von unseren Junghinteren vielleicht mit einem einzigen Schrotkorne von Nr. 6 werde niedergedonnert werden können!«

Auch auf den letzten Luchs im Harz wurde mit einem Aufwand gejagt, der es verdient, aus der Schilderung in des »Weidmanns Feierabende«, Jahrgang 1818, hier etwa festgehalten zu werden: Der Luchs wurde Mitte Februar 1818 mehrmals im Königlich Hannoverschen Revier Lautenthal gespürt, in dem seit 1788 die Jagd dem Herzogtum Braunschweig zustand (Kommunionharz). Am 22. Februar versammelten sich die eingeladenen und aufgebotenen Jäger in Seesen, u. a. der Braunschweigische Staatsminister *Graf von der Schulenburg* als wohl prominentester, Forstbeamte aus Blankenburg, Walkenried, Thale und Harzburg kamen, so dass sich einschließlich der örtlichen Jägerei 82 Schützen zusammenfanden, die mit 100 Treibern sich bis zum 28. Februar bemühten, zu einem Erfolg zu kommen. An diesem Tage wurde der Luchs am Eichelberge des Reviers Grund eingekreist, vor die Schützen gebracht, aber gefehlt. Am 17. März 1818 wurde nach erneuter Bestätigung des Luchses noch einmal eine Jagd gleichen Aufgebotes durchgeführt, bei der der Letzte seines Stammes im Harz am Rosenthalskopf im Lautenthaler Revier zur Strecke kam. »Kaum waren die nachgehenden Jäger 200 Schritte weit der Fährte gefolgt, als sie den Luchs frisch flüchtig spürten, und folglich Laut gaben, worauf derselbe, wenige Augenblicke nachher, spitz im Trabe auf den Herrn Freytag, Adjudanten beym Reserve-Bataillon Seesen, zukommt, welchem aber sein, wahrscheinlich nassgewordenes, Gewehr versagt. Da springt nun der Luchs in die Dickung zwar zurück, kommt aber doch, obgleich auch nicht flüchtig, auf einer lichten Stelle, vor dem Königlich Hannoverschen reitenden Förster Spellerberg aus Lautenthal, breit heraus, und stutzet auf 20 Schritte, in welchem Augenblikke dann ihm dieser mit sicherer Hand ächtmeisterlich mitten durch das Herz schießt, worauf der Wüterich nach zwey Bogensätzen entseelt niederstürzet. ... So war denn endlich unsere Mühe belohnt, und jubelnd zog nun das Jägerheer mit der herrlichen Beute nach Seesen herab. Dicht vor der Stadt versammelte man sich, jeder Schütze ladete von neuem, und eine Generalsalve verkündete den Sieg, worauf die ganze Jägerey in nachstehender Ordnung unter Jagdgesang und Hörnerschall einzog: Zuerst zwei Halbemondbläser, dann 36 reitende Schützen, Paarweise gereihet, hierauf 10 Jäger zu Fuß, und in deren Mitte der Sieger, mit einem stattlichen Bruch geschmückt; hinter ihm wurde der Luchs auf einer Stange getragen. Dann folgte die übrige Jägerey mit dem ansehnlichen Trosse von Treibern, wobey aber die hinzuströmende neugierige Menge endlich so ungestüm wurde, dass sie nur durch das Versprechen zu beruhigen stand, der Luchs solle zu folgendem Morgen zwey Stunden lang zur öffentlichen Schau ausgehängt werden. Der Abend ward dann, wie billig, einem festlichen Mahle geweiht, und auf das Wohl des tapferen Luchsschützen, der gesamten edlen Jägerey und alles dessen, was ächten Weidmännern lieb und theuer ist, nach alter, löblicher Sitte manch fröhliches Gläschen geleert.«

Der Luchs war, wie sein Vorgänger vom Jahre 1817, ein Kuder und wog 46 Pfund, wobei bemerkt wurde, dass »er schlecht bey Leibe« war.

Nach dem Verschwinden von Bär, Wolf und Luchs blieb als letzter natürliche Regulator noch der verhältnismäßig strenge, oft langanhaltende Winter, wie er dem nördlichsten Mittelgebirge unseres Raumes eigen ist.

Seit uns von der Mitte des vorigen Jahrhunderts an Zahlen über Winterverluste vorliegen, mit denen wir uns schon beschäftigt haben, kennen wir die periodisch auftretenden starken Eingriffe des Winters in die Harzer Wildbahn.

Greifen wir nun wieder zurück, um unsere Folge zu der Zeit wieder aufzunehmen, zu der sich im Harz, und sicherlich nicht nur hier, Jagd und Rotwildbestand nach dem Dreißigjährigen Krieg auf einem Tiefpunkt befanden.

Mit Aufwand bemühten sich die Landesherren, diesem Übelstand schnell abzuhelfen, der ihnen gleichermaßen Jagdvergnügen und Wildbretnutzung empfindlich schmälerte. So entstanden gegen Ausgang des 17. Jahrhunderts auch im Harz die fast an allen Fürstenhöfen sehr geschätzten und gepflegten Tiergärten. In ihnen wurde vornehmlich Rot- und Schwarzwild gehalten, um es hier nicht nur zu jagen, sondern auch, um in erster Linie Rotwild von hier aus wieder in die freie Wildbahn zu bringen. Schon zur Zeit des *Herzogs Ru-*

dolf August von Braunschweig-Wolfenbüttel wurde beispielsweise um das Jahr 1680 der Tiergarten beim Schloss Blankenburg eingerichtet, der sich bis ins 20. Jahrhundert als solcher erhalten hat. Unter einem der Nachfolger, *Herzog Ludwig Rudolf,* gelangte er zu besonderer Berühmtheit insofern, als »Blässedelwild« in ihm gehalten wurde. Der Tiergarten schloss unmittelbar an die Stadtmauer an, war an drei Seiten mit Planken umgeben, und in ihm stand ein Jagdzeughaus, in dem Tücher, Netze, Leinen, Jagdzeugwagen und andere Jagdgerätschaften aufbewahrt wurden, »deren Werth sich auf 20.000 Thaler beläuft«. »Hierin«, so heißt es in der zeitgenössischen Beschreibung von *Stübner,* »steht ein von Holz gebildeter Hirsch, welcher mit der Haut eines Edelblässhirsches überzogen ist. Er war einer der ersten, von welchen dergleichen mehrere im Thiergarten gezogen wurden. Das Wernigerodische und Bernburgische Blässwildpret stammt davon ab … Blässwildpret aber, welches vom Kopfe bis auf die Nase herab eine lange weisse Blässe hat, und dessen Läufe insgesamt von der Schale an bis zur Hälfte des Laufes weiß sind, giebt es hier mehreres. Den ersten Blässhirsch hiesiger Gegend erhielt der Herzog Ludwig Rudolf im Jahre 1717 vom Fürsten von Ostfriesland aus dem Aurichschen Thiergarten. Von diesem stammen alle hiesigen Blässhirsche ab. Anfänglich waren sie im Thiergarten gehäget, als sie aber aus demselben entlassen wurden, blieben zwar einige in den hiesigen Forsten, die übrigen giengen aber in die benachbarten.«

An solchen Farbspielarten fand man zu jener Zeit besonderes Gefallen, und vielleicht stammt der durch *J. E. Ridingers* Meisterhand uns überlieferte, am 12.9.1746 bei Wernigerode erlegte, gefleckte Hirsch aus dem dortigen Tiergarten. Der einzige Harzhirsch übrigens, der aus den umfangreichen Arbeiten jenes Künstlers bekannt ist.

Nun konnte die Pflege der Jagd in den Tiergärten keineswegs ausreichen, Jagdvergnügen und Wildbretbedarf der Landesherren zu befriedigen. Und fast wie eine Reaktion auf den Niedergang der hohen Jagd mutet der nunmehrige Beginn eines jagdlichen Zeitalters an, das seinen Höhepunkt im 18. Jahrhundert findet. Er dokumentiert sich in großen Gesellschaftsjagden, deren Umfang und Aufwand nur von den Fürstenhöfen bestritten werden konnten. Prunk und Schau spielten eine besondere Rolle bei diesen Jagden. Es gibt zwei Ursachen, die eine so merkbare Weiterentwicklung, ja eine fast völlige

Umwandlung der Jagd und ihre Methoden im 17. und 18. Jahrhundert gefördert haben. Ohne gerade charakteristisch für das Harzgebiet zu sein, sind sie aber auch hier wirksam gewesen.

Zunächst hatte das schon seit den Bauernkriegen immer inhaltsreicher in Anspruch genommene »Jagdregal« den Landesherren schließlich die alleinige Verfügungsgewalt über die hohe Jagd in ihren Herrschaftsbereichen gebracht. Letztlich bedeutete das eine völlige Trennung des Jagdrechtes vom Grund und Boden, und es kann im heutigen Sinne nicht immer als »Recht« bezeichnet werden, was in dieser Richtung damals geschehen ist und praktiziert wurde. In gleicher Weise einflussreich auf das Jagdwesen war weiterhin die Entwicklung einer absoluten Souveränität der Landesherren als eine Folge des Verfalls der Reichsgewalt nach dem 30jährigen Krieg, wobei dieser Absolutismus nicht selten mit dem Streben verbunden gewesen ist, auch kleine und kleinste Hofhaltungen nach französischem Stil prunk- und glanzvoll auszurichten. Entsprechend seiner Bedeutung für Vergnügen und Repräsentation wurde das Jagdwesen hiervon ganz besonders betroffen. So, wie der Ritterstand an Stellung verlor, wurde die bis in das 17. Jahrhundert geübte »ritterliche« Hetz- und Fangjagd abgelöst durch die »fürstlichen« Jagdmethoden der Parforcejagd und der Zeugjagd, das eingestellte Jagen.

Erstere, die in Frankreich entwickelte und gepflegte Art, Rotwild zu jagen, war im Grunde eine fortentwickelte Hetz- und Fangjagd, bei der ein bestimmter, vorher bestätigter Hirsch von berittenen Jägern mit der Meute zu Stande gehetzt und abgefangen wurde. Eine Reitjagd also, wie sie auch heute noch in einigen Rotwildgebieten Frankreichs als »chasse à courre«, als hohe Jagdkunst ausgeübt und bewertet wird. Ein Hauptmerkmal war, dass keine Schusswaffe verwendet wurde, und das »jamais de carabine« gilt in der Regel heute noch. Als typisch kann weiterhin gelten, dass das Geweih des zur Strecke gekommenen Hirsches als Trophäe nur eine untergeordnete Bedeutung hat. Als diese gilt der abgeschärfte Vorderlauf.

Man möchte meinen, dass das gebirgige Gelände mit seinem steinigen, harten Boden grundsätzlich im Harz keine Parforcejagden hat aufkommen lassen, aber das ist nicht der Fall. So berichtet *Heinrich Wilhem Döbel* (1699–1760) in seiner »Neu eröffneten Jäger-Practica«, dass im Fürstentum Anhalt-Bernburg im Ostharz Parforcejagden berühmten Formates abgehalten wurden. Es heißt hier: »Ein mühsamer

Parforcejagdliebhaber sind nicht weniger Sr. Hochfürstl. Durchlaucht des regierenden Fürsten Viktor Friedrich Durchl. (1720–1765). Dieselbe ästimieren die große Beschwerniß des Harzgebirges nicht, indem sie solche zwischen Ballenstedt, Harzgerode, Güntersberge und Gernrode an dem sehr starken Gebürge execieren und Halten, da doch in selbiger Gegend Berge mitunter sind, die fast nicht zu passieren sind, dass man öfters die Pferde herunterführen muss, geschweige dass man sollte in Galop daran jagen können. Jedoch geht die Jagd gut, man muss sich dabei viel auf die Hunde verlassen. Es sind dabei auch lauter deutsche Jäger, und würde sich mancher Franzose verwundern, wenn er diese beschwerliche Jagd mit thun sollte.«

Auch *F. U. Stisser* erwähnt diese offensichtlich weithin berühmten Jagden in seiner »Forst- und Jagdgeschichte der Teutschen, 1737« und berichtet: »Jedoch ist aber unter diesen des Bernburgischen Hofes Einrichtung am bewundernswürdigsten, denen Hunden und Pferden aber desto beschwerlicher und den Jägern gefährlicher, indem der gantze Parforce District durch die allerhöchsten Berge und tiefsten Täler führet. Mittels einer ausgesonnenen, klugen Einrichtung die Parforcejagd in einen solchen Stand gesetzt, dass manches Jahr vom August an bis November zum Tage Hubert! etliche 30 bis 40 Stück Hirsche forcieret worden und gleichwohl dabei niemand verunglückt ist.« Die Parforcejagd war eine harte Reitjagd, wenn man berücksichtigt, dass eine solche Folge hinter dem Hirsch bis zu acht Stunden dauern konnte, zumal wenn die Fährte öfters verloren gegangen war. Von der Zuverlässigkeit der Hunde, ihrer Fährtensicherheit in erster Linie, hing im wesentlichen der Erfolg der Jagd ab. So spielten die Hundeführer, Besuchsknechte mit Leithunden zum Bestätigen und Piqueure mit Meutehunden zum Hetzen, eine wichtige Rolle, und in ihnen begegnen uns die ersten »hirschgerechten« Jäger.

Während die Parforcejagd im Harz nur mit diesem zeitlich und regional sehr begrenzten Beispiel eine erwähnenswerte Rolle gefunden hat, gelangte die Zeugjagd, das eingestellte Jagen, in Deutschland ganz allgemein und so auch im Harz zu wesentlich größerer Bedeutung. Wie für ihre französische Schwester waren zur Jagd auf Rotwild große, zusammenhängende Waldgebiete Voraussetzung für die erfolgreiche Anwendung dieser Jagdmethode. Aus diesem Grunde, wie auch wegen des hohen Material- und Personalaufwandes, war sie eine typisch »fürstliche« Jagd, bei der in großem Umfang Schau und Zeremoniell im Vordergrund gestanden haben. Die große Strecke, möglichst erzielt an einem oder wenigen Tagen, die hohe Stückzahl, nicht unbedingt die Qualität des Einzelstückes, es sei denn, es handelte sich um das Körpergewicht, waren jagdliches Ziel. Repräsentation und Dokumentation des fürstlichen Prunkes spielten eine so wichtige Rolle, dass diese Art zu jagen nicht mehr mit den heutigen jagdethischen Auffassungen in Übereinstimmung zu bringen ist. Für die damalige Zeit jedoch können die Intendanten einer solcher Zeugjagd wohl Anspruch darauf erheben, »hirschgerechte Jäger« genannt zu werden.

Das Aufkommen der Feuerwaffen und der Übergang zur Schießjagd machten es möglich, in kurzer Zeit ohne besonderen persönlichen Einsatz des Schützen zahlreich Stücke zu erlegen, umso mehr dann, wenn sich das Wild im eingestellten Jagen befand und auf den »Lauf« getrieben wurde. Hierzu wurden Wildeinstände größeren Flächenausmaßes (Hauptjagen) in das »hohe Zeug« gestellt, d.h. mit aufgespannten Tüchern umzogen, und das Wild in manchmal tage-, auch wochenlangem Einsatz großer Treiberscharen beigetrieben. *Döbel* sagt a.a.O.: »Ordinaire Tücher müssen fünf Leipziger Ellen hoch stellen (etwa 2,80 m), und ein jedes Tuch muss 150 Schritte stellen ... Wenn ich der Tücher viere auf einen Wagen lade, so habe ich gerade 600 Schritte, wie denn auf einen Wagen vier Tücher gar wohl zu laden und fortzubringen sind. Wäre es nun in Gebürgen oder schlimmen Wegen, so sind acht Pferde vor einen Wagen zu spannen nötig.«

Man sieht also, dass ein erheblicher Aufwand erforderlich war, um ein Hauptjagen, bei dem »ein gantzer Wald oder Heide zusammengetrieben wird«, zu veranstalten.

Ein vermutlich aus der Feder des damaligen Jagdjunkers, späteren berühmten braunschweigischen Hofjägermeisters *Johann Georg von Langen,* Blankenburg, stammender Bericht über ein solches Spektakel lässt uns das unschwer erkennen. Die beschriebene Jagd wurde abgehalten vom *Herzog Ludwig Rudolf,* der vor seinem Regierungsantritt in Braunschweig (1731) im Fürstentum Blankenburg am Hofe eine souveraine Herrschaft absolutistischer Prägung führte. Der Bericht lautet: »In der stiegischen Forst am Königsberge sind nachfolgende Mannschaften und Vorspann gebraucht worden: Den 12. Juli 1717 ist das hohe Zeug als 9 Fuder Tücher, 1 Fuder Netze, 1 Fuder Lappen und der Schirmwagen vom Zeughaus Blankenburg nach Stiege gerückt worden mit 72 Pferden aus den Ämtern Blankenburg, Börnecke, Heimburg; diesen Abend sind noch 200 Mann aus den Ämtern Stiege, Braunlage und von Tanne zum Zeug gekommen. Den 13. Juli ist das Jagen frühe eingerichtet worden mit 9 Fudern Tüchern und 1 Fuder Lappen, wobei man aus Stiege noch 32 Pferde gebraucht, und ist das Jagen vorn am großen Königsberge gefasst, und bei der Viehtränke aneinander gebunden worden; der linke Flügel ward von dem Forstinspektor Melsheimer gestellt mit 10 Tüchern und 12 Bund Tuchlappen und 12 Bund Federn, die lange Trift hinunter bis an den Ziegelborn; von da auf der Nordhäuser Straße hinauf auf den Bährkopf. Der rechte Flügel ist mit 16 Tüchern und 20 Bund Lappen von mir von der Tränke an über die kurze Trift – wobei der kleine Königsberg verloren beigetrieben –, die lange Wiese hinunter aufs Kuhlager, ferner den Mossberg hinunter bis an die Bahre gestellt. Auch ist diesen Abend noch beigetrieben worden der Bährkopf und der Harzgeröder Berg und Düseisberg den Grund hinunter bis an die Bahre gestellt und nachher die Lappen verfeuert.

Den 14. Juli früh ist beigetrieben worden der Düseisberg und Mosskopf und den Weg am Kuhlager herauf bis zur langen Trift; von da über Liberkühns Wiese hinunter bis an den Harzgeröder Berg auch mit Tuchlappen gestellt. Den Nachmittag sind beigetrieben die Pfauenköpfe, bis auf die lange Trift, aber mit Tuchlappen zugestellt und das Jagen verfeuert. Den 15. Juli früh ist beigetrieben worden der junge Hai am Königsberge bis an Liberkühns Wiese, alsdann der Hirtenkopf bis an die Salzlake, allwo mit Tüchern vorgestellt wurde; den Nachmittag ist noch eine Ecke an Liberkühns Wiese bis an die lange Trift abgetrieben und mit Lappen zugestellt worden. Diesen Abend sind die bisher gestandenen 200 Mann mit anderen 200 Mann aus den Ämtern Blankenburg, Börnecke und Heimburg abgelöst. Den 16. Juli ist ein scharfer Flügel geräumt und wegen des vielen Regens das Treiben am Hirtenkopfe hinauf auf den scharfen Flügel allein getan. Den 18. Juli nachmittags ist die Rundung geräumt und ein Treiben im Königsberg getan. Diesen Abend sind 200 Mann aus dem Amte Stiege, Braunlage und von Tanne mit 200 anderen wieder abgelöst. Am 19. Juli frühe ist das Treiben vom Heegepfahle bis über Anton Eppers Wiese an der kurzen Trift hinaus auf den scharfen Flügel verrichtet. Nachmittags ist der Lauf noch abgesteckt und gezogen worden.

Den 20. Juli ist morgens der Lauf am großen Rühemanns Blecke zwischen dem großen und dem kleinen Königsberge und Wildlettern gestellt und das Zwangstreiben getan worden, und sind um 11 Uhr Meines gnädigsten Herrn Hochfürstliche Durchlaucht auf das Jagen gekommen. Auch ist sogleich abzujagen angefangen und diesen Tag noch totgeschossen:

1 Hirsch von 14 Enden = 380 Pfund
1 Hirsch von 16 Enden = 370 Pfund
1 Hirsch von 10 Enden = 360 Pfund
1 Hirsch von 10 Enden = 380 Pfund
1 Hirsch von 10 Enden = 370 Pfund
1 Hirsch von 10 Enden = 370 Pfund
1 Hirsch von 8 Enden = 390 Pfund
1 Hirsch von 8 Enden = 350 Pfund

2 Hirsche von 8 Enden so nicht gewogen, 6 Hirsche von 6 Enden, 5 Spießer, 10 alte Tiere, 2 Schmaltiere, 5 Wildkälber, 4 Rehböcke, 10 Rehe, 4 Füchse: In Summa 56 Stück. – Den 21. Juli ist ferner abgejagt und von Seiner Hochfürstlichen Durchlaucht wiederum ausgeschossen: 1 Hirsch von 10 Enden, 3 Spießer, 9 Alttiere, 3 Rehe, 1 gelle Reh: In Summa 17 Stück. Noch ist auf gnädigsten Befehl in der Rundung denselben Abend totgeschossen: l Hirsch von 6 Enden, 1 Hirsch von 6 Enden und 2 Rehe, und am 21. Juli morgens ist in der Kammer noch geschossen: 1 Hirsch von 10 Enden und 1 Alttier: Summa summarum: 79 Stück.«

Soweit der Bericht, der für die Geschichte der Jagd auf Rotwild nicht nur für den Harz recht aufschlussreich, sondern auch hinsichtlich der damaligen Jagdtechnik von allgemeiner Gültigkeit ist. Für seine Beurteilung aus heutiger Sicht sollte noch folgendes ausgeführt werden, zumal mir die Örtlichkeiten bekannt sind: Es war ein »Hauptjagen«, bei dem etwa 600 bis 700 ha innerhalb von acht Tagen in Richtung auf eine gestellte »Kammer« nach vorherigem Stellen der Tücher getrieben wurden, wobei die eingestellten Räume täglich verkleinert wurden, bis am letzten Tag das Wild in die »Kammer«, die letzte Abteilung vor dem »Lauf«, getrieben wurde, in dem sich der Schirm des Jagdherrn befand. 600 Mann wurden in ablösendem Einsatz bei zum Teil 30 km Anmarsch benötigt, dazu mehr als 100 Pferde, vom Materialaufwand von mindestens 4.000 – 5.000 m »Hohe Tücher« ganz abgesehen. Die eingestellten Teile wurden »verfeuert«, also musste ein großer Teil der eingesetzten Mannschaft auch über Nacht an den Tüchern und Netzen die Feuer unterhalten und wachen, dass kein Wild ausbrach. Ein solcher Aufwand an Gespannen und tätigen Personen war umso leichter oder überhaupt nur möglich, weil diese Dienste wohl überwiegend unentgeltlich geleistet werden mussten, also in Gestalt von Spann- und Handdiensten als jagdlicher Fron auch nach den Bauernkriegen noch nicht aufgehoben waren.

Die Jagd wurde vorbereitet und abgehalten vom 12.–21. Juli, zu einer Zeit also, in der der weitaus größte Teil der Hirsche sich noch im Bast befunden haben muss – eine Bestätigung der geringen Wertschätzung der Trophäe bei dieser Jagdmethode, wenn man auch die Hirsche auf der Strecke und bei ihrer listenmäßigen Erfassung nach der Endenzahl rangierte. Dabei musste aber keineswegs immer der wirklich nach dem Geweih stärkste Hirsch an der Spitze stehen. Interessanter war das Wildbretgewicht, das notiert und nach dem ebenfalls die Strecke rangiert wurde, denn die Versorgung der Hofküche mit Wildbret, das in der Regel eingesalzen wurde, spielte eine nicht zu unterschätzende Rolle bei diesen eingestellten Jagen. Gewogen wurde auf der Strecke an einer Balkenwaage mit Haupt und unaufgebrochen. So kann man für die hier angegebene Strecke annehmen, dass auch bei Berücksichtigung des Gewichtes des damaligen Pfundes die Hirsche wohl etwas, aber nicht extrem höhere Gewichte hatten als heute. Das kann allerdings nicht verallgemeinert werden, denn in Gegenden mit reicherer landwirtschaftlicher Nutzung lagen bei Zutritt des Wildes zu den Feldern die Körpergewichte wesentlich höher als die des heutigen Rotwildes.

An einem Nachmittag und dem folgenden Vormittag wurde von *Herzog Ludwig Rudolf* eigenhändig das meiste des erlegten Wildes »totgeschossen«. Nach unseren heutigen Begriffen ein großes »Schlachten«, so will es scheinen, bei dessen Beurteilung uns nur die damaligen Auffassungen und auch eine mögliche Abgabe eines Teiles des Wildbrets an die Bevölkerung zu gerechtem Urteil verhelfen können. War es nun nur die »Ergötzung« für den Jagdherrn und seine Gäste, die immer wieder zur Veranstaltung eines solchen Spektakels führte? *H. W. Döbel* sagt aus seiner zeitgenössischen Betrachtung hierzu: »Die Hauptjagen sind zuweilen über die Maßen nöthig, aber dabei auch nützlich und pläsierlich. Nöthig sind sie, wenn sich das Wildpret zu sehr mehret und den Unterthanen das Getreide, Kraut und Gras von den Wiesen abäßet. Damit nun die Unterthanen dieses alles erhalten mögen; so siehet die hohe Landesherrschaft, wenn sie darinn, wie oft geschiehet, aller- und unterthänigst supplicieren, dahin, dass die Zahl des Wildes eingezogen und verringert werde. Hingegen sind sie auch sehr nützlich, denn dadurch wird nicht nur des Landesherrn Zehrgarten und Küche mit gutem Wildbrete versehen, sondern es sind Allerhöchst und Höchstdieselben auch allezeit so gnädig, dass sie davon das meiste verschenken. Die größte Nutzbarkeit aber kommt daraus, dass der Landmann sodann das seine behalten, und die auf den Feldern liegenden Onora und Abgaben seiner hohen Landesherrschaft abgeben kann.«

Soweit u.a. *H. W. Döbel,* den wir mit Fug und Recht einen Harzer Jagdklassiker nennen können, der seine Lehr- und Wanderjahre in Güntersberge und Blankenburg verbrachte. Etwas fadenscheinig ist wohl diese Darstellung und Begründung, aber: »Wes Brot ich ess, des Lied ich sing'« könnte man fast entschuldigend sagen. Stand nicht damals der Berufsjäger, *Döbel* war als Piqueur ein solcher, in völliger Abhängigkeit von seinem Landsherrn?

Kaum kann man diese Tagesstrecken nach Zeit und Art ihres Zustandekommens mit dem in bewertenden Vergleich bringen, was wir heute normalerweise »Jagd auf Rotwild« nennen. Die damalige Einstellung zum Tier war überhaupt eine ganz andere, weniger durch Gefühle gekennzeichnete. Im Zeitalter des Absolutismus war es leicht gegeben, harte und raue Jagdmethoden sich entwickeln zu lassen, die nicht erst heute, sondern schon um die Wende des 18./19. Jahrhunderts der Kritik ausgesetzt gewesen sind.

Die Würdigung dieser Jagdmethode gehört zum Thema, und es muss daher aus der zeitgenössischen Begründung hervorgehoben werden, dass eine, wenn auch grobe Bestandesregulierung hier schon zum Ziel gesetzt und erklärt wurde. Der Wildschaden auf den Feldern ist es hier noch, der als Hauptgrund für eine Verminderung des Wildbestandes angegeben wird, wie auch die Versorgung der herrschaftlichen Küche.

Beispiele für solche Prunkjagden und deren Strecken könnten für den Harz sicher aus historischen Quellen noch vermehrt werden, wobei wir auch auf große Schwarzwildstrecken stoßen würden, was bei der Stieger Jagd nicht der Fall ist.

Ein zum Beispiel im Schimmerwald bei Harzburg durchgeführtes eingestelltes Jagen ergab im Dezember 1765 eine Strecke von 102

Sauen, 5 Hirschen, 13 Tieren, 18 Rehböcken, 59 Rehen, 6 Hasen und 13 Füchsen.

Weniger aufwendig hinsichtlich Zeit, Personal und Material war eine zweite Art der Zeugjagd, das sogenannte »Bestätigungsjagen«, das sich vom Hauptjagen dadurch unterschied, dass das Zeug erst dann und dort aufgestellt wurde, wenn vorher durch Einsatz von »Besuchsknechten« mit Leithunden Hirsche in ihrem Einstand sicher bestätigt waren.

Zitieren wir noch einen zweiten, im Harz tätig gewesenen »Fachschriftsteller«, *Johann Friedrich Zeisig*, der im Jahre 1722 ein Werk, die »Artemidia«, verfasste und u.a. über eingestellte Jagen im Harz mit Lappen ein Beispiel bringt: »... und weiß ich mich zu erinnern, dass der Herr von Meiseberg in Wernigerode, als bey Ihro Gnaden bestellter Forst-Meister, jetzo Jäger-Meister zu Braunschweig-Wolfenbüttel hat am Brocken dergleichen Jagd mit Lappen gethan, worinnen sie 16 Hirsche mehrenteils glücklich gefangen, dergleichen Lappen sind gut ins Gebürge, wo man mit keinen Tüchern hin kommen kann ...«. Das »glücklich gefangen« meint wohl den Einsatz von Netzen oder aber bedeutet schlechthin »zur Strecke gebracht«.

Diese »Artemidia«, von der nur ein einziges Exemplar, und zwar in der Herzog-August-Bibliothek in Wolfenbüttel, erhalten geblieben ist, enthält noch weitere, den Harzhirsch betreffende Passagen, die an dieser Stelle vor der Vergessenheit bewahrt werden sollen: »Weil ich dem Herrn Grafen von Stolberg acht Jahre gedienet, so muss ich auch von dem hohen Hause melden, was vor 173 Jahren geschehen. Es haben die damaligen Herren Grafen einen Hirsch gehabt, welchen sie so zahm gemachet, dass man ihn hat können reiten wie ein Pferdt, welcher auch recht im *Zaum* gegangen. Dieser Hirsch wurde durch die damaligen Herren Grafen Ao 1548 Maximiliano Secundo ehe er Kayser wurde, nach Augspurg überschicket auf den Reichstag zu einem Präsent, weil nun der damahlige Kayser Carolus Quintus einen Wettlauf mit Rossen angestellt hatte, hat dieser Hirsch von allen einen weiten Vorzug im Laufen gehabt...«

Bemerkenswert in seiner Beziehung zur Gegenwart nimmt sich das Kapitel »Von der Prunfft« aus, in dem für die damalige Zeit recht aufschlussreiche Hinweise gegeben werden: »Die Prunfft-Zeit muss nicht gestöret werden, sonst wird eines großen Herrn seine Wildbahne dadurch geschwächt, zu der Zeit vom September biß zum 15. Oktober muss in den Höltzern wo gefahren wird sachte gefahren und nicht geklatschet werden oder gekröhlet, viel weniger die Leute Hunde mitzunehmen, sonst könnten solche ohne eintzige Bedenken tot geschossen werden, auch müssen die Bauren zu solcher Zeit mit den Pferdten haussen bleiben, wie auch die Hirten. Summa alle Schleiff-Wege muss man zu solcher Zeit mit Schlag-Bäumen versperren. Damit die Leute nicht vorwenden können sie hätten nicht gewusst, können auch Taffeln an die Wege gesetzet werden, und diesen Reim darauf geschrieben:

»Wer stöhret die Prunfft und fähret den Weg
und gehet nicht den rechten Steg,
dem werden Pferdte und Wagen genommen,
drum bin ich jetzt hierher gekommen
zu sehn wer fährt, geht oder reit,
der hat die Straffe zu seiner Beut!«

Ja, der alte, hirschgerechte Jäger *Zeisig,* der hatte schon unsere Sorgen, vor 250 Jahren! Aber was würde er heute sagen und schreiben, wenn er in der »Oase der Stille«, dem Walde, im Harz etwa zum sommerlichen Abendansitz kaum einen Platz finden könnte, an dem er vor Autogeräuschen geschützt wäre?

»Eines großen Herrn seine Wildbahn darf nicht geschwächt werden!« Das ist ein wesentliches Ziel, dahin geht die Aufgabe des berufsmäßigen Jägers jener Zeit. Für die Zeit des Absolutismus kann eine solche Aufgabenstellung wohl kaum als überraschend gelten. Und wenn auch die in der Jagdmethode gezeigte Härte dem Wild gegenüber heute jene jagdliche Epoche überschattet, so sollte man nicht vergessen: Diese »fürstliche Lust« am Jagen hat, wenn auch nicht als ihr ausgesprochenes Ziel, doch zur Erhaltung unserer letzten Großwildart über jenes Jahrhundert hinweg ganz wesentlich beigetragen. Das berührte natürlich auch die Heimat des Wildes, seinen Einstand, den Wald. Und dessen Konservierung, die Einschränkung seiner Rodung und Zersiedelung ist auch eine Folgeerscheinung der Bewahrung der Rotwildbestände gewesen. Für den Harz mag das nicht gerade für diese Epoche charakteristisch sein, weil solche Zusammenhänge bereits zu wesentlich früherer Zeit wirksam geworden waren; zudem war der Harzer Wald als Diener des Bergbaues sehr früh schon in entsprechender forstlicher Betreuung. Aber für andere geschlossene Waldgebiete war eine solche Schutzwirkung durch die Jagd auf Rotwild durchaus gegeben.

Die geschilderten Jagdmethoden, insbesondere die Zeugjagd, waren nur unter Einsatz einer erheblichen Zahl von Jägern, Berufsjägern, mit Erfolg durchführbar. Ursprünglich nur mit den Dingen der Jagd befasst, entwickelte sich der »hirschgerechte« über den »holz- und hirschgerechten« Jäger zum gleichzeitigen, später vorrangigen Betreuer des Waldes, zum Förster im weitesten Sinne dieser Berufsbezeichnung. Und sehr viele, weit über die Grenzen ihrer Harzheimat hinaus bekannt gewordene Forstleute begannen ihre Laufbahn als Jägerlehrlinge, der Anfangsstufe des hirschgerechten Jägers. Dessen Ausbildung konzentrierte sich auf drei Lehrjahre mit ihren Stationen als Hundejunge, Lehrbursche und Jägerbursche. Anforderungen an eine besondere Vorbildung, außer Rechnen, Schreiben, Lesen, wurden kaum gestellt, und auch adelige Bewerber für höhere Chargen mussten sich in der Regel auch einem solchen Lehrablauf unterziehen, wobei sie allerdings als Jagdpagen begannen, um ihre Lehrzeit als Jagdjunker zu beenden.

»Hirschgerechte Jäger«, sagt *von Burgsdorf* 1797, sind solche, »welche sich besonders mit der Leithundsarbeit, dem Burschen, dem Schweißhund, auch mit der Sauhetze; sowie mit den hohen, lichten und dunkeln auch Blendzeugen; mit Einrichtung großer Jagden, und mit dem Fangen des großen, zur Hohen- und Mitteljagd gehörigen Wildprettes beschäftigen … Das Tragen des Bügelhirschfängers ist ein uraltes Vorrecht ausgelernter, hirschgerechter Jäger; dieses muss nicht von den Lehrlingen mißbraucht werden. Im ersten Jahre gehöret ihm weiter nichts, als der Hirschfängerkoppel, mit Fangleine und mit einem Messer in der Scheide. Im zweyten Jahre, dieses und das Hornfessel. Nach Ablauf des dritten Lehrjahres wird er öffentlich und feyerlich geprüft und erhält aus der Hand des Lehrherren erst seinen Bügelhirschfänger nebst seinem Lehrbriefe.«

Die Ausbildung war noch ohne feste Vorschriften, und ihr Inhalt hing im wesentlichen vom Wissensgrad des Lehrherrn ab, der Erfolg vom Lerneifer des Bewerbers wie auch vom Lehrgeschick des Meisters. Diesen konnten sich die Lehrlinge zunächst frei wählen, später gab es dann auch anerkannte, d.h. empfohlene Lehrherren. Hundehaltung und -führung, in erster Linie die Arbeit mit dem Leithund, standen zu Beginn im Vordergrund. Hier beim Bestätigen des

Hirsches ging es immer noch um Kenntnis und Anwendung der 72 »hirschgerechten Zeichen«. Deren Anzahl wurde zwar reduziert, aber dieses alte »Zunftwissen« beherrschte auch noch im 18. Jahrhundert die »Lehrpläne« der Lehrjungen. Wie hartnäckig man daran festhielt, dokumentiert auch unser alter »Harzer Klassiker«, *Johann Friedrich Zeisig,* wenn er in seiner »Artemidia« (1722) im X. Kapitel »Von des Hirsches Zeichen« bei deren Reduzierung auf 12 Zeichen schreibt: »Die alten Jäger haben von diesen 72 Hirsch-Zeichen erzwingen wollen, allein weil die Welt von Tage zu Tage klüger wird, so sind vorhergehende 12 von den 72 ausersehen worden, denn ein hirschgerechter Jäger schon genug zu thun hat, wenn er die recht gelernet und aus der Experienz hat, durch ein gutes Ingenium und tägliche Praxi muss einer gescheut werden, es sey denn ein einfältiger Tropff von einem Jäger ... Ich habe einmal von einem Jäger hören müssen, als wäre des Hirsches Ansprechen nur Rathewerk, als wäre kein Jäger capable, einen Hirsch anzusprechen, was er auf dem Kopffe hätte, da ich denn einen braven Trumpff darauf setze, fehlte nicht viel, dass wir uns nicht hätten miteinander geschmissen.«

Und noch einige wenige Worte zum Berufsbild des »hirschgerechten Jägers«. Er war natürlich in erster Linie ein Rotwildjäger! Und es ist gewiss kein Zufall, dass sich die Berufsbezeichnung bzw. das Berufsbild über Jahrhunderte bis heute erhalten haben, während die seines damaligen Antipoden, des »Federschützen«, der sich vorwiegend dem Niederwild widmete, aus der jagdlichen Nomenklatur verschwunden ist.

1751 sagt *von Heppe:* »Gerecht zeigt soviel an als gut und in einer Sache bewährt sein oder die Sache wohl verstehen.«

»Hirschgerechter Jäger«, sagt vor einhundertfünfzig Jahren *G. L. Hartig,* »ist ein solcher, der die hohe Jagd vollkommen versteht, folglich auch die Hirschfährten genau anzusprechen und alle Art von Jagd auf Hochwild einzurichten weiß«.

Das Tätigkeitsbild des hirschgerechten Jägers mag im Lauf der Zeit verblasst sein, doch ist sein Wertbild nicht aus der Erinnerung geschwunden, und wir haben uns auf »neuen Wegen« noch damit auseinanderzusetzen.

... zu neuen Wegen

Die Trassen, auf denen später die neuen Wege ausgebaut und beschriften werden konnten, wurden von keinem anderen angelegt, als von *Ferdinand von Raesfeld,* dem Verfasser der Standardmonographie »Das Rotwild«. Die erste Auflage erschien im Jahre 1898. Es war dies eins der ersten Werke, das ein umfassendes Lebensbild des Rotwildes behandelte, die damaligen Kenntnisse, insbesondere der Biologie, einem größeren Kreis von Jägern vermittelnd. Dabei galt das besondere Augenmerk dem Hirsch, dem Träger des Geweihes. Eine solche Konzeption war neu, bedeutete fast eine Revolution im jagdlichen Schrifttum, entsprach aber einer sich anbahnenden jagdlichen Entwicklung, die, angeregt durch Geweihschauen, nunmehr der »Trophäe« zunehmendes Interesse gab.

So schreibt *K. Brandt,* auch ein Harzer Jäger und Jagdschriftsteller, in »Wild und Hund«, 1. Jg. über die erste deutsche Geweihschau in Berlin 1895:

»Es hat seine Schwierigkeiten, die Grundzüge festzustellen, nach welchen Trophäen prämiiert werden sollen. In der deutschen Jägerwelt hat sich der Gedanke eingebürgert, dass das monströse Geweih das wertvollere ist, durch Wort und Bild ist dieser Auffassung schon weit über 100 Jahre lang Ausdruck gegeben. Die Preisrichter haben jedoch (1895) nicht die Monstrosität berücksichtigt, sondern das Gewicht auf Stärke, Länge und symmetrische Form der Geweihe gelegt. Die Endenzahl ist zwar berücksichtigt, ist aber nicht ausschlaggebend gewesen.«

An dieser Stelle soll nur festgehalten werden, dass man sich von vornherein bemüht hat, die Geweihe gegeneinander über den Augenschein hinaus zu bewerten! Es soll weiterhin festgehalten werden, dass eine große Geweihausstellung in Berlin, der Hauptstadt des Reiches, veranstaltet worden und dass Schrifttum vorhanden war, in dem den Rotwildjägern die Biologie ihres Wildes, insbesondere die Zyklen der Geweihbildung während des Jahres und des Lebensablaufes, bekannt gemacht und zur Diskussion gestellt wurden. Das musste zu einer totalen Umstellung der jagdlichen Maßstäbe in Theorie und Praxis führen.

Vor fast 100 Jahren war das, und zu diesem Zeitpunkt möchte ich nun wieder Anschluss suchen an die Tätigkeit der Harzer Jäger, die ich gegen die Jahrhundertwende in meiner Beschreibung verlassen habe.

Zunächst kann ich mir gut vorstellen, dass mancher Harzjäger damals, nachdem die Geweihschauen in Berlin alljährliche Regel geworden waren, dass mancher Harzjäger nicht nur staunend, sondern auch sehr nachdenklich vor den Geweihen gestanden hat – nachdenklich besonders deswegen, weil er sicherlich daran dachte, welch ein Bild die Geweihe der damaligen Harzhirsche auf solcher Schau abgeben würden. Ein geradezu lächerliches und zugleich betrübliches Bild! Und wenn er dann noch daran dachte, welchen Wildschaden die übersetzten Rotwildbestände verursachten.

Aber: Was soll's, wird er sich getröstet haben, die Harzhirsche waren um die Jahrhundertwende eben bekannt als schlechtwüchsig, und der Prototyp war der »mickrige, ewige Harzachter«.

Wir sollten uns einmal an diesen Zustand zurückerinnern, und da es nur wenige oder kaum noch Jäger gibt, die ihn aus der Überlieferung oder gar aus eigenem Erleben beschreiben können, zitiere ich den Forstrat *Schneidewind*, Jagdreferent in Hildesheim, aus einem 1896 vor dem Harzer Forstverein über das Harzer Rotwild gehaltenen Referat. Es betrifft den Zustand in den seit langem preußischen Oberharzrevieren, und es heißt hierzu: »Es besteht das zweite Geweih regelmäßig wieder aus Spießen, denen wohl auch zuweilen dritte Spieße folgen. Statt der nicht allzu häufigen 3. Spieße werden wohl auch ebenso oft Gabeln aufgesetzt, in günstigeren Lagen und bei Neigung, viel Enden zu tragen, das erste, dann meist recht schlechte Sechsergeweih. In der Regel aber setzt der Harzhirsch erst mit dem 5. Lebensjahr ein normales Sechsergeweih auf, also in einem Lebensalter, in dem der Hirsch anderwärts schon jagdbar wird. Abgesehen von dem sogenannten Angstachter folgt die Achterstufe meist erst mit dem 7. Lebensjahre, zuweilen später. Manche Hirsche kommen überhaupt nicht über den Achter hinaus, ich selbst habe einen braven Achter erlegt, den ich durch fünf Jahre lang als Achtender gekannt und geschätzt hatte.

Zuweilen sollen sich auch nach dem, was ich von verlässlichen Harzjägern gehört habe, Hirsche selbst aus der Sechserstufe schwer oder gar nicht herausarbeiten. Vorm 9. Lebensjahr dürfte der Hirsch den Enden nach hier selten jagdbar werden, häufig erst später. Zuweilen trägt er, wie eben angedeutet, überhaupt keine Krone und erfreut uns dafür durch starke, knuffige Achter- oder Sechser-Stangen, oder gar Gabeln. Der Reihenzehner/Eissprossen-Zehner und der Zwölfer sind selten. Vierzehnender habe ich in den 10 Jahren nur etwa 4 oder 5 erlebt, Geweihe von mehr Enden in dieser Zeit hier überhaupt nicht. Häufig ist der Kronenträger ein ungerader Zehner.«

Der Referent fährt dann fort und nimmt sich der zu ergreifenden Maßnahmen an, die eine Änderung herbeiführen sollten. »Um brave Geweihe zu gewinnen, müssten wir die Hirsche etwa 15 Jahre alt werden lassen. (Manche halten es für wahrscheinlich, dass die Stärke des Geweihes bis etwa zum 18. Lebensjahr zunehme.)« Versucht wird dann nachzuweisen, dass »ein geringer Abschuss an geringen Hirschen das Mittel zur Erziehung von jagdbaren Hirschen in größerer Zahl ist«. Ich erläutere noch einmal: »Jagdbar« war nach damaliger Terminologie der Hirsch von 10 Enden und mehr. Und wir wissen heute, dass das Rezept falsch gewesen ist, und dass genau das Gegenteil zum Erfolg geführt hat.

Schneidewind fragt in seinem Resümee selbst: »Ob wir selbst dabei viele Zwölfer, Vierzehnender oder gar Sechzehnender erziehen würden? Ich möchte es nach meinen allerdings nur 10jährigen Erfahrungen im Harz nicht recht glauben. Aber, wir wollen ja auch recht vergnügt sein, wenn wir starke, alte Sechser, Achter und Zehner in genügender Zahl haben, und gelegentlich einmal, wenn der heilige Hubertus und die Jungfrau Diana sich in Wohlwollen für uns einigen, einen Zwölfer oder Vierzehnender zur Strecke bringen.«

Die vom Referenten dann vorgeschlagene Abschussplanung war so fehlerhaft, dass ich sie nicht noch anführen will. In seiner Statistik sagt er: »Es sind dabei dem Geweihe nach nicht jagdbare Hirsche, die in der guten Zeit 200 Pfund und mehr wiegen, als jagdbare anzusprechen.« Man war sich also überhaupt nicht darüber klar, was ein jagdbarer Hirsch war oder sein sollte. Vor diesem Übergangsstadium war, ich sagte es schon, der Hirsch vom Zehner an aufwärts jagdbar; jetzt brachte man beides zusammen bzw. durcheinander.

Man lese dieses Zitat besonders sorgfältig und kritisch und wundere sich über die damalige Zielsetzung: Viele alte und starke Sechser und Achter, per Zufall dann mal einen Kronenhirsch! Und am erstaunlichsten ist für mich, dass aus der Versammlung nicht ein einziger Widerspruch, nicht eine einzige Frage laut wurde!

Als ich seinerzeit auf dieses Protokoll stieß, mochte ich das, was über die Geweihentwicklung des Oberharzer Hirsches 1896 vorgetragen wurde, nicht recht glauben. Zwar war mir, wie ich schon erzählen konnte, der Harzachter keineswegs ein Fremdling, aber er war doch wohl nicht unser Hegeziel. Ich fand also diese Beschreibung ins Negative übertrieben. Und doch musste ich mich belehren lassen, als ich bei meinen Recherchen Einsicht nahm in das »Lonauer Jagdhaustagebuch«, das vom Jahre 1882 an im Jagdhaus Lonau, einem bevorzugten Pirschbezirk als Stützpunkt dienend, bis in die Jetztzeit geführt wird – eine jagdhistorische Quelle! Aus diesem Tagebuch zitiere ich aus dem Zeitraum von 1885 bis 1894 für einen 10jährigen Abschnitt, der also etwa die Grundlage für die zitierten Beobachtungen und Erkenntnisse des Hildesheimer Referenten abzugeben geeignet ist, die Beschreibungen der erlegten Hirsche:

»Ein guter Spießer; ein gerader Achter; ein handlicher gerader Achter; ein guter Hirsch, ungerader Sechser ohne Haken; ein Sechser, an dem die Haken das beste waren; ein handlicher Sechser; ein guter Achter; ein kleiner Rotspießer; ein alter Sechser; ein ganz guter Sechser; ein guter Achter ohne Haken; ein guter, ungerader Kronenzehner; ein ungerader Achter; ein geringer Sechser; ein guter Gabler; ein alter Sechser mit guten Haken; ein guter Achter mit wundervollen Haken.«

Das sind 17, in Worten: siebzehn, Hirsche in einem Jahrzehnt, bei denen nur für zwei angegeben ist, dass sie alte gewesen sein sollen! Aber: Fehlende und als besonders gut vermerkte Haken sind ja nicht gerade Jugendmerkmale, und wir wollen hoffen, dass nicht der einzige Kronenhirsch, der »gute, ungerade Kronenzehner«, etwa einer der jüngsten Hirsche gewesen ist! – Ich fürchte doch, denn er war »jagdbar«, ein Hirsch mit Krone, einer von 10 Enden!

Ich zeige, um die Qualität des Harzhirsches um die Jahrhundertwende auch optisch zu dokumentieren, das Foto einer von *Ernst von Eschwege* malerisch festgehaltenen Beobachtung aus dem Jahre 1887, also »aus der Zeit«: Sechs Hirsche im Heidelbeerkopf der Oberförsterei Schulenberg. Ein Rudel von sechs Hirschen, geringen, alle Sechser, vielleicht links vorn einer vom zweiten Kopf, vielleicht aber nur. *Von Eschwege* war ein hervorragender Forstmann, Jäger und Amateurmaler, aus dem Harz stammend, so dass man dieses Aquarell, wie viele andere von ihm, als Dokument ansehen kann. Dieser *Ernst von Eschwege* (1859–1932) trat im Jahre 1897 in den Dienst des Hauses Stolberg-Wernigerode und wurde als Oberforstmeister Leiter

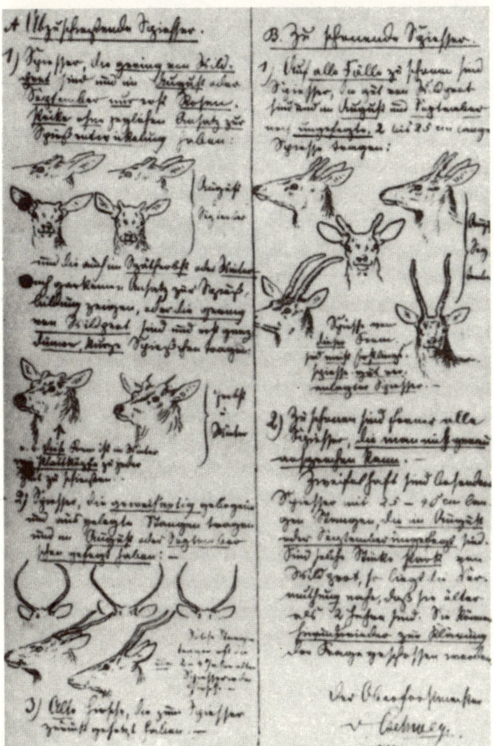

Von Eschwege:
Geringe Hirsche in den Hüttenrauchbeständen der Oberförsterei Schulenberg; 1885.

Von Eschwege:
Erste bebilderte Abschussrichtlinien; 1905.

der Fürstlichen Forst Verwaltung, die damals über einen Waldbesitz im Harz von ca. 20.000 ha verfügte. Von Wernigerode aus ließ *von Eschwege* unüberhörbar seine Stimme in den Harz erschallen: Für die qualitative Verbesserung des Harzhirsches! Dabei übersah er keineswegs die schweren Wildschäden in den ihm unterstellten Forsten, begann mit der planmäßigen Anlage von Äsungsflächen und führte eine rationelle Wildfütterung ein.

Nachdem nun das Geweih – nicht die »Trophäe« – auch im Harz als ein kritisches Merkmal zur Urteilsfindung über die Qualität des Wildbestandes in die Diskussion gekommen war, ging *von Eschwege* einen konsequenten Weg, veranstaltete für seine Verwaltung alljährliche Geweihschauen und verlangte dabei die Vorlage der Unterkiefer.

Es sei daran erinnert, dass im Jahre 1904 der Braunschweigische Forstrat *Nehring*, Bad Harzburg, in »Wild und Hund« Nr. 43/45 die Ergebnisse seiner Untersuchungen zur Altersbestimmung anhand der Zahnabnutzung veröffentlicht hatte. Das Material stammte ausschließlich von Harzhirschen! Auch ist es wert zu erwähnen, dass die Sammlung dieser Harzer Rotwildunterkiefer, in Zahnreihen zur Altersbestimmung zusammengestellt, auf der ersten Internationalen Jagdausstellung in Wien 1910 gezeigt und mit einem III. Staatspreis ausgezeichnet worden ist. Erstes Zeichen des Harzhirsches auf bedeutenden Jagdausstellungen!

Von Eschwege hielt im Jahre 1905 vor dem Harzer Forstverein ein sehr eingehendes Referat über »Die Wildäsung im Walde«, ein Problem also, das damals schon die verantwortlichen Jäger bewegte, die um Erhaltung und Qualität des Rotwildes besorgt gewesen sind. Immer wieder betonte er, dass die Erhaltung von der Beachtung der Wildschäden abhängig sei, wie die Qualität durch die Geweihentwicklung dokumentiert würde. Von bereits merkbaren Erfolgen berichtete er, »von vielen Zwölfern, einigen Vierzehnern, ja sogar von 1 Sechzehnender und zwei ungeraden Achtzehnendern«. Den Verlust des einen Achtzehnenders beklagte er gleichzeitig »jenseits der benachbarten Braunschweigischen Grenzen«!

Ein hartes Urteil gab er ab, indem er feststellte: »Dem West-Harz-Hirsch ist in den letzten 50 Jahren die Krone und die Eissprosse abhanden gekommen, und die müssen wir wiederhaben! Wenn wir nicht auch hiernach streben, wüsste ich nicht, welchen Zweck die ganze Geweihbesserungsfrage haben sollte!« *Von Eschwege* entwarf auch eine gezeichnete Abschussanweisung, einen so genannten »Musterbogen«, in der er der Jägerei, in erster Linie seinen Beamten, den Abschuss von Spießern nach seiner Notwendigkeit erläuterte. Die Kennzeichnung des Spießers vom zweiten Kopf war dabei besonders wichtig, denn diese Geweihstufe war damals, zwar häufig im Harz vorkommend, als unerwünscht noch weitgehend unbekannt. Wegen der Erst- und Einmaligkeit bringe ich ein Foto dieser Anweisung, um sie vor der Vergessenheit zu bewahren. Sie gelangte auch als Vervielfältigung an die Forstämter des von ihm so kritisierten Westharzes, dort verschwand sie aber wohl sang- und klanglos in den Akten.

Das Jahr 1907 brachte mit der Erlegung des Hirsches »Durchlaucht« in der Oberförsterei Altenau durch Oberforstmeister *Wolff*, Hildesheim, ein bemerkenswertes Ereignis, von dem noch jahrelang gesprochen werden sollte. Es war mit Abstand der bis zu diesem Zeitpunkt im Harz erlegte stärkste Hirsch, der »Ahrendsberger Sechzehnender«, bei dessen tatenloser Besichtigung mein Vater seinerzeit 20 Mark gespart hatte. Geweihgewicht: damals angegeben mit 7 kg; Wildbretgewicht: 107 kg. Das Geweih wurde 1908 als erstes Harzgeweih auf der 14. Deutschen Geweihausstellung in Berlin mit dem Schild

Hirsch »Durchlaucht«; 1907.

für den besten Gebirgshirsch ausgezeichnet. In der Besprechung der Ausstellungsstücke fragte dazu Prof. *Matschie,* Berlin: »Weshalb, weiß ich eigentlich nicht. Dieses Geweih hat durchaus nicht das Aussehen eines Gebirgshirschgeweihes … Es sieht so entsetzlich künstlich aus, dass es darin dem berüchtigsten Gatterhirsch nichts nachgibt« – so nachzulesen in »Das Weidwerk in Wort und Bild«, Bd. 17 Nr. 14.

Man traute dem Harzhirsch eben so eine Leistung nicht zu, aber es war ein reinblutiger Harzhirsch der freien Wildbahn, der allerdings am Ahrendsberger Forsthaus seit Jahren im Winter gut gefüttert wurde und dementsprechend bekannt war. Fünf Abwürfe und das Originalgeweih befinden sich im Harz-Rotwildarchiv; letzteres ist heute bei Weitem nicht mehr das Spitzengeweih!

Die Kenntnis der außergewöhnlichen Geweihleistungen südosteuropäischen, besonders ungarischen Rotwildes führte zu dem Versuch, solchen Stamm auch im Harz einzuführen. Man nannte das fälschlicherweise »Blutauffrischung«. Nicht nur der Wunsch nach starken Geweihen, sondern ebenso die erhoffte Aussicht, den mühsameren und langwierigen Weg der »Hege mit der Büchse« umgehen zu können, ließ die Zuführung fremden, wegen der Geweihstärke bekannten Wildes vertretbar erscheinen.

Zwei bemerkenswerte Versuche wurden im Harz gemacht, beide endeten mit totalem Misserfolg. Im Jahre 1895 kamen vier reinblütige, ungarische Hirschkälber über Bückeburg aus Darda (südliche Donau-Aue) in das Herzoglich Braunschweigische Forstamt Heimburg bei Blankenburg. Im Gatter wurden sie zunächst gut gehalten, um bereits 1896 in die freie Wildbahn entlassen zu werden. Über längere Zeit konnten die Hirsche beobachtet werden, einer blieb jedoch verschollen. Zwei der ausgesetzten »Reinblüter« wurden im Jahre 1905 im eingestellten Jagen von *Kaiser Wilhelm II.* im Forstamt Heimburg erlegt bzw. »totgeschossen«. Beide Hirsche, 10jährig, trugen keine Geweihe von ungarischen Ausmaßen, beide waren ohne Kronen; auffällig war wohl nur das hohe Wildbretgewicht von 140 bzw. 143 kg. Das Geweih des letzteren hing in der Kaiserlichen Geweihsammlung in Schwedt an der Oder. Ich habe es dort »besucht«, fand es besonders hässlich in der Form, doch soll es 6,5 kg gewogen haben, was man ihm allerdings nicht ansah. Nur im Vergleich zum damaligen Harzhirsch kamen die Körper- und Geweihgewichte zu übertriebener Bewertung. Doch der dritte Hirsch entwickelte sich besser und wurde 1907 (zwölfter Kopf) mit geraden sechzehn Enden erlegt. Wildbretgewicht: 179,5 kg; Geweihgewicht: nicht bekannt.

Sechs mit der ausdrücklichen Bezeichnung »Ungarnachkommen« von 1912 bis 1925 vor der Brunft geschossene Hirsche hatten folgende Gewichte: Achter mit 100 kg, Achter mit 110 kg, Sechser mit 109 kg, Zehner mit 117 kg, Zehner mit 107 kg und Zehner mit 128 kg. Harzer Gewichte!

Ich habe seinerzeit das Material über die »Blutauffrischung« im Harz für meinen Kollegen, Forstmeister *Beninde,* zusammengetragen, der in seiner Arbeit »Die Fremdblutkreuzung beim deutschen Rotwild« zusammenfassend urteilt: »Schon die eingeführten Reinblut-Ungarn sind in der Stärke weit hinter ‚ungarischen' Maßen zurückgeblieben. Die Kreuzungshirsche sind bereits nach der ersten Generation – bei schlechter Geweihform – auf die Dimensionen bodenständiger Hirsche abgesunken.«

Nicht viel anders verlief ebenfalls im Ostharz eine im Herzoglich Anhaltischen Forstamt Ballenstedt versuchte Fremdblutkreuzung mit Rotwild aus Pleß (Schlesien), auch um die Jahrhundertwende durchgeführt. *Benindes* Urteil: »Die Endenfreudigkeit hat sich gehoben, doch blieben die Geweihdimensionen (Gewichte) weiterhin der Körperstärke angemessen; diese blieb durch die Blutauffrischung völlig unbeeinflusst!«

Bis in die zwanziger Jahre merkte man dann verhältnismäßig wenig von jagdlichen Bemühungen, zu denen die Jahre um die Jahrhundertwende einen guten Anstoß hätten geben können. Zwar fanden sich sicherlich und auch nachweisbar immer wieder einzelne Jäger, Forstleute naturgemäß, die bereit waren, im Harz die neuen Kenntnisse und Erkenntnisse im allgemeinen wie auch im eigenen Interesse in die Tat, die Hege des Rotwildes, umzusetzen, aber da waren die Grenzen, die jede Wirkung im Größeren verhinderten – die Grenzen, von denen wir schon so oft hören mussten.

Hinzu kam noch eine Eigentümlichkeit, die ich als hemmenden Faktor nicht unerwähnt lassen darf, zumal sie mir später immer wieder besondere Schwierigkeiten brachte und daher eine entsprechende Beachtung verlangte: Jäger sind nun einmal Individualisten; jeder meint, er verstünde alles am besten, jeder meint, seine Vorstellung sei die richtige! Ich möchte nicht wissen, wie viel »Hirschväter« es im Harz gegeben haben mag! Anzunehmen ist, dass auf jedem, mindestens aber auf jedem zweiten Forstamt ein solcher war, aber nur wenige hatten das Wissen und das Zeug, welches erforderlich gewesen wäre. Zum »Zeug« gehörten in erster Linie Autorität und Anweisungsbefugnis.

Auch wurde man durch sich ständig ändernde Abschussrichtlinien verunsichert, die häufig mehr fehlleitende als fortschrittliche Wirkungen hatten. Die territoriale Zerrissenheit des Harzgebietes hatte ja auch eine sehr uneinheitliche Jagdgesetzgebung zur Folge. So waren die geschilderten guten Ansätze und Vorbilder wirkungslos, und die Vielzahl der Verwaltungen brachte eine Mannigfaltigkeit von Grundsätzen und damit Regeln, die geradezu phantastisch gewesen ist. Sie wurden z.B. für die Staatsforsten erlassen von sieben (!) Dienststellen, nämlich den Preußischen Landforstmeistern Hildesheim, Magdeburg, Erfurt, Merseburg und der Kulturfondsverwaltung Hannover sowie von den Landesforstverwaltungen Anhalt und Braunschweig und ergingen an 41 Forstämter, deren Leiter in der Regel jeweils ihr eigenes Spezialrezept für die Rotwildhege hatten. Die Privatjagden erfreuten sich ziemlicher Freiheit, die wohl nur von den Standesherrschaften nicht missbraucht wurde. So konnte also von einer straffen Hege keine Rede sein, denn das Rotwild kannte nicht die Grenzen, und jeder Jagdinhaber oder Jagdverwalter meinte, es sei das beste, im Nachbarn von vornherein den »bösen Feind« zu sehen.

Wie groß deswegen die Unsicherheit bei Regelung des Abschusses nun nicht nurmehr nach der Zahl, sondern auch nach der Wahl war, dafür nur ein Beispiel für viele: In den Preußischen Staatsforsten des Westharzes wurde 1927/28 und 28/29 jeder Abschuss gesunden männlichen Wildes verboten. 1929/30 bereits wurde wieder ein verstärkter Abschuss männlichen Wildes angeordnet. 1930/31 durften Kronenzehner und 1931/32 zusätzlich Eissprossenzehner nicht geschossen werden. 1932/33 war nur noch der Abschuss von Kronenzehnern verboten. Angrenzend im Braunschweigischen kümmerte man sich natürlich nicht um die völlige Sperrung des Hirschabschusses, verbot aber 1931/32 und 1932/33 den Abschuss normal veranlagter Mittelhirsche vom Achter an aufwärts sowie von besonders wüchsigen, jungen Sechsern und erlaubte den Abschuss von »für die betreffende Gegend ausgesprochen starken Hirschen« – für jeden Beamten natürlich »nur« einen, versteht sich! Was war wüchsig, was war normal veranlagt, was war für die betreffende Gegend ausgesprochen stark? 1933/34 galten einschränkende Abschussbestimmungen nur, soweit in angrenzenden staatlichen Revieren anderer Länder nicht andere Hegevorschriften Gültigkeit hatten. Na, nun wusste wohl jeder »Braunschweiger« genau Bescheid über das, was zu tun und zu lassen war!

Im schon erwähnten »Lonauer Jagdhausbuch« schreibt 1921 der damalige Forstamtsleiter über seine Eindrücke, die er vom westlichen Harzhirsch in Lonau gewonnen hat, folgendes: »Es wurden von mir in der langen Zeit und den regelmäßigen Pürschgängen sehr viele Hirsche gesehen; wenn auch der größere Teil natürlich geringe Hirsche waren, so konnte ich doch eine Anzahl braver Hirsche bestätigen. Es hat den Anschein, dass die Hirsche verhältnismäßig wenig Enden aufsetzen. Recht gute Hirsche sind Achter, aber mit Recht starken Stangen und guter Auslage. Teilweise werden es zurückgesetzte Hirsche sein, aber die Neigung zur Kronenbildung scheinen sonst auch gute Hirsche vielfach nicht zu haben. Nach Erfahrung in anderen Gegenden möchte ich diesen Mangel an Kronenbildung auf Vererbung zurückführen. Die wenigen Kronenhirsche, welche da waren, wurden als jagdbare Hirsche abgeschossen, und die Achter blieben leben.« Die »alten starken Achter« waren mir ja aus dem Ostharz auch gut bekannt! Da machte man sich also auf »Forstamtsebene« Gedanken, worauf der Mangel an Kronenhirschen wohl zurückzuführen sei. Vererbung! Das war seinerzeit das große Schlagwort, und von der Bezeichnung der Hege als »Aufartung« war man nicht mehr weit. Inzwischen wissen wir, dass der Vererbung sicherlich ein zu großer Stellenwert eingeräumt wurde, wenngleich ihr Einfluss auf den Qualitätsmangel nicht abgestritten werden kann. Im ganzen war aber doch das Urteil über die Hirsche des Westharzes wohl etwas günstiger, als zu »*Schneidewinds* Zeiten«, dreißig Jahre zuvor.

Vier Schwerpunkte waren in erster Linie dafür ausschlaggebend, dass die Geweihe der Harzhirsche so wenig zufriedenstellend gewesen sind:

- Der falsche, zu sehr auf die jagdbaren Kronenhirsche gerichtete Abschuss.
- Die übersetzte Wildbahn, d.h. die viel zu große Wilddichte.
- Die mangelnde oder mangelhafte Winterfütterung.
- Der fehlende Kontakt zu den Nachbarn, besonders den benachbarten Verwaltungen.

Zur Wilddichte, über die leider verlässliche Zahlen – wie schon im vorigen Jahrhundert – nicht zu erfahren oder zu ermitteln waren, noch eine Stimme. *W. Frevert* schreibt in seinem Buch »Rominten«: »Ich habe im Harz Hirschrudel von 60 bis 80 Stück gesehen, das war aber fast alles ›Geraffel‹, und wenn mal ein Zwölfer dabei war, so fiel er schon aus dem Rahmen.« Das konnte sich nur auf die Preußischen Westharzreviere in den zwanziger Jahren beziehen, denn in den mir bekannten Verhältnissen des Ostharzes gab es das nicht.

Auch zur Fütterung ein Wort: Infolge der Grenzen fehlte mit der Möglichkeit einer einheitlichen Hege auch die einer solchen Pflege. Diese wäre wegen des nur mäßigen Äsungsangebotes im Winter besonders im Westharz, im Oberharz, nötig gewesen. Wer aber wollte es auf seinen Geldbeutel nehmen, eine wirksame Wildfütterung durchzuführen, wenn es ganz unwahrscheinlich war, bei den Hirschen auch Erfolg ernten zu können? Die Wernigeroder Verwaltung hat in dieser Hinsicht bittere Erfahrungen machen müssen, ließ sich aber dennoch nicht davon abhalten, verhältnismäßig gut zu füttern. Zwar waren die Futtermittel nicht so gehaltvoll wie heute unsere Mischfutter, aber es wurde hier bereits um die Jahrhundertwende Kraftfutter gegeben. Doch brachte es mancher »echte Harzer Achter« trotz Fütterung nicht zu mehr Enden. So erlegte z.B. Revierförster *Grandke,* Trautenstein, vor dem ersten Weltkrieg einen der stärksten, will heißen »berühmtesten«, Harzhirsche, der Jahr für Jahr Stammgast an einer der fürstlichen Fütterungen bei Elbingerode gewesen war: Ein alter, ewiger Eissprossenzehner mit einem Geweihgewicht von etwa 5 kg! Stangenlänge: über einen Meter. Ein anderer »kapitaler Achter« wurde Ende der zwanziger Jahre alljährlich bis in den Frühsommer an der Gaststätte »Rabenklippe« bei Bad Harzburg sehr gut gefüttert. Er brachte nie mehr als acht Enden und wurde schließlich – gerechter Ausgleich, aber doch ärgerlich – im fürstlichen Revier Eckerkrug erlegt.

Ganz pauschal beurteilt waren die Geweihformen des Harzhirsches Hungerformen, doch kam der »ewige Achter« auch als Erbform vor, wie es diese beiden Beispiele, die noch vermehrt werden können, bekräftigen. Gegen Ende der zwanziger Jahre mehrten sich die einsichtigen Jäger, die zu einem Zusammenschluss aufriefen – dies umso mehr, je höher das Geweih gewertet, je mehr es zur »Trophäe« umfunktioniert wurde. Ich nenne hier nur Revierförster

Müller, Hahnenklee, und Forstmeister *Potthoff,* Bad Grund. *Müller* in »Wild und Hund« 1927:

»Sollte es nicht zu erreichen sein, den ganzen Harz in einen Ring zu bringen? Es würden jagdliche Verhältnisse damit geschaffen, wie man sie idealer sich kaum denken kann!«

Und *Potthoff* 1933, auch in »Wild und Hund«: »Ich schließe diese Ausführungen mit der Hoffnung, dass es doch noch mal gelingt, alle Jagdberechtigten des Harzes zu gemeinsamer Rotwildhege zusammenzuschließen.«

Zu dieser Zeit jagte ich bereits im Harz als Schüler, Student und junger Forstmann, und besonders als solcher den jagdlichen »Status quo« in meiner Heimat kritisch betrachtend.

Natürlich wurden ab und zu auch starke Hirsche erlegt, die damals als »kapital« bezeichnet wurden und so in der Erinnerung fortlebten und zum Teil noch fortleben. Ich erinnere an »Durchlaucht«, der wohl als einziger dies Prädikat verdiente. Ein Fütterungshirsch vom Ahrendsberger Forsthaus!

Ich habe mich seit dem Jahre 1933 bemüht, für lokale und größere Ausstellungen alles ausfindig zu machen, was aus dem Harz an sogenannten »Kapitalgeweihen«, damalige Spitzenhirsche also, auffindbar war. Im Jahre 1933 habe ich, im Rahmen einer Jagdausstellung in der Stadthalle Braunschweig eine Rotwild-Sonderschau Harz gezeigt und die stärksten Geweihe nach Nadlerpunkten vermessen, wonach ich jetzt die internationale Bewertung etwa angeben kann, soweit eine solche nicht später noch vorgenommen werden konnte.

Berühmte Hirsche waren dabei, so aus dem Jahre 1932 der Windhäuser Vierzehnender des Revierförsters *Müller* mit ca. 160 I.P. Der Hirsch erregte verständlicherweise erhebliches Aufsehen und fiel der schon bekanntgemachten Regel »als für die Gegend ausgesprochen starker Hirsch« im Alter von höchstens 7 bis 8 Jahren zum Opfer. Der Oderhäuser Vierzehnender des Revierförsters *E. Müller,* mit ca. 170 I.P. war schon besser, aber auch wesentlich älter.

Auch mein Vater hatte 1921 im Forstamt Stiege einen für damalige Verhältnisse besonders starken, um nicht zu sagen kapitalen, Hirsch erlegt. 171 I.P. brachte er nach Jahren bei der Vermessung. Stangenlänge: 1,06 m; Wildbretgewicht: 164 kg, Anfang der Brunft! Rechtsseitig Kronenzehner mit ganz geringer Krone, links Eissprossenachter. Auffallend wenig Mähne. Die vorjährige linke Abwurfstange war Sechser, auch mit über einem Meter Stangenlänge. Nach Geweih und Habitus hätte er ein Ungarnachkomme sein können (Heimburg oder Ballenstedt); wir haben ihn jedenfalls nicht als Harzhirsch ästimiert und ihm wahrscheinlich damit Unrecht getan.

Einem zweiten Hirsch erging es ähnlich. Auch er wurde wegen seines Körpergewichts von 142,5 kg sogar in der Literatur als ein »nicht echter Harzer Berghirsch« in dem 1927 erschienenen Buch »Der Harzhirsch und seine Bergwelt« von *F. Bley* bezeichnet. Es handelte sich um den »Mahnkopfschen 14ender«, erlegt im Forstamt Braunlage am 28. September 1901, den *von Eschwege* einen der »kapitalsten 14ender des Westharzes« nannte. Ihm war der Hirsch von einer Wernigeroder Wildfütterung bekannt. Das noch in Braunlage befindliche Geweih habe ich gelegentlich einer Harzrotwildschau zur Demonstration und Dokumentation ausgestellt und vermessen. Es brachte 167 I.P. und war damit heute keinesfalls eine auffällige »Trophäe«.

Im Jahre 1934 fand in Berlin eine Deutsche Jagdausstellung statt, zu der u.a. jedes Preußische Staatsforstamt das stärkste, im Vorjahr erbeutete Rothirschgeweih ausstellen musste. Bewertung nach Nadlerpunkten, aus denen ich durch Zuschlag etwa die internationale Bewertung ermittelte: Der Durchschnitt für die Forstämter des Regierungsbezirks Hildesheim, Harzforstämter natürlich, lag bei 156 I.P.! Für die stärksten Hirsche! Darunter waren zwei »berühmte Kapitalhirsche«, nämlich der Riefensbeeker vom Landforstmeister v. *Kotze* mit ca. 170 I.P. und der Oderhäuser vom Forstmeister *Hallensleben* mit ca. 168 I.P.

Ich selbst wäre mit meiner Kollektion der stärksten Hirsche aus den Braunschweigischen Staatsforsten fast des Hauses verwiesen worden.

Nicht unerwähnt bleiben darf es, dass für die Preußischen Staatsforstämter des Harzes im Regierungsbezirk Hildesheim in den zwanziger Jahren regelmäßig Geweihschauen, meist in Northeim, abgehalten wurden. Sie gaben in der Regel ein trauriges Bild ab.

Schon als Forstamtsleiter im Hils hatte ich auf Anweisung der Braunschweigischen Landesforstverwaltung allgemeine Richtlinien für den Rotwildbestand in den Staatsforsten entworfen, als im Jahre 1934 das Reichsjagdgesetz erlassen wurde. Viele der bislang fehlenden Möglichkeiten einer einheitlichen Hege des Schalenwildes eröffneten sich, was ganz besonders die Situation im Harz grundlegend änderte. Die unterschiedlichen Jagdgesetze wurden aufgehoben, ein Abschussplan für Schalenwild war auch für die Privatreviere vorgeschrieben, zivile Jagdbehörden wurden geschaffen. Das waren die Ereignisse, die mich damals sehr gegen meinen Willen vom Zuschauerraum auf die Bühne katapultierten. Aber nur von einem solchen Steuerpult aus – Jagdreferent einer Landesforstverwaltung, die am Harz Anteil nahm – konnte es gelingen, die Frage eines einheitlichen »Rotwildgebiets Harz« aufzurollen. Ich war dem Harzer Rotwild zu sehr verbunden, als dass ich diese Chance übersehen hätte.

Die Sache musste von oben, vom Reichsjagdamt, her aufgerollt werden. Das sah zunächst wesentlich einfacher aus, als es war, und es bedurfte einer zweijährigen intensiven Arbeit, um schließlich zum Ziel zu kommen, musste doch unter anderem den neu geschaffenen Jagdbehörden ein wichtiger Teil der ihnen gerade gegebenen Zuständigkeiten hinsichtlich der Abschussplanung wieder genommen oder so beschnitten werden, dass eine einheitliche Bewirtschaftung des Harzer Rotwildbestandes und eine ebenso einheitliche Ausrichtung der Harzer Jäger praktikabel werden konnten. Die Notwendigkeit war seit Jahren bekannt, der Wille zur Durchführung ebenso vorhanden, aber jetzt musste das »Wie« demonstriert werden. Das geschah im wesentlichen in zwei Ausstellungen, die hinsichtlich des Rotwildes speziell auf die Verhältnisse im Harz ausgerichtet waren: 1935 die Trophäenschau des Jagdgaues Braunschweig in der Stadthalle, bei welcher Gelegenheit übrigens der berüchtigte »Rote Punkt« von mir kreiert wurde, und auf den ich noch zurückkommen werde. Durchschlagenden Erfolg hatte auch die zweite Ausstellung in Braunschweig 1936 gelegentlich der Anwesenheit zahlreicher Delegationen zur Vorbereitung der Internationalen Jagdausstellung Berlin 1937.

Als erstes glückte es mir, für den Gesamtharz den Abschuss doppelseitiger Kronenhirsche grundsätzlich zu sperren. Ich wusste, dass dies eine sehr harte Maßnahme für die Revierinhaber der großen Privatbesitze war, die in zwar zaghaften Anfängen schon seit einigen Jahren sich enthaltsam und aufbauend betätigt hatten. Hier standen selbstverständlich schon Kronenhirsche, auch ältere, aber Grenzen sollten eingerissen, nicht erhalten oder gar neu aufgebaut werden! Über Grenzen sollte nun kein Jäger im Harz mehr neidisch oder gar vorwurfsvoll schauen können!

Es drängt mich, hier nach so langer Zeit dieser Verwaltungen, die ausnahmslos jetzt hinter der DDR-Grenze ihre Rechte verloren haben, dankbar zu gedenken, weil sie nicht neue Grenzschwierigkeiten heraufbeschworen, sondern sich vorbildlich dem gemeinsamen Ziel, für das so lange geschrieben und gearbeitet war, untergeordnet haben. Ich nenne nur die Fürstlich Stolberg-Wernigerodesche, die Herzoglich Braunschweigische und die Herzoglich Anhaltische Privat-Verwaltungen.

Damit nun aber die Geschichte nicht weitgehend die Geschichten verdrängt, muss ich mich wohl wieder meinem eigenen Jagderleben zuwenden und mich erneut auf die Fährten »meiner« Hirsche setzen. Mein Jagen im Harz war nun natürlich, da von allen Seiten unter kritischer Beobachtung stehend, unter ein »Programm« gestellt, das glücklicherweise mein eigenes war. Aber es war eine selbstverständliche Folge meines Einsatzes, dass ich nicht mehr so unbeschwert jagen konnte, wie zu »Vaters Zeiten«.

Zunächst musste ich mir also eine Pirschmöglichkeit schaffen, in der ich selbständig vorexerzieren konnte, was die Harzer Jäger mir nachmachen sollten, ich natürlich ohne führenden Beamten! Was lag näher, als dass ich mich in der Nähe der Landschaft ansiedelte, in der ich die ersten Impulse für die »grenzenlose Rotwildbewirtschaftung« erhielt, wo ich auch die ersten Brüche mir verdient hatte. Und auf die schönen Harzer Bachforellen und Krebse der Hassel, in der ich als Junge grabbelte, Forellen mit der Hand fing, wollte ich möglichst auch nicht verzichten.

So wurde es wieder der Ostharz, Braunschweigisches Forstamt Hasselfelde II, Nordbegang, im Winkel des Zusammenflusses von Rappbode und Hassel, beide Bäche heute in der Rappbodetalsperre untergegangen. Ich kannte diesen Revierteil bislang nur als Tourist, denn ein einzigartiger Fels, der »Wilde Rabenstein« hoch über dem Zusammenfluss beider Bäche, war ein beliebter Ausflugspunkt.

Auch grenzte es unter anderem an das Herzogliche Revier Hasselfelde, das meinem Vater unterstand. 450 ha groß, war es zu 2/3 Aufforstungsgebiet, also viele Dickungen, nur Fichten, und besonders anziehend die Bachwiesen, die große Mühltalwiese und die Kuhfurtwiese. Ich hoffte, dass dieses Gelände besonders geeignet sei, um mein Programm zu erproben und in die Praxis umzusetzen. Meine ersten büromäßigen Erkundigungen waren allerdings recht ernüchternd. Der Forstamtsleiter, der bisher diesen Begang »Wildenhagen«, so hieß der Hauptteil sinnigerweise, seit Jahren bejagt hatte, sah mich bei meinem Vorgespräch mitleidig an. Er wollte mich ehrlich vor einer Enttäuschung bewahren, das merkte ich ihm an. Es sah nicht nur so aus oder hatte gar andere, schlechtere Gründe. Er kannte mich auch von Kind an und hielt mich sicherlich auch für einen jagdlich völlig harmlosen Menschen. Aber ich war misstrauisch: Er solle mir doch mal die Geweihe der Hirsche zeigen, die aus Wildenhagen stammten, bat ich ihn. Das sei schnell gemacht, meinte er, und brachte ein Minizwölfergeweih, gewesener Kopfschmuck eines zweifelsohne recht jungen Hirschchens. Das sei der einzige, den habe er nur geschossen, weil er aus dem »Herzoglichen« gekommen sei! Na, ich konnte und wollte nicht mehr zurück, war auch der beruhigenden Überzeugung, hier keine schmerzhafte »Enteignung« vorzunehmen. Mir gefiel die Landschaft, und so blieb ich bei meiner Wahl und baute eine Jagdhütte, da ich ja von Braunschweig aus jeweils 100 km Anfahrt hatte. Gespannt sah ich der Saison 1936 entgegen, nachdem ich sofort hatte Wiesen pflegen, Pirschwege anlegen und Hochsitze errichten lassen. Alles ohne jagdliche Revierkenntnis! Aber keine Anlage hat sich später nicht bewährt.

So ging es los: 31. Juli 1936 Stangenschau in Hasselfelde. Seit Juni erst konnte ich das Jagdhaus benutzen und hatte die ersten Beobachtungswochenenden im Wildenhagen hinter mir. Bei denen ging mir allerdings mehrfach »der Hut hoch«. Dieser Busch entpuppte sich sehr schnell als ein ausgesprochen bevorzugtes Feisthirschrevier! So sah ich gegen Ende Juni gelegentlich einer witterungsmäßig sehr begünstigten Abendpirsch sage und schreibe einundzwanzig verschiedene Hirsche, die ich meist auch ansprechen konnte. Ein Kronenhirsch war nicht darunter.

Es gab hier nicht nur Hirsche, nein, sie kamen in Rudeln vor, aus denen ich sehr bald einige als »Bekannte« bezeichnen konnte: Der »Mühltalachter«, der »Krumme« und der »Wilde Rabe«. Voller Hoffnung war ich, dass es mir gelingen würde, einen von diesen starken Hirschen zur Strecke zu bringen. Damit musste ich mich vermutlich beeilen, denn erwarten konnte ich nicht, dass die Hirsche in der Brunft auch noch im Wildenhagen sein würden. Kahlwild gab es nämlich recht wenig, was bei dem Andrang von Hirschen auch nicht überraschen konnte.

Doch nun erst einmal Stangenschau in Hasselfelde, die ich auf dieses Datum natürlich anberaumt hatte, um gleich am nächsten Morgen im Wildenhagen in Aktion treten zu können. Ach ja, was waren das damals noch harmlose Angelegenheiten, die Stangenschauen! Nicht wie heute: Mehr Publikum als Zu- und Sachverständige. Wenig Stangen, nur selten bemerkenswert starke.

Bei der Besichtigung und Besprechung der Abwurfstangen fiel mir eine linke lange Sechserstange auf, die ohne Zweifel von einem alten Hirsch stammen musste. Über 90 cm lang! In dem Gefühl, vielmehr in der Gewissheit, eine besonders zu Lehrzwecken geeignete Entdeckung gemacht zu haben, richtete ich – »schnell fertig ist die Jugend mit dem Wort« – einige vorwurfsvolle Worte an meine Zuhörerschar, etwa des Inhaltes, dass der Träger dieses »Kopfschmuckes« diesen doch längst einer Geweihschau hatte zur Verfügung stellen müssen, der hätte doch längst geschossen werden können. Betretenes, von mir verständlicherweise als schuldbewusst ausgelegtes Schweigen. Plötzlich aus dem Hintergrund eine helle Knabenstimme: »Herr Forstmeister, die Stange habe ich im Wildenhagen auf der Mühltalwiese gefunden!« Ja, das war der für mich reservierte Jagdbegang. Ich: »Na, dann muss ich den wohl gleich morgen schießen!« Befreiendes Gelächter ringsum, und es wurde noch eine sehr fröhliche Stangenschau!

Der nächste Morgen, erster August, Aufgang der Jagdzeit! Leicht an den Folgen des Vorabends leidend, verspätete ich mich mit dem Frühansitz, musste noch schnell einen Platz mitten in der Dickung wählen, sah nur ein Alttier mit Kalb und einen Spießer vom zweiten Kopf über das »Schneisenkreuz« ziehen. Und nun? Wo nun am Abend hingehen, um den Sechser zu schießen, von dem ich doch keine Ahnung hatte, wo er wohl steckte, und ob er überhaupt noch im Wildenhagen stand? War er vielleicht nur ein Wintergast an der Fütterung gewesen? Wir hatten da aber einen neuen Hochsitz, »Eymes Kanzel«, auf der Kreuzung eines Triftweges mit einem Loshieb stehend, den ich mir schließlich auserkor. Nur nicht dorthin, dachte ich, wo meine »Bekannten« ihren Einstand hatten. Erst musste ich wenigstens anstandshalber zu klären versuchen, ob der alte Sechser sich irgendwo im Bereich des Wildenhagen aufhielt. Gleich am Anfang einen anderen Hirsch zu schießen, wäre zu billig gewesen. Es war ein Unternehmen »auf tauben Dunst«! So saß ich also da, freute mich an einem Hasen, der sich auf dem Loshieb herumtrieb, dachte schon an Abbaumen, als im schwindendem Büchsenlicht ein Hirsch aus den Fichtenstangen auf den Triftweg trat, äsend auf mich zuzog, Wind bekam und wieder verschwand. Nach einer Weile erschien er aber doch noch auf dem Loshieb. Glas hoch. Oh, den kannte ich von der gestrigen Stangenschau, aber der gesuchte Sechser war es nicht. Ein alter, sehr geringer Achter war es, von dem mehrere Jahrgänge vorgelegen hatten. Sollte ich gleich den, dachte ich? Aber ich hatte doch fast ein Versprechen gegeben, törichterweise natürlich. Ich bezwang mich, so bummelte der Achter friedlich über den Loshieb, tat so, als wenn ich gar nicht mit meiner 9,3x74 Bockbüchsflinte da war. Er verschwand wieder. Doch zu dumm, dass ich nicht geschossen hatte! Mein Blick ging zurück auf den Triftweg, auf dem ich den Rückmarsch antreten musste und auch gleich wollte. Da trat wieder ein Hirsch aus den Stangen und äste sich im Wegegraben auf mich zu. Hier war es unter den Randfichten schon ziemlich duster, aber ich sah im Glas sofort: Eine lange Sechserstange! Das konnte doch nicht sein, war aber doch, es war mit Sicherheit der mir bislang unbekannte Hirsch, dem ich vor Zeugen für heute sein Ende vorausgesagt hatte. Nun aber schnell, denn er stand gleich im Wind. Dass er breit wurde, konnte ich nicht abwarten, also auf 150 m Schuss auf den Stich. Im Mündungsfeuer – so dämmrig war es schon – sah ich genau nichts, hörte den Hirsch aber in den Fichtenstangen flüchten. Das konnte nur eine Todesflucht sein, solch einen Spektakel machte der Beschossene. Richtig, nach einigen Sekunden brach er mit lautem Krach zusammen, mitten aus der Flucht heraus.

Wegen der nun anbrechenden Dunkelheit traute ich mich aber nicht mehr, an den Anschuss oder an ihm vorbei zu gehen. Man kann nie wissen! Im Umgehungsmarsch erreichte ich also das Jagdhaus und verkündete dort meiner Frau und meinem Mitarbeiter *Helmut Eyme,* Oberförster seines Zeichens und Namensgeber des soeben eingeweihten Hochsitzes, dass ich meine Zusage, den alten Sechser heute zu schießen, erfüllt habe. Ziemliche Zweifel bei beiden. Und tottrinken wollten wir ihn aus zwei Gründen nicht: Wir hatten ihn noch gar nicht, und getrunken hatten wir gestern Abend genug. Am nächsten Morgen zum Anschuss und auf der gut sichtbaren Fluchtfährte nachgegangen. Nach 80 m lag er da, und wer war es? Der alte Sechser, Todeskandidat seit vorgestern. Zwar war er auf der rechten Stange Achter, das konnte man der linken Abwurfstange ja auch nicht ansehen, aber er war es! Alt, mindestens 10 Jahre. Meine Freude wurde nur getrübt, als wir uns eingestehen mussten, dass der Hirsch noch nicht fertig gefegt hatte, und die Stangen noch recht hell, um nicht zu sagen weiß, waren. Darauf war ich gar nicht gekommen, weil der zuvor gesehene Hirsch fertig mit braunem Geweih sich gezeigt hatte. Dies hatte ich nun bei dem zweiten Hirsch als selbstverständlich angenommen und im Dämmern auch wohl nicht recht sehen können. Da war man nun »Meister«, Jägermeister und Forstmeister und war eigentlich doch keiner. Mir dämmerte aber, weshalb mein Vorgänger so wenig Erfolg im Wildenhagen gehabt hatte: Dem dämmerte es nämlich zu früh, d. h. er jagte noch ohne Zielfernrohr, und verließ seinen Ansitz gerade in der besten Zeit; das wurde mir auch von Revierbeamten bestätigt.

So, den Hirsch hatten wir also, er wog 130 kg, ohne Haupt allerdings. Das ging alles recht schnell und einfach, meinen meine Leser wahrscheinlich auch, aber die Strafe folgte der Freveltat auf dem Fuße: Wir mussten das Geweih nun erst »herrichten«, d.h. ihm an Ort und Stelle Farbe geben. Das war eiligst zu tun, denn zu Mittag hatte ich mir einen meiner Kreisjägermeister, *Burkhardt von Gadenstedt,* eingeladen, der ein erfahrener Rotwildjäger war. Es war eine schwere, aber glücklicherweise einmalig ausgeführte, zwei Jäger mehrere Stunden voll beschäftigende Arbeit! Seitdem habe ich große Hochachtung vor der Leistung des Hirsches, der das ja allein schaffen muss. Er hat aber mehr Muße dazu als wir. Mittags stand das Geweih schon zum Wässern im Quellablauf vor der Jagdhütte, und wir freuten uns alle, auch der Kreisjägermeister, über die schöne braune Farbe, die das Geweih »schon« hatte. Wie wir das gemacht haben, verraten wir aber nicht – jedenfalls alles Natur, keine Chemie!

Doch ich hatte schon mehr Hirsche zur Strecke gebracht, allerdings auch meist Achter, deren Erlegungsgeschichte nicht so interessant gewesen ist, um hier geschildert zu werden. Hier will ich nur noch einmal darauf aufmerksam machen, dass im Harz der Achter das Hauptkontingent auch der älteren Hirsche abgab. An dem Hirsch vom 1. August 1936 hatte ich eine besondere Freude, weil er stark und alt war, weil ich ein leichtfertig gegebenes Wort »per Dusel« einlösen konnte, weil er der erste Hirsch nach meinem Programm war und nicht zuletzt deswegen, weil ich mit ihm den Anfang in einem Revier machte, wie ich es nie wieder bejagt habe: Heimathirsche in der Heimatlandschaft, im Harz!

Und ich wurde nicht gestört, denn der zuständige Betriebsbeamte war ein passionierter jagdlicher Nichtraucher. Das sollte zwar nach meiner Theorie nicht sein, doch nahm ich es gern in Kauf. So war alles in allem der Verlust, der mit der Aufgabe des Forstamtes verbunden gewesen war, erträglicher geworden, zumal mein Chef, Finanzminister *Alpers,* angeordnet hatte, die Tage meiner Jagdausübung nicht als Urlaub zu rechnen. Ich konnte das später im Reichsjagdamt weiter so handhaben, nahm dafür aber nicht mehr den mir zustehenden Erholungsurlaub – eine Konzession der Verwaltung gegenüber, ein Opfer, das mir meine Frau gern gebracht hat, denn sie war meist meine passionierte Begleiterin.

So konnte ich engsten Kontakt mit der Praxis halten, was ganz besonders wichtig in den ersten Jahren nach Erlass des Reichsjagdgesetzes gewesen ist. Und um diese Verbindung zur vordersten Linie habe ich mich in den Braunschweigischen Staatsforsten ernstlich bemüht. In Einzelgesprächen, in Vorträgen, auf Stangenschauen und Ausstellungen wurde das Problem der Rotwildhaltung und des Wahlabschusses immer wieder eingehend erörtert, nachdem mir klar geworden war, dass es kein »Rotwildproblem« gab, sondern dass dies ein »Jägerproblem« war.

Die Zusammenfassung der geplanten und durchgeführten Maßnahmen konnte ich 1935 vor dem Gremium vortragen, dessen Sitzungsprotokolle ich hier schon so häufig zitiert habe: Vor den Harzer Jägern, vor der Gruppenversammlung des Deutschen Forstvereins, Gruppe Harz-Solling, in Bad Sachsa: »Die Neuordnung des Jagdwesens in der Braunschweigischen Staatsforstverwaltung.« Bei Überprüfung des mir gedruckt vorliegenden Protokolls wird es evident, dass 90% meiner damaligen Ausführungen über die Hege, das hieß auch damals die scharfe Verminderung des Rotwildbestandes, über die Abschussrichtlinien, die Verbesserung der Lebensbedingungen des Wildes usw. auch noch heute zutreffen würden mit einer Ausnahme, und das waren meine Ansichten über den Zuwachs beim Rotwild, doch wurde mir nicht widersprochen.

In einem Punkt darf ich mich einmal selbst aus dem Referat des Jahres 1935 zitieren: Es ist meine damals schon in Schärfe erhobene Forderung nach mehr »Ruhe im Walde«: »Auch sie gehört zur Schaffung günstigerer Lebensbedingungen des Wildes im Walde und trägt somit bei zur Verminderung der Wildschäden. Auch hier haben wir einen Großangriff unternommen, der leider keinen Erfolg gehabt hat. Das ist sehr bedauerlich, und unverständlich ist mir, dass der bereits im Rollen befindliche Stein von einer benachbarten Forstverwaltung aufgehalten worden ist wegen ›besonderer Bedenken‹. Wir sind uns darüber klar, dass die Aufrechterhaltung der Naturverbundenheit und des Interesses am Walde in der gesamten Bevölkerung unbedingt notwendig und zu begrüßen ist; wir sind uns aber ebenso klar, dass es so, in der bisherigen Form der Beunruhigung des Waldes, nicht weitergehen kann. Es ist schon soweit gekommen, dass eine größere Privatforstverwaltung vorstellig geworden ist, weil sie die ihr als Mindestabschuss festgesetzten Ziffern wegen des starken Verkehrs im Walde in der Hauptjagdzeit nicht erfüllen kann. Gemeinnutz geht vor Eigentum, wird immer von unseren Gegnern ins Feld geführt, und zwar ohne jede Berechtigung. Gemeinnutz ist die Bekämpfung und Verringerung der Wildschäden, und Eigennutz dürfte es wohl sein, wenn der einzelne überall im Walde herumkriechen will! Ich stelle noch einmal ausdrücklich fest, dass uns nichts ferner liegt, als den Besuch des Waldes zu verbieten, nein, nur Ruhe wollen wir haben für unser Wild, damit es auch die zu schaffenden besseren Lebensbedingungen, wie Äsungsflächen, Fütterungen usw., ungestört genießen kann. Was nützen uns diese Anlagen, wenn sie erst in tiefster Nacht vom Wilde aufgesucht werden können, während es den langen Tag und noch den Abend über infolge der Unruhe im Walde in den Dickungen zurückgehalten wird, die es beim Morgengrauen schon wieder aufsuchen muss? Die Braunschweigische Staatsforstverwaltung hat sich sogar bereit erklärt, für den Ausbau und die Kennzeichnung eines ausreichenden Wanderwegenetzes, das landschaftliche Schönheiten erschließt und auch Gelegenheit zur Wildbeobachtung, insbesondere zum ›Hirschebrüllen‹ bietet, auf eigene Kosten Sorge zu tragen. Das geht natürlich nur an, wenn diese Maßnahme einheitlich von allen Verwaltungen im Harz oder im Solling zur Durchführung gebracht wird. Wir werden unsere Bemühungen, dieses Ziel in Kürze zu erreichen, im Rahmen der Neuordnung des Jagdwesens nicht aufgeben in der Erkenntnis, dass die Ruhe im Walde Vorbedingung für die Ausnutzung der geschaffenen besseren Lebensbedingungen für das Wild ist.«

Soweit das Zitat.

Das war vor einem halben Jahrhundert! Und ich bin zufrieden, die uns heute fast geläufige Redewendung nicht in Anspruch nehmen zu müssen: »Was kümmert mich meine Rede von gestern?« Aber sehr unzufrieden bin ich, wenn ich nach so langer Zeit die damals gestellte Forderung immer noch nicht erfüllt sehe. Nicht, weil sie falsch gewesen, sondern weil die Sache mit der »Öffnung des Waldes« völlig aus dem Ruder gelaufen ist – irreparabel, fürchte ich! An grünen und weißen, schönen Wochenenden reisen bis zu 250.000 Menschen zu Tagesausflügen in den Harz. Zehn Millionen Gastübernachtungen im Jahr! Es scheint sich der Zustand anzubahnen, in dem Menschen und Rotwild im Harz kaum mehr ohne entsprechende Abstriche (Sperrzonen) bzw. Zugeständnisse (Wildschäden) koexistieren können.

Trotz verminderten Wildbestandes ist der Wildschaden nicht wesentlich zurückgegangen – ein Hinweis darauf, dass das Rotwild nicht ausschließlich der Urheber des Schälens sein kann, sondern dass die Störungen des Wildes durch den Menschen zu diesem Schaden maßgebend beitragen. Das gilt besonders auch für den starken Jagddruck, den die erforderliche scharfe Bejagung zur Folge hat. Die ministerielle Anordnung, dass in jedem Forstbetriebsbezirk mindestens drei Jäger Rotwild bejagen sollen, wird nicht gerade zur Verminderung dieses beklagenswerten Nachteiles beitragen.

Hierauf werde ich wohl noch einmal zurückkommen müssen, doch möchte ich zunächst die Fährten meiner Hirsche im Wildenhagen wieder aufnehmen.

Den Standort der Jagdhütte hatte ich so günstig es ging festgelegt. Der Hauptteil des Nordbeganges war westlich vorgelagert, so dass man bei den im Harz vorherrschenden Südwest- und Westwinden sich überwiegend nach Westen gegen den Wind bewegen konnte. Mit viel Mühe hatte ich zur Windbeobachtung eine Wetterfahne vor der Hütte aufgestellt, musste aber einsehen, dass sie nur solange wirklich funktionierte, solange sie einwandfrei senkrecht stand, was bei meiner Amateurkonstruktion leider nicht dauernd der Fall war und häufiger Korrekturen bedurfte.

Ich hatte bald herausgefunden, dass man insbesondere für die Anlage der Frühpirsch die Windbeobachtung nicht unbedingt nötig hatte. Wesentlich einfacher war es, wenige hundert Meter entfernt auf eine kleine Anhöhe zu steigen, um von dort zu verhören, wo die Hirsche mindestens in der Feistzeit ihren allmorgendlichen Spektakel machten. Die gerudelten Hirsche scherzten und schlugen so fleißig, dass man bei stillem Wetter sie auf mehrere hundert Meter gut hören und sich danach einrichten konnte.

Nach dem Ereignis vom ersten August blieb ich noch einige Tage im Revier, um mich nun dem »Mühltalachter« oder dem »Krummen« zu widmen. Beide hatte ich schon im Bast mehrfach gesehen, seitdem sie aber gefegt hatten, blank waren, machten sie sich zunächst unsichtbar, ließen sich jedenfalls vor mir nicht sehen. Nur mein ständiger Jagdgast rannte natürlich ständig mit ihnen zusammen, ohne sie mit Sicherheit bestätigen zu können. Es entspricht einer alten Harzer Erfahrung, dass die Hirsche gegen Mitte bis Ende August wesentlich heimlicher werden, was in Wahrheit bedeuten mag, dass sie gegen Ende der Feistzeit wegen ihres guten Futterzustandes fauler und damit unsichtbarer werden. Umso mehr Fleiß fordern sie dem Jäger ab! Zunächst schoss ich im »Vorbeigehen« einen Hirsch, der keiner von den Gesuchten war. Am Morgen des 3. August, noch in der Dunkelheit, pirschte ich vorsichtig an der Mühltalwiese herunter, um in die Rappbodewiesen zu gelangen. Auf halbem Wege hörte ich vor und über mir am Hange der Trageburg einen Hirsch schlagen. Der Hang war mit etwa zehnjährigen Fichten bestockt, war also eine noch gut einzusehende Kultur, an die sich oben ein Fichtenstangenort anschloss, in der der Hirsch wahrscheinlich gerade eingewechselt war. Darin schlug er nun und stoppte meinen Weitermarsch. Es galt jetzt, vorsichtig weiter vorwärts eine Stellung zu erreichen, bei der der Hirsch nicht mehr vor, sondern über mir am Hang stehen müsste. Da er noch dicht am Rande, natürlich unsichtbar, stand, musste es bei einiger Ausdauer wahrscheinlich sein, ihn bei Hellwerden einmal sehen zu können. So hockte ich mich am Rand des Weges mit gespannten Verhältnissen, d.h. selbstverständlich Schussbereit, und es dauerte vielleicht eine halbe Stunde, bis der Hirsch noch einmal heraustrat. Ansprechen, völlig klarer Fall, ein Achter natürlich, was hätte es auch sonst sein können! Ein Achter älteren Semesters, den ich deswegen gern meiner aufzustellenden »Musterkollektion« eingegliedert hätte. Entfernung etwa 90 m, also kein Problem. Schon erhielt er die Kugel, diesmal 8x57, und kugelte durch die Kultur den Hang herunter, bis fast vor meine Füße. Ein gerader, mittelwüchsiger Achter, mindestens 8jährig (Nr. 5). In späteren Jahren hätte ich ihn vielleicht nicht als Abschusshirsch angesprochen wegen seiner in der Körperlängsachse stehenden Gabeln. Aus solchen entwickeln sich in der Regel noch eher Kronen als aus Gabeln, die quer zur Körperlängsachse stehen (wie z. B. bei Nr. 6 und 9). Im vorliegenden Falle gab für mich den Ausschlag das

Jagdhütte Wildenhagen.

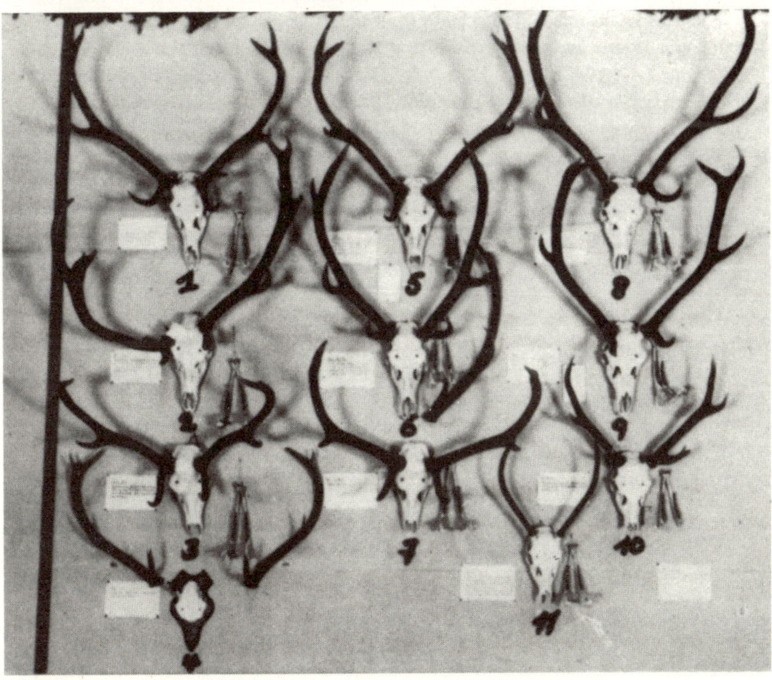

Hasselfelde 1936 (Die eingetragenen Nummern sind im Text aufgeführt.).

Vorhandensein einer ganzen Reihe älterer Achter, die mir verdächtig vorkamen. Die Geweihschau passierte er unbeanstandet.

Es war keine jagdliche Leistung; sie lag allein im schnellen Ansprechen und sofortigem Entschluss und Schuss. – Als Resultat wird der Hirsch hier nur angeführt, weil er in die im Foto gezeigte Sammlung gehört, mit der ich seinerzeit auf der Geweihschau ziemliches Aufsehen erregte.

Ähnlich zu beurteilen sind die beiden letzten Hirsche dieser ereignisreichen Feistzeit, obwohl beide beachtliche und keine geringen Hirsche waren. Als nächster fiel der »Krumme«: Seit Aufgang der Jagdzeit war er unsichtbar geblieben, mir gegenüber jedenfalls, und ich dachte schon, er wäre ausgewandert. Leicht war er anzusprechen und wiederzuerkennen, daher auch im Rudel nicht zu übersehen. Rechtsseitig hatte er nämlich einen Rosenstockbruch, der die Stange mit kurzer Augsprosse zuerst in tiefem Bogen nach unten wachsen ließ, um sich dann nach oben zu richten, wo sie in großer Gabel mit kleinem Ende darin endete. Die linke, normale Stange hatte sechs Enden – ja, wirklich! Das bedeutete, dass es ein wenn auch monströser, aber doch ungerader Zwölfer war. Man stelle sich mein Entzücken vor: Kein Achter! Sehr genau hatte ich ihn ansprechen können und wusste, dass der Rosenstockbruch ganz tief, dicht über dem Schädel saß. Zu erwarten war also, dass der Hirsch auch in den Folgegeweihen monströs bleiben musste.

Am 14. August, morgens, saß ich in einem Erdsitz im Mühltal an der Wiese, beiderseits Dickungen. Neun Hirsche zogen früh auf dem Rückwechsel vorbei: Sechs geringe, zwei Mittelhirsche und ein starker, der »Krumme«. Ich sah ihn zu spät, um noch schießen zu können. Am 28. Juni hatte ich ihn zuletzt, noch im Bast, gesehen, und nun wusste ich, wo er sich aufhielt. Damals bummelte er des Abends mit einem Beihirsch den schon genannten Triftweg entlang. Normalerweise musste er nun am Abend am Erdsitz zu haben sein, wenn keine Störung kam, was damals selten war und nicht wie heute die Regel bedeutete. Also: Erdsitz. Der Wind war gut, das Tal heraufziehend, und ich erfreute mich zunächst an fünf Jungdachsen, die offensichtlich aus dem großen Mutterbau auf der Trageburg kommend, einen Ausflug machten. Wo gibt es das wohl heute noch! Zwei immer befahrene Dachsbaue waren im Revier. Heute sind sie wohl unbewohnt und ihre Insassen der Tollwutbekämpfung zum Opfer gefallen. Ich erinnere mich beim Anblick dieser lustigen Gesellschaft gern an viele Dachsgraben, die ich besonders in Stiege als Jungjäger arrangiert und engagiert mitgemacht hatte. Noch heute, nach einem halben Jahrhundert, würde ich, obwohl in der Zwischenzeit nicht wiedergesehen, die mächtigen Dachsburgen auf Anhieb wiederfinden: Am Rotestein, im Trockenbach, an der Trageburg! Im Rabenstein kam uns mal einer aus, als wir einen Scotchterrier, schwarz wie die Nacht, namens Meier, in den Bau einfahren ließen. Ehe wir überhaupt daran dachten, dass dieser Stadthund in die Tiefe schliefen würde, sprang der Dachs schon. Ob er sich vor dem schwarzen Hund so erschrocken hatte, oder ob er über ihn so lachen musste, wer weiß, jedenfalls sprang er sofort. Wir standen mit ungeladenen Gewehren auf dem Bau, waren auch erschrocken und lachten mit!

Doch jetzt wurde es ernst: Vier Hirsche zogen um 18.30 Uhr über die Wiese, weit weg; zwei weitere folgten bald, auch nicht anzusprechen. Ich war sehr aufmerksam, dachte aber, der »Krumme« sei schon dabei gewesen. Breit war die Wiese hier unten am Erdsitz auch nicht, alles ging also ziemlich schnell. Gegen 19 Uhr kam aber, wesentlich näher, auf etwa 70 Schritt, der Gesuchte über die Wiese. Im scharfen Troll! Auf meinen Pfiff verhoffte er kurz vor der Dickung. Ich schoss, der Hirsch machte kurz kehrt, flüchtete über die Wiese zurück und verhoffte im gegenüberliegenden Dickungsrand. Das war eigentlich kein gutes Zeichen, aber schon kam der Hirsch ins Schwanken und brach verendend zusammen. Die 9,3x74 zeigte also doch gute Wirkung, trotz eines etwas zu kurzen Blattschusses. Da saß ich nun – schon wieder – vor oder an einem geschossenen Hirsch, insgesamt war es mein 29., aber der erste mit mehr als acht Enden: Die linksseitige Krone war so auseinandergezogen, dass man sie als eine unerwünschte Form ansehen konnte (Foto Nr. 2). Nun stand mir noch der »Mühltalachter« im Sinn. Gesehen hatte ich ihn bislang nur zweimal, zuerst am 21. Juni, auch beim Wechsel über die Wiese in Gesellschaft von sechs Begleitern, noch im Bast. In meinem Tagebuch steht: »Ein sehr guter Achter, links große, quer gestellte, rechts sehr kleine Gabel.«

Am 19. August war ich frühmorgens einmal wieder auf dem Anmarsch zum Erdsitz an der Mühltalwiese. Unterwegs hörte ich links auf dem Mühlberg-Loshieb Hirsche scherzen und schlagen. Bald konnte ich sie auch zeitweise gegen den Horizont sehen, und da ein guter Pirschweg zu »Eymes Kanzel« führte, pirschte ich die

Hirsche an. Sechs Hirsche waren auch noch auf dem Loshieb, schon im Einwechseln in die Fichtenstangen. Ein starker Achter war dabei, vermutlich der gesuchte, doch verschwand er mir zu schnell, um ihn sicher ansprechen zu können. Besonders bemerkenswert aber war, dass ich den ersten doppelseitigen Kronenhirsch vor mir hatte! Tagebuchnotiz: »Starke Stangen, mindestens 145 Nadler-Punkte!« Man stelle sich vor: 145 N.P., das entspräche etwa wenig über 150 I.P.! So sah es aus – aber ich habe den Hirsch, einen Jüngling zweifelsohne, nie wieder gesehen.

Nun hatte ich eine gute Chance auf den von mir gesuchten Achter für den kommenden Morgen. Also am 20. August früh wieder an die Wiese und den Loshieb gegen den Himmel beobachtet, auch auf etwaige hinweisende Geräusche geachtet. Noch im Dunkeln erschien am Horizont des Mühlberges ein starker Hirsch, noch nicht ansprechbar. Er konnte oder musste es eigentlich sein. Da er den Loshieb herauf, also von mir weg zog, pirschte ich hinterher, hatte aus dem Pirschweg keine Sicht auf das Vorfeld und stand plötzlich, gerade hatte ich Büchsenlicht, auf etwa 20 m dem Hirsch gegenüber, der gewendet und mir entgegengezogen war. Auf der anderen Seite des Loshiebes stand er glücklicherweise. Dichte Zweige verhinderten einen guten Ausblick, doch konnte ich den Hirsch insbesondere nach der Geweihform ansprechen und sah auch, dass keine Kronen da waren. Er war es, ich war mir sicher, stach die Bockbüchsflinte ein, und das vernahm der Hirsch auf die kurze Distanz. Im Ansatz der Flucht traf ihn meine Kugel spitz von vorn auf den Stich. Im Mündungsfeuer war wieder einmal nichts zu sehen, aber er prasselte an mir vorbei, um nach einer Volte von etwa 60 Metern am Rande des Loshiebs zusammenzubrechen. Ziemlich duster war es doch noch. So machte ich noch ein paar Schritte, stieg auf den nahen Hochsitz, aber die Bühne des Loshiebs war leer. Ich wartete noch eine Weile, ließ das Geschehen der letzten Viertelstunde noch einmal vor mir in Gedanken abrollen, dann ging ich zum Hirsch. Er war es, der »Mühltalachter«, wie beschrieben ein starkes Geweih mit hoch angesetzten Mittelsprossen, nach meinen Erfahrungen ein ziemlich sicheres Zeichen mangelnder Kronenfreudigkeit, dazu noch die quergestellte, große Gabel. Stangen lang und dick (Foto Nr. 9). Alt war er auch, zudem auf einem Licht blind.

Über den Hirsch habe ich mich sehr gefreut, so wenig Mühe mir eigentlich seine Erlegung gemacht hatte. Aber, er war richtig ange-

Hasselfelde / Wildenhagen 1936.

»Der Krumme«.

»Mühltalachter«.

sprochen und entsprach voll den von mir gegebenen Richtlinien. Ein wundervoller Sommermorgen zog herauf, ich saß am Hirsch, bis ihn die Sonne beschien, versorgte ihn dann und ging mit mir und der Welt zufrieden zum Jagdhaus zurück. Von dort schallte mein »Hirsch tot« über den Wildenhagen, zum vierten Mal innerhalb drei Wochen. Was sollte das eigentlich? Im Hüttenvorbau hing noch das frisch präparierte Geweih des »Krummen«, zwei Geweihe aus den vergangenen Wochen zu Haus an der Wand, und nun kam ich schon wieder mit einem beachtlichen an! Vier Hirsche, von denen drei der Stärkeklasse I zuzurechnen waren. Ja, wohin ging das eigentlich? Diese Frage beschäftigte mich fast quälend in den Mußestunden, die am Tage in der Hütte anfielen – Stunden, die vor Wochen noch so ohne Probleme gewesen waren.

Was war ich denn für ein Jäger geworden? War ich überhaupt noch einer? Oder schon zum Schießer oder gar Knochensammler geworden? Hatte die Jagd für mich noch den ausschließlichen Inhalt, den *F. v. Gagern* ihr gab mit: »Jagd ist Schauen, Erwachen, Sinnen, Ausruhen?« Mit einem klaren »Nein« konnte ich mir nur antworten. Das war die Jagd nicht mehr für mich. Wohl war dies noch bei der Jagd dabei, aber nicht mehr ausschließlich, in den Hintergrund gedrängt, wesentlich kleiner gedruckt. Aber ich war ja auch ein »Berufsjäger«, und von der Seite her musste ich die Sache sehen. Da konnte ich mich als Jagdreferent einer Harzer Forstverwaltung und auch als Harzer Jäger so eingliedern: Ein in die Pflicht genommener war ich, mit Haut und Haaren in die Pflicht eingespannt mit einer bestimmten Zielsetzung: Das zu praktizieren, was ich für meine Verwaltung schon programmiert, was ich für den ganzen Harz zu programmieren mir vorgenommen und noch vor mir hatte, es zu praktizieren als Beispiel, anspornend und beweiskräftig! Dazu gehörte es in erster Linie natürlich auch, Abschusshirsche, wie von mir immer wieder in Vorträgen, Ausstellungen, Diskussionen mit Zweiflern beschrieben, zur Strecke zu bringen. Zweifler gab es genug, und es würden im Gesamtharz noch wesentlich mehr auftreten. Dazu muss ich noch sagen, dass Abschusshirsche, ganz gleich welcher Stärke, ohne zahlenmäßige Begrenzung für den Start in der Braunschweigischen Staatsforst allen Stelleninhabern freigegeben waren. Normale Kronenhirsche, auch einseitige, waren natürlich tabu, und der Kahlwildabschuss war erheblich heraufgesetzt worden.

Die Abschusshirsche nannte auch ich, dem allgemeinen Brauch folgend, »Artverderber«. Das hat den Hirschen nicht geschadet, hat auch den Abschuss nicht gehemmt, war aber falsch, und schon im nächsten Jahr bei Bearbeitung der Abschussrichtlinien, des bebilderten »Merkblattes für den Rotwildabschuss im Harz 1937«, habe ich diese irreführende, ja falsche Bezeichnung aus meinem Vokabular gestrichen. Leider hat sie sich aber noch lange Zeit in unserem Jagdwesen gehalten und zu häufigen Verwirrungen Anlass gegeben.

Selbstverständlich waren unter den Abschusshirschen Artverderber, also solche mit schlechter Geweihveranlagung, aber das konnte nur ein Teil sein, der unbekannt, weil nicht erkennbar war. Der nicht erkennbare »Artverderber« spukte aber noch lange Zeit in den Diskussionen herum, nicht nur aus Gewohnheit und vielleicht ein bisschen, weil es schon einen kleinen biologischen Hauch verspüren ließ, sondern auch, weil der Wirkungsgrad der genetischen Komponente besonders hinsichtlich der Geweihbildung überschätzt wurde. Was wir an Geweihleistung erreichen wollten und verlangten, war seit langer Zeit bekannt: Dem Harzhirsch war in erster Linie im Westen die »Krone verloren gegangen«, und die wollten wir wieder haben! Nicht mehr und nicht weniger, wobei der Kronenzwölfer uns als Endziel durchaus genügt hätte, womit ein gewisser Abschluss der Geweihtrophik auch erreicht ist. Frühzeitig war für den Harzhirsch ja auch schon erkannt, dass die Geweihe häufig Hungerformen waren, die bei entsprechender Fütterung und deren guter Verwertung starken Kronengeweihen Platz machten. Ich erinnere an »Durchlaucht«, den »Wernigeroder 20ender« und den »Mahnkopfhirsch« als Beispiele. Das Geweih als Produkt des Stoffwechsels ist von diesem abhängig und besonders bei Stoffwechselüberschuss positiv reagierend. Aber gleichalte Hirsche tragen bei gleichen Lebensbedingungen oft Geweihe mit sehr unterschiedlichen Wuchsleistungen, was Geweihgewicht, Stangenlänge und -stärke sowie Endenzahl anbelangt. Gute bzw. schlechte Futterverwerter, gut bzw. schlecht entwickelte, dazu natürlich gut bzw. schlecht veranlagte Hirsche – in diesem Spektrum bewegten sich die Merkmale für die Qualitätsklassifizierung der Hirsche.

Gute und normale gegenüber geringer und schlechter Geweihentwicklung sollten in Zukunft die geltenden Merkmale für die Abschussdurchführung bei den Hirschen sein. Damit trafen wir nicht gerade mitten ins Schwarze, aber doch nicht weit davon, jedenfalls aber noch ins Zentrum. Nur ein so grobes, einfaches, aber doch gut durchlässiges Raster konnte von einer Vielzahl von Jägern, von hunderten von Abschussberechtigten mit Willigkeit und damit auch erfolgreich gehandhabt werden.

Immer habe ich in den Mußestunden auf der Hütte an diesen Gedanken herumgebastelt und Überlegungen angestellt, wie ich wohl meine Pläne, die einen einheitlichen Rotwildabschuss im Gesamtharz betrafen, würde realisieren können.

Dabei vergaß oder vernachlässigte ich aber meine Hirsche im Wildenhagen nicht! Schon bei der Lagebeschreibung meines Pirschbezirks habe ich einige Hirsche namentlich erwähnt, von denen inzwischen ja auch unter anderen zwei, der »Krumme« und der »Mühltalachter«, ihre Geweihe zur Ausschmückung meiner Wände im Jägerhof Braunschweig hatten hergeben müssen. Einer der Genannten, der »Wilde Rabe«, ist noch nicht gewürdigt worden. Er lebte auch noch, aber die sich um seine Bejagung und Erlegung rankenden Erlebnisse fallen so aus dem Rahmen, dass sie hier in einem Zuge erzählt werden sollen. Dazu muss ich zurück- und vorgreifen.

Wir, d.h. mein ständiger Jagdgast *Robert* und ich, hatten uns im Wildenhagen schon vor dem Bau der Hütte von einem anderen Hasselfelder Stützpunkt aus »mal umgesehen«, so in der Brunft 1935. Dabei sah *Robert* Anfang Oktober abends am Wilden Rabenstein unter den Felsen einen von Förster *Deichmann* schon gemeldeten »starken Achter«, dem er seines Standortes wegen den Namen »Wilder Rabe« gab. Er schilderte Hirsch und Erlebnis am landschaftlich schönsten Punkt des Reviers in so glühenden Farben, dass ich mich wohl oder übel entschließen musste, auch einmal nach dem Hirsch zu sehen.

Am 4. Oktober 1935, also bei schon abflauender Brunft, saß ich erstmalig im Wildenhagen, frühmorgens, hoch oben auf dem Rabenstein. Die rauschende Rappbode unten im Tal, vor mir und um mich herum die Dickungshänge, gegenüber der Rübeländer Hang, gut einzusehen und im Notfall auch noch zu beschießen – aber wirklich nur im dringendsten Fall, denn es war verteufelt weit über das Tal. Ohne die jagdlichen Verhältnisse des Wildenhagen auch nur annähernd einschätzen zu können, wollte ich mich nun dem »Wilden Raben« widmen, wollte ihn mir nur mal ansehen, und ahnte nicht, dass er mir über mehrere Brünften alles abverlangen würde, bis ihn sein Schicksal ereilte.

Also am 4. Oktober 1935 suchte ich mir auf dem Rabenstein morgens einen Ansitzplatz, schön gedeckt hinter einem Stuken, den ich gleich als Gewehrauflage benutzen konnte. Unübersichtlich war es nämlich in den Dickungshängen, und viel Zeit hatte man sicher auch nicht, falls der Hirsch über eine der zahlreichen, aber kleinen Blößen ziehen sollte. Ich vergesse diesen Brunftmorgen nicht. Noch einmal steigerte sich das Geschehen auf einen Höhepunkt. Es war empfindlich kalt, der Hauch des Atems stand vor dem Gesicht, die Hirsche schrien ringsum. Es war schön, erhebend schön. Nur ich war allein, saß hinter meinem Stuken und musste mich zwingen, nicht einen der entfernt schreienden Hirsche anzugehen. Nach langer Zeit hörte ich unter mir am Felsenhang Wild steineln und den einzelnen Schrei eines vermutlich dort stehenden Hirsches. Na, hatte der aber mal eine schlechte Stimme! Ein Blechmusikant, ein Trompeter! Sehen ließ sich aber kein rotes Haar. Die einzigen Lebewesen waren die munteren Ameisen an, in und unter meinem Sitz; sie vertrieben mir die Zeit, bis die Sonne hochkam und schließlich auch mein Magen zum Rückzug drängte. Natürlich, gerade als ich aufgestanden war, gerade als ich mein Zauberzeug ergreifen und abmarschieren wollte, fiel mein Blick noch einmal auf eine der Dickungsblößen, gar nicht weit von mir. Da schob sich doch vorsichtig, vielleicht auch ganz unbekümmert, wer weiß das anzusprechen, ein Hirsch heraus! Er hatte mich sofort eräugt, und beide erstarrten wir zu Bildsäulen. Wie praktisch, dass ich meist beim Pirschen schwarze Zwirnhandschuhe, »Bestatterhandschuhe« nannten meine Söhne sie später respektlos, trug, so dass ich ganz vorsichtig das Glas an die Augen bringen konnte. Nun hatte ich ihn gut vor mir, Entfernung 60 Meter. Mit meinem starken Glas konnte ich ihm, der mich regungslos anäugte, nun »Maß nehmen«. Mehr zunächst nicht, denn an meine Waffe am Stuken kam ich nicht, wollte ich auch noch nicht. »Lange Stangen, nicht sehr dick, große, quergestellte Gabeln, kein alter Hirsch«, so steht mein Urteil im Hüttenbuch. Danach war es der »Wilde Rabe«, der aber sehr zahm aussah. Merkwürdig, er rührte sich immer noch nicht, obwohl wir uns nun lange genug angeäugt hatten, »angelichtert« hätte mein Sohn gesagt, nachdem ihm beigebracht war, dass Rotwild keine Augen, sondern Lichter hat. Jetzt fuhr mir ein Windstoß in den Nacken, jetzt musste er wohl Wind kriegen, nun musste er sich wohl »auf die Socken machen« – flüchtig werden. Nichts von alledem geschah. Im vollen

Wind äugte er zu mir, fast hatte ich das Gefühl, auch er wollte mich erst einmal richtig ansprechen. Vielleicht hat er das auch getan, wer weiß? Schließlich, ich meinte, es seien Minuten vergangen, zog der Hirsch an, war nach wenigen, ganz ruhigen Schritten über die Blöße hinweg in der Dickung verschwunden. Er sagte keinen Ton mehr, während ringsum noch die Hirsche meldeten. Nun hätte ich eigentlich sitzen bleiben müssen, sicherlich hätte ich ihn noch einmal in Anblick bekommen, aber ich kannte ihn ja nun, und so einen »Zahmen«, den konnte man ja noch alle Tage schießen.

So trafen wir uns erstmals!

Ich ging zum abgestellten Wagen zurück, fuhr zum entfernten Jagdhaus, palaverte mit Jagdgast *Robert* über das merkwürdige Benehmen des Hirsches, und wir kamen zu folgender Erklärung: Dicht am Rabensteinfußweg, beliebtem Touristenwechsel, hatte ich gesessen und beim Aufbruch auf ihm gestanden. So war ich vielleicht vom Hirsch durchaus als Mensch erkannt, aber für harmlos gehalten worden. Meine späteren Erfahrungen mit dem »Wilden Raben« schienen diese Annahme auch zu bestätigen.

Was war nun mit dem Hirsch? Keine Krone, quergestellte Gabeln an langen Stangen; Alter: etwa achtjährig. Eigentlich hätte man ihn doch gleich mitnehmen sollen – oder? Aber dieser Hirsch hatte schon bei der ersten Begegnung so eine gewisse Ausstrahlung, ich wusste selbst nicht, wieso und warum. Vielleicht lag das auch gar nicht am Hirsch, sondern an der einmaligen Landschaft, die er sich als Einstand gewählt hatte. Dort war immer eine besondere Stimmung, die mich jedesmal gefangen nahm, wenn ich am Rabenstein war: Die Bode, die Hassel, die Täler, der Felsen mit dem in diesen Jahren noch beflogenen Wanderfalkenhorst, mit den von Wind und Eis zerfetzten Altfichten. Das alles war es, und der Hirsch, dem ich das »gewisse Etwas« sicherlich nur angedichtet hatte. Er machte dieser Unterstellung aber im Laufe unserer Bekanntschaft alle Ehre!

So fuhr ich, was etwas lästig war, 1935 noch mehrfach zum Rabenstein und dachte, den Hirsch schnell zu überlisten. Musste ja auch ganz einfach sein: Fußweg besetzen, sofort in Stellung gehen, gleich Funken reißen; das Schwierigste wäre dann die Bergung des Hirsches aus dem Steilhang. Denkste!

Ich sah den Hirsch in diesem Jahr nicht wieder, hörte aber bei jedem Besuch, solange die Brunft überhaupt noch im Gange war, sein »Trompetensignal«, seinen unverkennbaren Schrei, als wollte er melden: »Siehste wohl, da bin ich!« Aber er stand in dem Steilhang unter dem Felsen, nicht einzusehen, nicht ranzukommen. Vielleicht hätte es von der Rübeländer Seite der Rappbode gehen können, aber das war Nachbarforstamt, wo ich selbstverständlich auch jagen durfte, aber man hatte ja auch seinen Stolz. Nach der Brunft noch zum Erfolg zu kommen, erschien ziemlich aussichtslos. Ich wollte auch nicht wie eine Spinne auf oder am Felsen hocken, um darauf zu warten, ob und wann der Hirsch einmal über eine der Blößen ziehen würde. Eine günstigere Stelle hätte es wahrscheinlich noch gegeben von der Hasselseite aus, einer größeren Blöße, von der man aber vom Tal aus nur den kleineren Teil übersehen konnte. Abfangen konnte man hier den Hirsch, sofern er gut schrie und so sein Kommen ankündigte. Auch das war aber problematisch, weil die Hassel, an der man nicht »ansitzen«, sondern nur »anliegen« konnte, in Intervallen so rauschte, dass man fast nichts hörte. Schießen wäre liegend aufgelegt wohl ganz gut gegangen, aber nach spätestens 15 Minuten auf dem Bauch hinter einem großen Grasbulten und nach steil aufwärts beobachtend hatte man eine »Genickstarre«, die zum Kopf senken zwang. Nun wusste man natürlich nicht, ob der Hirsch inzwischen über die Blöße gewechselt war, wenn man sie wieder beobachtete. Ich hatte das schon mehrfach exerziert, es war zum Verzweifeln! Gesehen hatte ich dabei nur einmal einen Hirsch, aber was für einen?

So brach ich Ende der Brunft meine Bemühungen am Rabenstein ab mit dem Schwur: Nächstes Jahr oben am Fußweg!

Herbst 1936. In den schon vorgestellten Feisthirschrudeln dieses Jahres war der Hirsch nicht. Vier Feisthirsche hatte ich bereits zur Strecke gebracht, und die weiteren aus dem Wildenhagen erwähne ich jetzt nur, um die »Ernte« dieses mit Geweihen so gesegneten Jahres voll zu beschreiben. Einen zehnjährigen, ganz schlecht-wüchsigen Achter (Foto Nr. 3) schoss der Jagdgast; es war der Beihirsch vom 1. August. Den neunjährigen Sechser (Foto Nr. 7) beschossen der zuständige Forstwart und danach mein Bruder, beide unter Führung von *H. Eyme,* mehrfach, der dann endlich dem Drama ein Ende machte, als er dem vermutlich krank flüchtenden Hirsch den tödlichen »Fangschuss« gab. Es war die einzige Kugel, die der Hirsch hatte! Die übrigen Hirsche (auf dem Foto Nr. 4, 10 und 11) schossen meine Gäste.

Zur Brunft war es nun selbstverständlich, dass ich mich sofort wieder dem »Wilden Raben« widmete, von dem wir im Sommer nichts gesehen hatten. Ein Hochsitz war ihm zu Ehren auch errichtet, der in dem unübersichtlichen Gelände helfen sollte: die Rabensteinkanzel. Am 12. September 1936 schrie im Wildenhagen der erste Hirsch. Es ging los! Mich hätte man die ersten Tage auf der Rabensteinkanzel im Tellereisen fangen können, ich saß morgens und abends dort. Festgebissen hatte ich mich. Besonderes sah ich aber zunächst nicht. Keine Spur vom Gesuchten, auch kein »Trompetenstoß«. Dann erschien eines Tages ein Hirsch, der geeignet war, mich abzulenken: Mittelalt, linksseitig Sechser, rechtsseitig angedeuteter Achter, fast 90 cm lang. Ein Bilderbuch-Abschusshirsch also. Ich traute mich nicht, ihn am Rabenstein zu schießen, um nicht zu stören. Am 22. September begegnete er mir aber abseits vom Brennpunkt, und ich schoss ihn vorbei! Das kam ganz selten vor, aber ich hatte mich auf einer langen, sehr engen Schneise in der Entfernung verschätzt. Über 300 Schritt, das war zu weit. Am 25. bezog ich wieder einmal früh die Rabensteinkanzel und freute mich noch im Dunkeln über das vielstimmige Konzert der Hirsche ringsum. Aber mein Trompeter fehlte in dem Orchester. Er wird doch nicht etwa schon im Vorjahr noch irgendwo geschossen sein? Auf Geweihschauen hatte ich nichts Entsprechendes gesehen. Er konnte ja aber auch schon in der Feistzeit in der Umgegend zur Strecke gekommen sein. Bittere Zweifel befielen mich, und, wie um mich darüber hinwegzubringen, erschien mein vorbeigeschossener Sechser auf der Bildfläche! Nun, ich hatte ihn schon fast geschossen, jetzt konnte ich ihn nicht mehr schonen. Auf einige Entfernung mahnte ich ihn mir heran und schoss ihn eigentlich kunstlos. Richtig hatte ich ihn angesprochen. Mein fünfter besserer Hirsch dieses Jahres aus dem Wildenhagen (Foto Nr. 8).

Am 27. September meldete Jagdgast *Robert,* er habe nun aber unseren gesuchten Hirsch gesehen und bestätigt. Am Hasselhang auf der beschriebenen Blöße. Also dahin am Abend. Folgenden Plan fanden wir der Situation entsprechend besonders gut: Ich an der Hassel, liegend aufgelegt, hinter dem Grasbulten; *Robert* im Gegenhang, schon im »Feindlichen«, aber noch meinem Vater unterstehend, zur Beobachtung der Blöße in ihrem vollen Umfang, Taschentuch bereit, um mir zu signalisieren, wenn der »Wilde Rabe« auf und über die Blöße zöge. So konnte ich den Ansitz auch als solchen beginnen, um mich bei Gefahr im Verzuge (Taschentuchsignal) in Feuerstellung auf den Bauch zu wälzen. Dicht am Hasselbach hockte ich, Büchse bereits auf dem Bullen, und konnte mich der Beobachtung einiger guter Forellen hingegeben. In Abständen zu *Robert* schielen! So war ich ganz entspannt, nichts von Genickstarre und so, als ich das Signal erhielt: Der »Wilde Rabe« betritt die Bühne, ist auf der Blöße. Ich tat sofort, was notwendig war, warf mich herum und war in Feuerstellung. Nichts konnte noch schief gehen, sah aber keinen Hirsch, kein rotes Haar. Zu *Robert* geschielt; immer noch flaggte er. Also Obacht, der Hirsch treibt sich auf dem von mir nicht einzusehenden Teil der Blöße herum. Richtig, da kam er ganz am Rande in Sicht, ein Tier treibend. Schuss! Ich sah nur den Hirsch sich am Hang überschlagen, und trotz des munteren Geplätschers der Hassel hörte ich ihn auch in schwerem Fall in den Fichten zusammenbrechen. Ich sank an meinem Bullen zusammen, meinte, ich sei nur noch von halber Größe, so viel Spannung war ich los! Der »Wilde Rabe«, schon Gegenstand häufiger Träume, geschweige denn mancher vergeblichen Pirsch, der »Wilde Rabe« war mein! Der kam nicht wieder auf die Läufe, ich konnte es noch gar nicht fassen. *Robert* kam von seinem luftigen Posten herunter, lachend gratulierend. Wir schlugen uns gegenseitig auf unsere Schultern; es war großartig, wie es sich gehört. Und dabei gehörte es sich keineswegs, denn was wir fanden, war gar nicht der »Wilde Rabe«, sondern ein mittlerer, mittelalter, dünnstangiger ungerader Eissprossenzehner! »Gerade noch richtig« steht im Hüttenbuch. Das kommt davon, wenn man nicht selbst anspricht! Meine Schuld, denn geschossen hatte ich, nicht mein »Ansprecher«, und das war das Entscheidende. Auf der Geweihschau wurde die Abschussberechtigung als »zweifelhaft« beurteilt, und das war richtig und mir eine gute Lehre.

Meine Enttäuschung war unbeschreiblich: Da mühte man sich nun das zweite Jahr mit dem Hirsch ab, und dann passierte so etwas! Meine Sachen auf der Hütte packen und den Ort des Schreckens verlassen, war meine Reaktion. Ich fuhr nach Braunschweig zurück.

Bis zum 2. Oktober hielt ich es im Büro aus, dann trieb es mich in den Wildenhagen, um festzustellen, wo der gesuchte Hirsch nun eigentlich war. Schon am Abend saß ich wieder auf der Rabensteinkanzel. Die Hirsche schrieen recht gut. Und da, das war doch die Trompete, sein unverkennbarer Schrei! Wo? Tief unten im Tal sah ich einen guten Hirsch, mit sechs Stück Wild aus dem Herzoglichen

Gitzhügel kommend, die Bode überqueren und ins Rübeländer ziehen. Das musste er der Stimme nach sein, gab gar nichts anderes. Runter vom Hochsitz, ins Tal, über die Trogfurter Brücke, ran an den Hirsch. Er war es tatsächlich, der Achter mit etwa einem Meter Stangenlänge. Fest zum Schuss entschlossen, pirschte ich das Rudel an. Und als es soweit war, als der Hirsch keine Chance mehr zu haben schien – da brachte ich den Schuss nicht heraus! Zu blöde, er stand nicht im Wildenhagen, und an anderer Stelle wollte oder konnte ich nicht. Es ging einfach nicht, mehrfach hatte ich ihn im Zielfernrohr, aber ich brachte den Schuss nicht heraus. War es das gewisse Etwas des Hirsches, war es die ungewohnte Umgebung? Ich weiß es nicht, und ich schoss nicht, löste mich vorsichtig vom Rudel und ging ziemlich verstört zur Hütte zurück.

Den Weg möchte ich nicht noch einmal in gleicher Stimmung machen. Es wäre auch nicht möglich, denn der Ort meines Versagens liegt heute unter dem Wasserspiegel der Rappbodetalsperre.

Am 3. Oktober, ich wusste ja nun um die Anwesenheit meines Hirsches, kam ich nach langer Vormittagspirsch wieder auf die Rabensteinkanzel, den besten Beobachtungsplatz im Revier. Der Hirsch gehörte hierher, und hier würde ich ihn auch schießen, am Rabenstein, das war beschlossene Sache. Gar nicht lange saß ich in der Sonne, freute mich an der schönen Heimat, dem Blick ins Rappbodetal, da hörte ich die bekannte Stimme und sah auch bald am hellen Tage den Hirsch über die Hasseltalblöße ziehen. Viel zu weit zum Schuss, etwa 400 Meter. Die Hasseltalblöße des Eissprossenzehners! Sofort machte ich einen Umgehungsmarsch, besser: »-lauf«, ins Hasseltal. Gerade angekommen, sah ich den Hirsch noch über die Blöße den Hang herunterziehen. So musste er auf die Hasselwiese kommen, und schnell lief ich so weit vor, wie das notwendig war, um ihn dort abzufangen. Um 10.30 Uhr trat er dann mit seinem Wilde heraus, war sofort an der Hassel, der Grenze. Ich stach meine Bockbüchsflinte ein; er war ein Kind des Todes auf diese Entfernung – da stach die Büchse ab, der Schuss ging ins Leere! Schnell lud ich wieder. Der Hirsch wollte in den Rabenstein zurück, trieb sein Wild an mir vorbei. Ich war entsprechend aufgeregt, stach wieder, und zum zweiten Mal stach das Gewehr ab! Schuss ins Blaue. Das konnte doch nicht wahr sein! Weg war der Hirsch, und nur der konnte doch die Schuld an diesem Missgeschick haben. War denn der auch noch kugelfest?

Blick vom Rabenstein in das Rappbodetal;
rechts die Blöße, auf der der »Wilde Rabe« sein Ende fand.

War ich zu aufgeregt gewesen? Nach mehr als dreißig Hirschen in meinem Schussbuch? Nein, es muss wohl doch der »Wilde Rabe« gewesen sein, der seinem Nimbus gerecht wurde! – Jetzt aber Schluss der Brunftvorstellung 1936, warten auf 1937.

Den ersten Schrei hörten wir am 13. September, fast das jedes Jahr zuständige Datum. Ich hatte nur Zeit für einen kurzen Hüttenaufenthalt. Nach kurzer Zwischenstation im Amt sah ich vermutlich meinen Hirsch am 22. September aus dem Rabenstein in die Bodewiesen ziehen. Nebel verhinderte weitere Aktionen. Am nächsten Morgen schrie er schon im Dunkeln im Einstand an der Hasselblöße, zog aber nur einmal kurz in Sicht, umrundete den Rabenstein und war nun im Steilhang unter den Felsen, unerreichbar. Am Abend kam er zu spät wieder auf die Blöße, um ihn noch ansprechen zu können. Der Stimme nach musste er es gewesen sein, aber: Gebranntes Kind scheut das Feuer! Der Hirsch war jedenfalls da, alle Chancen also wieder offen, für mich und für ihn. Immer wieder zum Rabenstein. Wenn die schöne Kulisse und der besondere Hirsch nicht gewesen wären, hätte es fast langweilig werden können. Es gab ja Hochsitze, auf denen man solche Spinnenjagd machen musste, wie ich sie gar nicht gern hatte. Hier war es immer schön, nie langweilig, immer sah und erlebte man etwas.

Eines Morgens pirschte ich den Fußweg zum Felsen durch die lückige Dickung. *Robert,* mein Läufer im Schachspiel um den Hirsch, kam etwas verspätet etwa 100 Meter hinter mir her und sah, wie ich an dem Hirsch buchstäblich vorbeilief. Zwar konnte ich ihn wohl schlecht sehen, er stand für mich ziemlich gedeckt, aber nur 15 Meter vom Fußweg entfernt und ließ mich ruhig so auf Tuchfühlung an sich vorbeimarschieren, drehte nur vorsichtig und langsam das Haupt, um mich nicht zu verlieren. Erst als ich um eine Wegebiegung verschwunden war, zog der Hirsch ganz ruhig den Hang hinunter in Deckung. *Robert* konnte das von seinem etwas erhöhten Standpunkt aus genau beobachten. Fast wie bei unserer ersten Begegnung benahm sich der Hirsch, und das »einfach so vom Fußweg aus schießen« – das hatte ich längst aufgegeben. Wann war ich das erste Mal mit ihm zusammengetroffen? Zwei Jahre war das her, und nun quälte ich mich in der dritten Brunft mit ihm ab. Und der sollte mich nicht genau kennen, mich nicht von einem harmlosen Spaziergänger unterscheiden können, wo er meine Spur zigmal morgens und abends im Dunkeln hatte bewinden können, meist zu einer Zeit, zu der Touristen noch oder schon in der Kneipe zu sitzen pflegen? Sehr zu meinem Kummer hatte sich der Hirsch im letzten Jahr auch schon mehr als in den Vorjahren über die Rappbode ins Rübeländer umgestellt. Wurde ich ihm verdächtig oder lästig? Warum soll man nicht mal versuchen, sich mit den Gedanken eines einem lieb gewordenen Hirsches zu beschäftigen? Dass der seine Erfahrungen sammeln und bis zu einem gewissen Grad auch auswerten konnte, das war für mich sicher. Oft, zu oft, im Dunkeln beim Verhören ließ er seine Trompetenstimme aus dem Nachbarrevier, den Langewiesen, erschallen. Die Möglichkeit des »über das Tal Schießens« war reserviert, ohne aber die Jagd dort zu sperren.

Am 29. September 1937 fiel dann in unserem zähen Ringen die Entscheidung. Endlich! Von der Rabensteinkanzel aus hörte ich ihn abends schreien und entdeckte ihn drüben im Rübeländer Hang, etwa 100 Meter über der Rappbodewiese, die er offensichtlich mit einem Alttier überqueren wollte, um wieder in den Rabenstein zu gelangen. Jetzt musste es einfach etwas werden! Schnell lief ich, in der Dickung gedeckt, den Hang hinunter ins Bodetal, bis ich ihn mir gegenüber wusste, und hörte. Einen Stand mit Ausblick fand ich schnell, und ich richtete mich zum Schuss ein: Der Bergstock vor mir eingestemmt, ich am Hang fest sitzend, der Hirsch auf 120 Meter – das konnte gar nicht schiefgehen. Da stand er faul und abgebrunftet mit seinem Alttier; ein kleines Kronenende konnte ich in der rechten Stange noch entdecken.

Langsam zog er eine Felsrippe herunter, war schon dicht vor der Wiese. Wenn er sie erreicht hätte, sollte es knallen. Trotz aller Spannung hatte ich wehmütige Gedanken: Drei Jahre hatte er mich zur Jagdzeit in Atem gehalten, wie oft war in Gesprächen sein Name gefallen, wie oft dieser im Hüttenbuch vermerkt? Jedes Jahr zur Brunft hatten wir eine gute Flasche, immer noch eine bessere, diesmal nun eine Flasche Sekt in die Quelle gestellt. Zweimal hatten wir sie zurücknehmen müssen, diesmal waren wir sicher, sie auch trinken zu können. Ich will es kurz machen: Wir konnten es auch – nur hatte nicht ich den Hirsch zur Strecke gebracht!

Plötzlich fuhr das Alttier herum, trollte wieder den Hang zurück. Ich erfasste am Wiesenrand in der Wegekurve eine Bewegung. Nein, das konnte doch wohl nicht wahr sein: Mit der Büchse im Anschlag machte der Förster *R.* aus Rübeland einige Schritte vorwärts-aufwärts.

Der Hirsch trollte gerade hinter seinem Tier her, war für mich nicht breit. Es knallte, und ich sah sofort: Das ist das Ende des »Wilden Raben«, und der war mir nicht bestimmt! So konnte man meine Dusseligkeit auch ansehen.

Natürlich hätte ich sofort rufen, schießen, mich bemerkbar machen können, aber ich war wie gelähmt, erstarrt vor dem Geschehen um »meinen« Hirsch! Der trollte schwerkrank noch 40 Meter weit, blieb schwankend stehen, äugte noch mal ins Tal und brach zusammen. Einmal hob er noch das Haupt, wie um Abschied zu nehmen vom Rabenstein. Aus, verendet!

Der Schütze hatte ihn nicht mehr sehen können. Ich sprang ohne Rücksicht auf das hohe Wasser durch die Rappbode und hatte die Stange meines »Wilden Raben« schon in der Hand, als der Erleger vorsichtig suchend den Hang heraufstieg. Schrecklich erschrocken war er natürlich, als er mich am Hirsch stehen sah. Was war zu sagen, was war zu machen? Ich überreichte den Bruch, wies die Selbstvorwürfe zurück, er war im Recht. Zufällig im Rappbodetal heraufpirschend, hatte er den Hirsch gehört, gesehen, angesprochen und geschossen. Er hatte schneller als ich gehandelt. Wir haben nicht viele Worte noch gewechselt. Zu erinnern glaube ich mich, dass ich wohl traurig, gleichzeitig aber zufrieden gewesen bin, am Ende meines Hirsches wenigstens als Zeuge beteiligt gewesen zu sein. Immer wieder musste ich ihn anfassen, fast möchte ich sagen »streicheln«. Es war doch mein Hirsch, der »Wilde Rabe«!

Meine Frau hatte allein auf einem Hochsitz gesessen, vor dem sich alles wie auf einer Bühne abspielte. Sie sah und erkannte den Hirsch, sah ihn nach dem Schuss zusammenbrechen, sah mich beim Hirsch erscheinen. Welch ein Stein fiel ihr vom Herzen! Vorm Verlassen des Hochsitzes konnte sie aber einen zweiten Forstbeamten erkennen – wir trugen damals Uniform! –, der am Hirsch stand, und dem ich den Bruch überreichte. Ein eisiger Schreck musste sie erfassen, aber dennoch kam sie heruntergestiegen, setzte sich wortlos neben mich und hat sich sehr tapfer gehalten.

Als R. sich dann anschickte, den Hirsch aufzubrechen, sind wir wieder durch die Bode gestiefelt, den Rabenstein hinauf, und am Jagdhaus hatten wir uns schon wieder etwas gefangen – soweit jedenfalls, dass wir die Flasche Sekt getrunken haben. Sie hätte besser schmecken können! Im Hüttenbuch vermerkte meine Frau: »Es war ein langer, dünner Hirsch«. Eine kleine Rache, die weder den Hirsch noch seinen Erleger treffen konnte.

Die nächsten Tage sah mich der Rabenstein nicht. Auch dieser Tatort liegt heute im Wasser der Talsperre. Nach einigen Wochen erhielt ich vom Förster R. ein erbetenes Foto des Hirsches, das mir dann noch einmal einen Stich versetzte: Ohne Bruch auf die linke Seite gelegt, nicht gestreckt, ohne jedes Grün auf dem Kopfsteinpflaster des Hofes liegend, das Geweih mit einer alten Feuerzange hochgestützt. Nein, so etwas! Ich habe das Foto dennoch ins Hüttenbuch eingeordnet.

Etwas aber hatte das jagdliche Erleben um den Hirsch, den »Wilden Raben«, doch unerwartet bewirkt: Ich konnte wahrnehmen, dass die *von Gagernschen* Jagdinhalte bei mir nicht so verschüttet waren, wie ich geglaubt hatte.

So blieb meine große Passion, der Frühanstand beim Haseneinlauf, ungetrübt und unentwertet erhalten. Die Jagd ging in meinen Jungjägerjahren am 1. Oktober auf, und da konnten die Hirsche schreien, soviel sie wollten: Ich ging auf den Hasen, am Morgen des 1. Oktober! Schon beim Anmarsch war ich so erregt, als gelte es, einen Tiger zu schießen, und doch handelte es sich nur um einen »Krautlöwen«! Es war aber auch zu aufregend. In der Dämmerung erschien das potentielle Opfer vom Waldrand aus auf dem Felde, mühsam mit dem Glase ausgemacht. Ob er mir wohl kommt? Sobald er weiterbockelte, war er meist wieder verschwunden, um dann urplötzlich, gerade so bei »Flintenlicht«, vor dem gut getarnten Stand zu erscheinen. Keine falsche Bewegung durfte man machen, der Wind musste so stetig sein, als gelte es einem Stück Rotwild, sonst war er in einem Husch im Busch. Und jenseits der Grenze musste ich sie natürlich meist auch noch schießen, denn auf dem schmalen Grenzweg klappte das meist nicht. Aber der Pächter war ja der schon vorgestellte Herr *Weber.* – Auch im Wildenhagen gab es einen Haseneinlauf, den ich während der Hirschbrunft natürlich wahrnahm. Der entsetzte Einwand meiner Jagdgäste, ich störe die Hirsche, ließ mich völlig kühl. Ich musste jedoch hier den Hasen erst ein Feldschutzgatter auf der Grenze durchkriechen lassen, hatte aber eine breite Schussbahn bis zur Dickung. Das war noch »Beute«! – Beute, die man nicht nur anfassen, sondern auch greifen, sogar wegtragen, mitnehmen konnte – nicht etwa im Rucksack, nein in der Hand, schön angehoben, damit der Boden nicht berührt, der Hase nicht darüber geschleift wurde! Im Stehenbleiben mal die weiche Wolle streicheln, sich über die schönen, gedeckten Farben freuen. Das war der auf dem Einlauf geschossene Hase, fast eine »Persönlichkeit«! Mal im Waldtreiben den einen oder anderen Hasen – ja schön, aber in der Kesselschlacht mir ein Graus, wenn auch einige Male zwangsvorgeführt mitgemacht. Ich habe mehr Rotwild als Hasen im Schussbuch – wesentlich mehr!

Ab und zu erwischte man auch mal einen Fuchs dabei, das war auch schön. Aber den Hasen konnte man essen! Das erhöhte für mich den Wert der Beute ganz beträchtlich, und nie habe ich Getier passioniert geschossen, das man nicht verspeisen konnte, Seehunde oder Murmeltiere zum Beispiel.

Natürlich war und blieb ich dem Rotwild verpflichtet, und so sah und sehe ich auch den Deutungsgehalt der Jagd hier und überhaupt einseitig durch die Brille des engagierten Rotwildjägers – eines Jägers, der verpflichtet war und bleibt, den ihm anvertrauten Rotwildbestand zu »bewirtschaften«. Ich weiß, es ist dies ein schlechtes Wort, aber es hat sich, wenn auch unter schmerzlicher Kritik, eingebürgert, trifft den Kern der Sache und sollte so von jedem Rotwildjäger verstanden werden. Es trennt auch mehr oder weniger vom Niederwildjäger, der, ohne ihn abwerten zu wollen, doch unter ganz anderen Aspekten der Jagdausübung steht. Rotwildbestände müssen heute bewirtschaftet werden, wobei die Schonung zur Arterhaltung nicht die Hauptaufgabe sein kann. Noch nicht!

Doch nun zurück zum Jahr 1936 in den Wildenhagen. Sechs Hirsche, zum Teil für damalige Verhältnisse starke, hatte ich in Feist- und Brunftzeit dieses Jahres selbst erlegt, fünf weitere hatten meine Jagdgäste in der gleichen Zeit im Wildenhagen zur Strecke gebracht. Elf Hirsche auf 450 ha: Zwei alte, sechs mittelalte und drei junge, alle mit Mängeln der Geweihbildung, gering bzw. schlecht entwickelt.

Bei aller Freude und Zufriedenheit am Erfolg, am gegebenen Beispiel, war ich aber zutiefst deprimiert über das Bild, das der Harzhirsch, der Hirsch meiner Heimat, bot. Wie es tatsächlich darum ausgesehen hat, schilderte ich anfangs dieses Abschnittes »...zu neuen Wegen«. Das Wissen um diesen Zustand im Gesamtharz, zumindest, was die Qualität betraf, zwang mich einfach zum Handeln. Dazu war mir jetzt das »Zeug«, d. h. die Anweisungsbefugnis, wenn auch nur auf einem Teilgebiet, in die Hand gegeben. Möglichst ohne Verzug musste eine Richtlinie für den Rotwildabschuss mit Gültigkeit für den Gesamtharz erarbeitet und für verbindlich erklärt werden mit dem Ziel: Verminderung des Bestandes vorrangig und Verbesserung der Geweihqualität.

In vielen nachdenklichen Stunden habe ich in und an der Hütte im Wildenhagen über Form und Inhalt einer solchen Richtlinie nachgedacht und kam zu dem Entschluss, ein bebildertes Merkblatt zu entwerfen, in dem etwa für die Altersstufen ein bis acht Jahre je acht Geweihe maßstabsgerecht im Foto gebracht und nach den Güteklassen »gute und normale« bzw. »geringe und schlechte« Geweihentwicklung gegenüber gestellt werden sollten. So musste ein einheitlicher Abschuss ermöglicht werden können.

Im Mai 1937 berief auf meinen Wunsch und Vorschlag Oberstjägermeister *Scherping*, Reichsjagdamt Berlin, eine Besprechung der für den Harz verantwortlichen Regierungsforst- und Gaujagdämter ein, nach dem im Frühjahr die erste gemeinsame Rotwildzählung im Harz durchgeführt worden war. Schnell stellte sich gelegentlich der Sitzung heraus, wie groß die Unterschiede in den Auffassungen waren, und niemand wollte auch die gerade durch das Reichsjagdgesetz erworbenen Kompetenzen wieder abgeben. Zudem musste ich mir allerhand anhören, wie »ein junger Mann ohne die nötigen Erfahrungen« u.a. Dass ich sicherlich von den Anwesenden die meisten Harzhirsche an der Wand hatte, nämlich über dreißig, die noch dazu ohne Ausnahme Abschusshirsche waren, das wollte ich und durfte ich wohl auch besser nicht verraten. Aber *Scherping* vertraute mir und gab mir »grünes Licht« für die Vorlage eines »Merkblattes für den Rotwildabschuss im Harz«, das dann vom Reichsjagdamt 1937 herausgegeben werden sollte. Zur Beachtung und zur Nivellierung des Misstrauens über die Grenze habe ich mich der Mitarbeit eines »Preußen« versichert, des mir zum Freund gewordenen Forstmeisters *Alfred Steinhoff*, Schulenberg. Gern erinnere ich mich der offenen Aussprachen im Wildenhagen und in Schulenberg. Rechtzeitig zum Aufgang der Jagd wurde das Merkblatt ohne Nennung meines Namens als Verfasser herausgegeben. Ich hielt dieses Zugeständnis für richtig und wichtig, aber es war symptomatisch für das immer noch bestehende grenzgebundene Misstrauen. Dieses Merkblatt war die erste bebilderte Abschussrichtlinie, die für einen geschlossenen Rotwildbiotop über Ländergrenzen hinweg Gültigkeit gehabt hat.

Ich meine, es wäre nicht nur interessant, sondern auch nützlich, einmal aus der Präambel zu zitieren, um Aufgabe und Ziel des geschaffenen »Rotwildgebiets Harz« zu dokumentieren: »Die im Frühjahr 1937 durchgeführten Wildzählungen im Harzgebiet haben ergeben, dass der Rotwildbestand des Harzes eine Höhe aufweist, die weder mit den Belangen der Landeskultur noch mit denen eines qualitativ hervorragenden Rotwildbestandes zu vereinbaren ist. Es ist daher in den nächsten Jahren ein erhöhter Abschuss an Rotwild im Harz als Wahlabschuss vorzunehmen, um den Rotwildbestand so zu regulieren, wie es vom jagdlichen und vom volkswirtschaftlichen Standpunkte aus erforderlich ist. Das gesteckte Ziel kann nur erreicht werden, wenn jeder Rotwildjäger des Harzes freudig und verantwortungsbewusst an dieser großen Aufgabe mitarbeitet. Um jedem Jäger auch die Möglichkeit zu geben, seine Pflicht zu tun, werden nachstehend die Richtlinien für den Rotwildabschuss, insbesondere den Hirschabschuss, wie sie einheitlich im ganzen Harzgebiet für Privat- und Staatsjagden Gültigkeit haben, bekanntgegeben.

Das Ziel der Hege ist die Schaffung eines verhältnismäßig kleinen, gesunden Rotwildbestandes mit stark- und langstangigen, endenfreudigen Kronenhirschen. Das Geschlechterverhältnis soll annähernd 1:1 betragen. Der Kahlwildabschuss hat sich daher zunächst auf die jeweils geringsten Stücke jeder Altersklasse zu erstrecken. Darüber hinaus muss auf den Abschuss vor allem auch älteren Kahlwildes (nicht führende Stücke bzw. Alttiere nach Abschuss der Kälber) besonderer Wert gelegt werden, damit endlich eine fühlbare Verminderung des Bestandes eintritt.

Der Hirschabschuss hat sich auf alle gering und schlecht entwickelten Hirsche zu erstrecken, also auf Hirsche, die den in der bebilderten Abschussanweisung auf den rechten Seiten dargestellten Entwicklungsstufen angehören. Doppelseitige Kronenhirsche sind grundsätzlich zu schonen, auch wenn sie die Höhe der Kraft bereits überschritten haben. Einseitige Kronenhirsche können freigegeben werden, wenn durch Vorlage mehrerer Abwürfe, nach Möglichkeit mindestens drei Abwürfe, festgestellt ist, dass von dem Hirsch eine doppelseitige Kronenbildung nicht mehr zu erwarten ist, oder wenn der Hirsch mindestens 10 Jahre alt ist. Der Beweis hierfür ist durch Vorlage des Geweihes mit vollem, am Schädel sitzenden Oberkiefer mit dazugehörigem Unterkiefer zu erbringen.«

Klingt alles noch durchaus aktuell, oder? Nach mehr als vierzig Jahren!

Die Abschusshirsche wurden zunächst unbegrenzt freigegeben, die Sperrung der doppelseitigen Kronenhirsche dauerte bis zum Jahre 1943 und hatte zur Folge, dass sich auf den Harzrotwildschauen nicht Jäger ihre Kronenhirsche ansehen konnten und mussten, denen die Grenzen nicht bekannt gewesen waren.

Wie viele Jäger des Harzes mögen damals wohl gemeint haben, dass dies Experiment, denn ein solches war es, mangels jeder Erfahrung über eine Abschussplanung auf so großer Fläche mit so vielen »gelöschten« Grenzen nicht gelingen, dass insbesondere der Hirschabschuss nicht oder nicht den Richtlinien entsprechend durchgeführt werden könnte? Aber es wurde ein Erfolg, wie er in ähnlicher Größenordnung noch nicht erzielt worden war! Er zeigte sich besonders auf der Geweihschau 1938 in der Stadthalle Goslar und in der Zusammenstellung der Ergebnisse.

Doch zuvor noch einige Zahlen, die ich seinerzeit noch nicht so kritisch betrachtet habe, wie ich das nach bitteren Erfahrungen später zu tun gezwungen wurde. Der Gesamtbestand wurde nach der üblichen Methode, der Zusammenstellung der an verschiedenen Tagen ermittelten Zählergebnisse, für das Frühjahr 1937 mit etwa 8000 Stück angegeben. Die für einen Tag bei Schneelage angeordnete Zählung ergab einen Bestand von insgesamt 9.700 Stück. Daraus errechnete ich mit Unsicherheit und Vorsicht einen Sommerbestand 1937 von 12.000 Stück unter Ansatz eines Zuwachses von 60% der Alt- und Schmaltiere! Um aber sicher zu gehen, dass eine Verminderung erreicht werden konnte, setzte ich den Gesamtabschuss auf das Doppelte des angenommenen Zuwachses, nämlich mit 5.160 Stück fest. Der normale Abschuss im Harz hatte in den Vorjahren bei 3.300 Stück gelegen. Aus dem berüchtigten »Harzer Fünftel« war eine Abschussquote von fast »einem Halben« geworden. Vermutlich habe ich mir damals schon das Attribut eines »Ausrotters« eingehandelt nicht zum letzten Mal, wie man noch sehen wird.

Erstmalig wurde bei meinen Planungen auch keine »Reserve« mehr gehalten für Verluste durch Wilderei und Fallwild; sie hatten bei der beabsichtigten starken Verminderung des Bestandes, zahlenmäßig betrachtet, auch wohl nicht mehr ein so zu beachtendes Gewicht. Die Wilderei war übrigens erheblich zurückgegangen und spielte nur noch an einigen Brennpunkten, die um Benneckenstein herum lagen, eine lästige Rolle. In den zwanziger Jahren, nach dem ersten Weltkrieg, musste man noch mit merklichen Verlusten rechnen, denn mancher Harzer Wilddieb hatte sich beim Zusammenbruch eine Waffe mit nach Haus gebracht. Ich weiß mich zu erinnern, dass damals allmonatlich in Benneckenstein eine Zusammenkunft der Unterharzer Forstamtsleiter preußischer und braunschweigischer Couleur stattfand, in der besonders über gezielte, gemeinsame Aktionen der Wildererbekämpfung beraten wurde.

»Wenn der Vollmond steht am Himmel
werden angespannt die Schimmel,
denn dann pflegt in Benneckenstein
Wilddiebskonferenz zu sein.«

So begann ein aus diesem Anlass verfasstes Gedicht. Natürlich konferierten nicht die Wilddiebe! Die Zusammenkunft hatte sich dann mehr und mehr zu einem Stammtisch mit Damenkränzchen entwickelt, und im Frühjahr brachte mancher Forstmeister wohl auch das im Vorjahr erbeutete Geweih mit, soweit es sich um einen »Jagdbaren« handelte. Vorläufer späterer Geweihschauen!

Eine der letzten großen und erfolgreichen Aktionen gegen das Wildererunwesen spielte sich noch 1932 im Zentrum um Benneckenstein ab. Die von drei Wilddieben nachweislich geschossenen Stück Rotwild wurden mit dreißig für die Zeit von Juni bis November 1932 angegeben! Mit der einsetzenden strengeren Bestrafung hörte die Wilderei aber bald auf oder ging auf ein durchaus tragbares Maß zurück. Wo Wild ist, gibt es auch Wilddiebe!

Diese Beschreibung der damaligen Planung soll genügen, um insbesondere darzulegen, dass unter dem Reichs Jagdgesetz ernstlich eine Verminderung der Rotwildbestände angestrebt worden ist. Leichtfertige Berichterstatter und Kritiker behaupten heute gern das Gegenteil. Wer weiß denn wohl heute noch, dass z.B. im Jahre 1926 in den Preußischen Staatsforsten weniger als 5000 Stück Rotwild, im Jahre 1936, also im ersten Jahr nach der Einführung einer Abschussplanung, 12300, im Jahre 1941 sogar 17.000 Stück Rotwild nicht nur auf dem Abschussplan gestanden haben, sondern auch zur Strecke gekommen sind? Wer weiß z.B. heute noch, dass vom Reichsjagdamt offiziell die Vergrößerung der Rotwildbestände für unerwünscht erklärt wurde, und dass unter dem Arbeitstitel »Jagdliche Raumordnung« in 100 staatlichen Forstämtern und in Teilen von 90 weiteren, in 9 Jagdkreisen und Teilen von 18 weiteren, außerdem in 500 Einzeljagdbezirken der völlige Rotwildabschuss angeordnet wurde? Wer weiß das noch, und wer will das heute noch wissen? Ich weiß es noch, war damals nicht nur Augenzeuge, sondern auch Mitgestalter, Referent im Reichsjagdamt und Sachbearbeiter für diese Planungen und habe die Fakten seinerzeit in »Wild und Hund« Jg. 1944, S. 26 ff., veröffentlicht!

Eine ganz andere Frage ist es, ob sich unter dem Gesetz die Rotwildbestände auch wirklich vermindert haben. Wo das nicht der Fall gewesen ist, lag das dann in der Regel an Anfangsschwierigkeiten, meist an der Unkenntnis vom tatsächlichen Bestand und vom Zuwachs, etwas später vielleicht auch schon an den Kriegsverhältnissen.

Der hohe Harz-Abschuss 1937/38 wurde zu 84%, einschließlich des Fallwildes zu 90% erfüllt, der Hirschabschuss zu über 80% bei nur 15% Fehlabschüssen. Ein Wort zu diesem Anteil: In der Jagdpresse wurde ich mehrfach kritisiert mit dem Einwand, ich könne doch keine Prozentzahl der Fehlabschüsse angeben, man wisse doch gar nicht, wie der nach Geweihmerkmalen ermittelte Hundertsatz biologisch zu bewerten sei. Richtig – nur haben meine Kritiker übersehen, dass sich die Fehlerprozente auf die Innehaltung der gegebenen Richtlinie beziehen und nur beziehen können! Doch das war des geringen Fehlerprozentes für mich nicht das Wichtigste. Wenn sich auch bei den Fehlern einer – ich betone: ein einziger – befand, der nicht ohne Folgen durchgelassen werden konnte, sollte nicht die Disziplin auf der Strecke bleiben, und ohne sie ging es nun einmal nicht!

Von etwa 130 Fehlabschüssen, die mit ihrer Kennzeichnung als solche in der Regel erledigt waren, zeigte sich ein Geweih als völlig aus dem Rahmen fallend: ein doppelseitiger Kronenhirsch, ein Zwölfer von für damalige Verhältnisse beachtlicher Stärke, unser Hegeziel – von einem hohen Regierungsforstbeamten erlegt, Träger des Goldenen Parteiabzeichens, vielleicht weiß heute noch jemand, was das bedeutete! Er hatte den Hirsch trotz Vorhaltungen des führenden Beamten absichtlich geschossen, um damit zu zeigen, wer seiner Meinung nach darüber bestimme, welche Hirsche erlegt, welche geschont werden sollten. Offen gab er zu, es handele sich nicht um einen Irrtum, sondern um seine bewusst getroffene Entscheidung. Das war aber denn doch ein Irrtum, denn er wurde versetzt an ein Regierungsforstamt ohne Rotwildvorkommen, also streng bestraft, zu streng vielleicht. Oft hatte ich in der Folgezeit darüber nachdenken müssen, und erst die mir gegenüber später gemachte Bemerkung des Betroffenen, dass mir wahrscheinlich viele private Harzjäger die Gefolgschaft verweigert hätten, wäre damals nicht so verfahren worden, gab mir die Gewissheit, richtig gehandelt zu haben, denn genau das wollte ich vermieden haben. – Diese Episode nur nebenbei, aber sie charakterisiert Stunde und Stimmung!

Wichtiger als das Fehlerprozent waren für mich die im Abschuss erreichten Anteile der Altersklassen. Immer wieder hatte ich in Vorträgen und Diskussionen darum geworben, den Anteil an jungen Hirschen möglichst hochzubringen. Auch in meiner Eröffnungsansprache der Rotwildschau 1938 wiederholte ich diese Forderung und führte aus: »Wir haben es nicht für durchführbar gehalten, die jüngeren Altersklassen mit dem Abschuss zu verschonen, und sind damit einer leider noch weit verbreiteten Ansicht entgegengetreten, die beim Hegeabschuss die jüngeren Altersklassen verschont wissen will mit der Begründung, man wisse nicht, wie diese jungen Hirsche veranlagt seien. Es kommt aber nicht darauf an zu wissen, wie ein junger Hirsch veranlagt ist, als vielmehr feststellen zu können, ob die Geweihentwicklung eines Hirsches hinter der normalen oder guten Geweihentwicklung zurückbleibt.«

Das war vor mehr als vier Jahrzehnten und das Gegenteil vom bisherigen Brauch, man erinnere sich an die Abschussregel meines bei dieser Ansprache anwesenden Vaters, und ihm wird sich vermutlich bei den »prophetischen« Worten seines Sprösslings der Magen umgedreht haben. Kreisjägermeister war er inzwischen geworden, aber ich muss gestehen, dass dies nicht gut war: Er entsprach meiner Bitte und trat zurück. Kaum jemand wird es gegeben haben, der erleichterter war als wir beide, höchstens meine Mutter, die unter den ständigen Spannungen sehr gelitten hatte. Ging ich z.B. aufs Blankenburger Schloss zur Besprechung irgendwelcher Abschussfragen, war ihre ständige Mahnung: Benimm dich anständig! Da war man nun schon so groß und doch noch so klein!

Doch zurück zum Altersklassenabschuss. Er war hervorragend, aber natürlich für die damalige Zeit noch ungewöhnlich:

Junge Hirsche	Mittelalte Hirsche	Alte Hirsche
1. – 5. Kopf	6. – 9. Kopf	10. Kopf und älter
69%	26%	5%

Eine solche Aufteilung bei fast 1400 ausgestellten Geweihen! Ein »epochales« Ergebnis, denn es war neu, absolut ungewöhnlich, dass bei einem Gebiet solchen Ausmaßes (200.000 ha) 2/3 des Hirschabschusses in die jüngsten Altersklassen gelegt wurden. Wenn man sich vorstellt, dass von den Hirschen des zweiten Kopfes 70% Spießer und Gabler waren, so hat man einen ungefähren Begriff, wie schlecht sich optisch diese Ausstellung bot. Man wird dann auch Verständnis haben für den »klassischen« Ausspruch, mit dem der »alte *Holldorf*«, Förster und bekannter Schweißhundführer, aus Mecklenburg angereist, sich mit seinem Sohn *Wilhelm*, auch Forstbeamter seines Zeichens, verabschiedete: »Lass uns diese Schreckenskammer verlassen!«

In der oben skizzierten Richtung wurde die Abschussplanung, dem Reichsjagdamt vorbehalten, auch für die Folgejahre von mir vorgenommen. Mit den dazugehörenden Werten von Zählung, Abschuss-Soll und -Ist möchte ich hier nicht langweilen, zumal sie, was die Zählung anbelangt, sicherlich nicht zutreffend gewesen sind. Diese Erfahrung habe ich nach späteren, bitteren »Lehrjahren« machen müssen! Da aber das Abschuss-Soll stets weit über dem allerdings auch zu gering veranschlagten Zuwachs gelegen hat, wird die Endabrechnung für das Jahr 1943 insofern noch einigermaßen wirklichkeitsnah gewesen sein, als sie eine fühlbare Verminderung wahrscheinlich machen konnte. Zumindest die Tendenz der jährlichen Zählungen ließ die Annahme einer solchen Entwicklung rechtfertigen, nur durfte man den absoluten Zahlen keine übertriebene Bedeutung beimessen.

Immerhin wurden in den Jahren 1937/38 bis 1943/44 im Gesamtharz 24.000 Stück Rotwild mit einem Hirschanteil von etwa 40% zur Strecke gebracht. Nicht vergessen soll man auch, dass die Kriegsjahre erhöhte Schwierigkeiten zur Folge gehabt haben. So konnte nur noch eine Geweihschau in Goslar im Jahre 1939 veranstaltet werden, die ein ähnliches Ergebnis wie im Vorjahr hatte. Der Fehleranteil bei den Hirschen ging auf 12% zurück.

Auch andere Aufgaben konnten nun nicht mehr in Angriff genommen bzw. durchgeführt werden, so die großzügig geplante Anlage von Äsungsflächen, wofür z.B. die Braunschweigische Landesforstverwaltung im Harz 3% der Holzbodenfläche zur Verfügung gestellt hatte.

Das Jahr 1937 brachte die Beteiligung des »Rotwildgebiets Harz« an der »Internationalen Jagdausstellung« mit einer »Lehr- und Hegeschau Harz«. Sie war in drei Abteilungen gegliedert und zeigte in der ersten den »Früheren Zustand«. Hier waren zunächst die Geweihe von fünf starken Hirschen aus früherer Zeit ausgestellt, unter anderen das Geweih des »Durchlaucht«, das des Zwanzigenders aus Wernigerode und der »Brockenhirsch« (1725 von Wölfen gerissen), dann eine Auswahl zu früh erlegter Kronenhirsche (8 Geweihe). In Abteilung II war das »Merkblatt für den Rotwildabschuss im Harz« mit sämtlichen Geweihen ausgestellt, und Abteilung III zeigte eine Anzahl von Abwurfstangen von Harzhirschen aus dem Frühjahr 1937. Das Merkblatt wurde in das Erinnerungswerk der Internationalen Jagdausstellung »Waidwerk der Welt« (Verlag Paul Parey, Berlin) übernommen, und damit wurde dem Harzhirsch erstmalig ein »neues Gesicht« gegeben. Er war nicht mehr der »ewig mickrige Harzachter«, sondern wurde als ein Hirsch betrachtet, der durch die für seinen Bestand in Angriff genommene Bewirtschaftung alle Aussicht haben müsste, wieder eine Rolle zu spielen!

Zu erwähnen bleibt noch, dass im Jahre 1943 die ersten Hirsche der Klasse Ia im Harz freigegeben wurden. Sechsundzwanzig waren es im Gesamtharz, von denen nur 17 zur Strecke gekommen sind. Diese zeigten Geweihstärken, wie sie zwar vereinzelt früher schon vorkamen, aber als Seltenheit und nicht mit mehr als einem Dutzend in einem einzigen Jahr. Im Erlass des Reichs Jägermeisters über den Rotwildabschuss heißt es zur Freigabe der Erntehirsche: »Die Freigabe dieser Hirsche soll grundsätzlich an Forstbeamte erfolgen, die sich forstlich und jagdlich besonders ausgezeichnet haben. Eine Zuteilung an Gäste erfolgt nicht.« Ich habe nichts gegen Gäste, aber ich war der Meinung, es sei schlecht zumutbar, wenn Beamte, die sechs Jahre nicht an die Hirsche der besten Klasse herankonnten, nun sozusagen als Zaungäste zusehen und dabei mitwirken sollten, dass Jagdgäste das ernteten, was die Forstbeamten im wesentlichen gesät hatten oder hatten säen müssen. Das wollte ich nicht, hatte mich auch die ganzen Jahre des Abschusses von Hirschen der Klasse Ia trotz bester Möglichkeit im Reichsjagdamt enthalten und wollte meine Mitarbeiter an der Basis nicht allein im Regen stehen lassen.

Unter den im Harz erlegten »Erntehirschen« waren drei besonders bemerkenswert: Der von Generalforstmeister *Alpers* erlegte Hirsch »Jochen«, der – das Geweih ging leider verloren – mit etwa 205 I.P. auch heute noch als einer der besten Harzhirsche gelten kann. Er war mindestens 12 Jahre alt, natürlich ein regelmäßiger Besucher einer

Fütterung, die mehr als 10 km von seinem im Forstamt Schulenberg liegenden Brunftplatz entfernt war, den er jedes Jahr wieder aufsuchte. Bei der Erlegung des Hirsches waren *H. Eyme* und ich Beobachter. Ich hatte es *Alpers* insofern etwas schwerer gemacht, als ich das Forstamt angewiesen hatte, keinen Hochsitz und keinen Pirschweg am Brunftplatz zu errichten bzw. anzulegen. Es war schon ein Ereignis, am gegenüberliegenden Hang dabei sein zu können, wie dieser Kapitalhirsch angepirscht wurde und beim Überfallen eines Weges in der Dickung, in der er einen Beihirsch trieb, in der Flucht die Kugel erhielt. Der Hirsch *war Alpers zu* gönnen, der ein passionierter, waidgerechter Jäger war, und der mir bei Bildung des »Rotwildgebietes Harz« manche politische Klippe aus dem Wege geräumt hatte.

Im gleichen Jahr fiel der nicht freigegebene »Wolfsberg-Zwölfer« auf der Feldjagd Hohegeiß, dessen Geweih es auf 193 I.P. bringt, und das im Rotwildarchiv aufbewahrt wird. Auch er war mindestens 12 Jahre alt.

Hirsch »Jochen«; Schulenberg 1943.

Im Jahre 1944 schoss dann Forstamtmann *Hörn* im Stadtforst Osterode den dort bekannten Hirsch »Pascha«, sicher auch über 12 Jahre alt und schon zurücksetzend, mit 185 I.P.

Es mag sein, dass 1944 und später noch der eine oder andere starke Hirsch zur Strecke gekommen ist, von denen ich wegen der Kriegs- und Nachkriegswirren nichts erfahren habe, und erst nach Jahren erhielt ich zum Beispiel Foto und Daten eines in den Wernigeroder Forsten 1944 in der Försterei Eckerkrug erlegten Hirsches, dessen Geweih über 7 kg gewogen haben soll.

Eine unvollkommene Bilanz, aber erste Anzeichen einer grundlegenden Änderung, die angestrebt war: Die Hirsche wurden älter, soweit sie Hegeziele waren, und es wurde gefüttert.

1945! Kriegsende, Zusammenbruch, das große »Aus«! Ich war Parteimitglied, einfaches Mitglied der NSDAP.

Es traf mich an der Ostfront, die damals schon in der Oberlausitz lag, und durch Flucht entging ich der Gefangenschaft. Tagsüber in irgendeiner Dickung eingeschoben schlafend, nachts marschierend, lernte ich die Länge des Erzgebirges kennen. Nach genau vier Wochen war ich am Ziel, zu Haus. Zwei Erlebnisse waren für mich von unvergesslicher Bedeutung, trotz meiner verzweifelten Lage, denn ich konnte mir ohne große Phantasie vorstellen, dass ich meinen Beruf verloren hatte. Etwa Mitte Mai 1945, wenige Tage nach Kapitulation und Zusammenbruch, beobachtete ich von meinem Tagesversteck aus, wie ein alter, bärtiger Förster in voller Uniform auf der Kultur die pflanzenden Frauen beaufsichtigte, als sei nichts geschehen. Nicht für mich, aber für die allgemeine Lage und die Zukunft schien mir das mehr als symbolisch zu sein! Dann schoss ich, es war am 25. Mai, aus Verpflegungsgründen mit einer in einer Försterei »gefundenen« Waffe einen starken Rehbock, dessen Gehörn hier an der Wand oft ein dankbarer Blick trifft. Er hat es verdient und war der einzige seiner Art, dem ich nicht zuerst ins Gehörn griff, sondern über Keule und Rücken. Aber aufgegeben habe ich deswegen das Gehörn nicht!

Einige kurze Worte über mein persönliches Schicksal bin ich wohl meinen Lesern, die mir über zwei Jahrzehnte gefolgt sind, schuldig. Ich war zu Haus, das war Bad Harzburg, wohin meine Frau mit fünf Kindern evakuiert war. Mein gesamter Besitz blieb in Berlin und war verloren. Zu Haus, in der Heimat, auch für meine Frau, die aus einem Harzer Forsthaus stammt. Die Heimat war der Harz! Immer habe ich das als ein besonderes Glück betrachtet, denn viele »Heimkehrer« kehrten nicht »heim«, teils aus geographisch-politischen, teils nur aus letzteren Gründen.

Schwer habe ich es natürlich gehabt: Für zehn Jahre Arbeit auf meinem Spezialgebiet, zuletzt im Reichsjagdamt, habe ich die gleiche Zeit, wieder zehn Jahre, berufsfremd arbeiten müssen, nachdem ich den mir liebenswürdigerweise vom Arbeitsamt angebotenen Posten, bei der Straßenreinigung mitzuarbeiten, höflich, aber bestimmt abgelehnt hatte. Meine Rückmeldung bei der Forstverwaltung wurde ebenso bestimmt, aber weniger höflich abgewiesen. Fünf Jahre noch zum »Umgewöhnen« bei der Schutzgemeinschaft Deutscher Wald, dann trug ich wieder den »grünen Rock«! Fünfzehn Jahre, die meinem Alter entsprechend die beruflich fruchtbarsten hätten sein sollen, waren zwar nicht vertan, aber für meine eigentliche Arbeit verloren. Dennoch ist die Bilanz meiner inneren Buchführung nicht so schlecht. Ich war nach Einsatz an drei Fronten, Frankreich, Afrika und Ostpreußen, heil zurückgekommen, war gesund, und die Pflicht, meine Familie durchzubringen, war eine Motivation. In einer Nacht- und Nebelaktion holte ich mir bald in einem nicht ungefährlichen Marsch aus dem Wildenhagen meine Büchse, den guten, alten Mannlicher, mit dem ich schon mein erstes Stück Rotwild vor 25 Jahren erlegt hatte. Mein früherer Pirschbezirk lag in der sogenannten »Ostzone«, mein Besuch erfolgte also inkognito! Warum ich mir die Büchse holte? Nicht nur, um sie wieder zu besitzen, was ja bei hoher Strafe verboten war. Nein, auch zur Aufbesserung der Ernährungslage, die zu der Zeit noch sehr schlecht war. Fünf Kinder hatte ich durchzubringen, Gehalt gab's vom Staat nicht mehr, und so musste ich alle vorhandenen schweren Bedenken und ernsten Hemmungen überwinden. Das war gewiss nicht leicht, schwerer jedenfalls, als man sich das heute vorstellt! So schoss ich, so lange es dringend nötig war, eine Ricke, einen Überläufer und zwei Hirsche! Unberechtigt, aber ich konnte es nicht Unrecht finden. Die Jagdhoheit hatte sowieso die Besatzungsmacht, und sie traf wohl auch der Verlust. Heldentaten habe ich damit nicht geleistet, und will ich hier nicht daraus machen, aber es war doch eine ganz andere Jagd als bisher – ursprünglicher: Beutemachen, Besitzergreifen! Diese beiden »schwarzgeschlachteten« Hirsche bestätigten mir durch eigenes Erleben, dass Rotwildjagd ohne Ansprechen heute keine Jagd mehr ist.

Und aus diesem Grunde erwähne und offenbare ich auch die wenig rühmliche Geschichte dieser »Speisehirsche«. Beutemachen reicht heute nicht mehr als alleinige Begründung der Jagd aus!

Beide Hirsche musste ich in der Dämmerung schießen, um sie und mich noch bergen bzw. in Deckung bringen zu können. Also morgens kurz vor der Dickung, besser noch abends möglichst in der Dickung. Den ersten schoss ich im Sommer 1947. Zwei Hirsche kamen morgens im Dämmern in die Dickung zurückgezogen, an deren Rande ich hinter einem Worrboden lag. Gerade konnte ich schon erkennen, dass es Hirsche waren; ganz geringe mussten es sein. Ich schoss am Steilhang auf den vermeintlich geringsten. Der stolperte schwerkrank den Hang herunter auf mich zu, stürzte in einen Bach, verfing sich mit dem Geweih hinter einer Wurzel und enthob mich so eines wohl noch nötig gewesenen Fangschusses: Er ertrank! Wenigstens lag er nicht allzu weit vor der Dickung, in die ich ihn noch vor Hellwerden hineinzog. Ich hatte »Schwein«, es war ein veritabler Abschusshirsch, ein ungerader Sechser vom zweiten Kopf. Hätte ich ihn ansprechen wollen oder sollen, wäre ich nicht zu Schuss gekommen!

Der zweite Hirsch fiel in der Brunft 1948. Bei strömendem Regen, der mich wieder vor Feindberührung schützte, saß ich mitten in einer großen Fichtendickung an einer Schneise, auf dem Boden natürlich. Jagdliche Anlagen, wie insbesondere Hochsitze und Pirschwege, waren ja für die anderen! Spät knörte ein Hirsch unweit von mir, kam fast im Dunkeln auf die Schneise, erhielt auf etwa 60 Schritte die Kugel und brach in Hörweite in der Dickung zusammen. Ja, das war schnell gegangen und musste schnell gehen. Nachgehend stand ich bald vor dem verendeten Hirsch. Au weih, es war ein vierjähriger, gerader Kronenzehner, beste Klasse, schon nach meinen Maschen gestrickt! Ein großer Jammer, der erste wirkliche Zukunftshirsch in meiner Sammlung! Das musste ja auch so kommen! – Über die Technik der weiteren Behandlung, um in Besitz und zeitlich gestreckten Genuss des Wildbrets zu kommen, möchte ich schweigen. Es ist dies auch nicht die Quintessenz der Erzählung, aber es gab einen anderen, ernsten Inhalt, einen bedenkenswerten Kern dieser Erlebnisse: Fragen musste ich mich, was wohl schon an Kunst dabei war, mit einer modernen Waffe einen Hirsch zu schießen, der nur einer war, weil er etwas Vermutbares auf dem Haupte trug? Ich hatte diese beiden

Hirsche nicht in meinem Sinne »erlegt«, ich hatte sie »totgeschossen«, Beute gemacht! Und dies Geschehen und seine Analyse hatten mich damals wie eine Befreiung getroffen und in mir für alle weitere Beschäftigung mit der Rotwildjagd fest geprägt: Wahlabschuss muss nicht nur des Wildes wegen, sondern mit gleichem Rang auch des Jägers wegen sein, sonst kann sie vor dem Menschenverständnis der heutigen Zeit nicht mehr als aus Tradition fortgeschriebenes deutsches Kulturgut bestehen! »Seitdem hat sich der Mensch in dem Maße, wie die Waffe immer wirksamer wurde, Beschränkungen gegenüber dem Tier auferlegt, um diesem seinen Spielraum zu lassen, um Wild und Jäger nicht in ein gar zu großes Missverhältnis zu bringen, wie wenn das Überschreiten einer gewissen Grenze in diesem Verhältnis den wesentlichen Charakter der Jagd zunichte machte und sie in bloße Tötung und Vernichtung ausarten ließe.« Das sagte ein Nicht Jäger, der aber ein großer Philosoph gewesen ist: *Ortega y Gasset.* Und weiter: »In der Jagd ist also ein ganz freier Verzicht des Menschen auf die Überlegenheit seines Menschentums enthalten.«

Ja, ich hatte diese beiden Hirsche »totgeschossen«! Eine kleine, hergesuchte und atavistische Entschuldigung fand sich aber doch: der Notstand. Und der allein macht die Sache für mich bei heutiger Betrachtung vielleicht gerade noch tragbar.

Den vorhergehenden Abschnitt »Auf alten Wechseln ...« beendete ich mit der Bemerkung, wir sollten uns mit dem Tätigkeitsbild des »hirschgerechten Jägers« noch einmal beschäftigen. Mir scheint hier die geeignete Stelle zu sein. Und ich betone noch einmal, dass ich die Sache einseitig durch die Brille des Rotwildjägers sehe und danach urteile. Dabei kann ich nicht ausschließen, dass dieser Betrachtungsweise andere Auslegungen gegenübergestellt werden, wie sich auch Zusammenhänge mit anderen Jagdarten finden lassen können.

Als Rotwildjäger spielen wir zwar eine besondere Rolle, sind optisch aber kaum die am meisten auffallenden Vertreter der heutigen Jagd, sind aber ohne Zweifel diejenigen, die am häufigsten kritisiert und angegriffen werden, und zwar oft oder fast immer von Leuten, denen wir als in der Regel naturverbundene Menschen von der Sache her eigentlich verbunden sein sollten. Wenn man so liest, was z.B. manche Ökologen, Biologen, Soziologen und Zoologen in vermeintlichen »Sternstunden« an massiven Angriffen gegen die Rotwildjäger vortragen, so kann man den Eindruck gewinnen, als ob diese »Logenanhänger« es darauf abgesehen haben zu beweisen, dass die Jagd auf Rotwild in ihren Händen am besten aufgehoben sei.

Eins vorweg: Ohne die Tätigkeit der Jäger könnte das Rotwild in unseren Breiten in den Artenschutzkatalog aufgenommen werden. Und so sollten wir daher einen festen Standpunkt beziehen, um uns als das zu verstehen, was wir sind, was wir sein wollen und sein sollen, um das auch Betrachtern der Jagd außerhalb unserer Kreise gleichgestimmt und gezielt verdeutlichen zu können.

Im jagdlichen Sprachgebrauch gibt es verschiedene Spezies von Jägern, auch von Rotwildjägern. Über allen und allem steht der Begriff des »waidgerechten Jägers«. Jeder Jäger weiß natürlich, was das ist, glaubt zumindest, es zu wissen, aber nicht jeder vermag den Inhalt des Begriffes zu definieren. Ich meine, »Waidgerechtigkeit« ist Fühlen und Handeln nach Grundsätzen, die nicht auf dem Papier stehen, sondern im Herzen festgeschrieben sind: Humanität, Verantwortungsbewusstsein, Anständigkeit – drei Inhalte menschlicher Verhaltensweisen, deren Beachtung gegenüber Wild und Jäger bei der Jagdausübung jeden Ausübenden zum waidgerechten Jäger machen kann, ganz gleich, was gejagt wird, ob er einem Kaninchen oder einem Hirsch gegenüber steht! Bei dieser Definition des Begriffes will es mir scheinen, als ob das »waidgerecht« als Indiz für die Beurteilung eines Jägerverhaltens gar nicht so wandelbar, fortschreitender Entwicklung unterworfen ist, wie es häufig versucht wird, glaubhaft zu machen, denn so alt ist der Begriff doch noch nicht. In der achtbändigen »Enzyklopädie der gesammten Forst- und Jagdwissenschaft«, letzter Band 1894, von *R. von Dombrowski* ist »waidgerecht« wie auch »weidgerecht« noch nicht aufgeführt. Auch finde ich es nicht in »Deutsche Waidmannssprache« von *E. von Dombrowski, 2.* Auflage 1897, und erst in »Kleines Jagdlexikon« von *A. Fritschi,* 1937, steht »Weidgerechtigkeit«, die »einen Menschen verlangt, der aus einem Inneren heraus eine weidmännische Gesinnung empfindet und diese dadurch zu Ausdruck bringt, dass er auf der Jagd dem Wild und überhaupt der Tierwelt gegenüber ein Herz hat und auch im Tier ein gleich daseinsberechtigtes Geschöpf sieht«. Auch *W. Frevert* in »Wörterbuch der Jägerei«, 1954, kennt »waidgerecht«, ohne das Wort überzeugend zu definieren, was auch nicht Aufgabe seines Büchleins war. Der Ausdruck »weidmännisch« wird meines Wissens erstmals offiziell gebraucht im Strafgesetzbuch von 1871, im Preußischen Jagdgesetz von 1909 noch nicht, und erst im Reichsjagdgesetz, 1934, und im daraus hervorgegangenen Bundesjagdgesetz, 1952, wird die Ausübung der Jagd nach »Grundsätzen der Waidgerechtigkeit« verlangt.

Es empfiehlt sich daher wohl, nicht leichtfertig mit der Anwendung des Begriffes »waidgerecht« umzugehen, insbesondere ihn nicht mit jagdlichen Verhaltensweisen aus früherer Zeit in Verbindung zu bringen. Die Aussage z.B., die man kürzlich (1981) in einer Jagdzeitschrift lesen musste, dass »unsere Großväter im Harz ganz unbekümmert aus dem Küchenfenster das schwache Kalb aus dem Fütterungsrudel schössen«, und die darin gefundene »Einsicht«, dass »Waidgerechtigkeit keine sittliche Maxime von Ewigkeitswert ist«, bedeutet für mich, und vielleicht nicht nur für mich, einen solchen unrechten Umgang mit einem Begriff, der, obwohl noch nicht einhundert Jahre allgemein gebräuchlich, dennoch als »Ewigkeitswert« gekennzeichnet wird. Und zur Sache: Ich hatte Großvater und Vater als Forstleute im Harz. Sie haben nicht »unbekümmert« aus dem Küchenfenster auf Rotwild geschossen, konnten das auch gar nicht, weil vor ihrem Küchenfenster keine Fütterung war, brauchten es vermutlich aber auch gar nicht, weil sie dafür Sorge trugen, dass das schwache Kalb schon vor der Fütterungsperiode geschossen wurde. Bequemlichkeit lässt sich schlecht mit »Waidgerechtigkeit« in Bezug bringen – einem Begriff, der damals noch nicht so geläufig gewesen ist, um jagdliche Handlungsweisen damit gültig charakterisieren zu können.

Anders zu beurteilen und zu verstehen ist die Bezeichnung »hirschgerecht«. Hunderte von Jahren alt ist dieser Begriff, von dem man meinen könnte, er sei außer Kurs. Aber sein Inhalt verlangt keineswegs ein starres Festhalten am Althergebrachten, er bleibt vielmehr fast zeitlos anwendbar. Und so ist es auch kein Zufall, dass sich diese Bezeichnung über Jahrhunderte bis heute nicht nur erhalten hat, sondern dass die seines Antipoden, des Federschützen, der sich vorwiegend dem Niederwild widmete, aus der jagdlichen, neuzeitlichen Nomenklatur verschwunden ist. Wer bezeichnet wohl heute noch den jagdlich besonders erfahrenen Niederwildjäger als »Federschützen«, wer nimmt aber heute nicht gern in Anspruch, als »hirschgerecht« zu gelten? Und doch waren beide Titel gleichwertig davon abhängig, dass ein Spezialgebiet der Jägerei vorschriftsmäßig erlernt und dementsprechend beherrscht wurde.

»Gerecht zeigt so viel an, als gut und in der Sache bewährt sein, oder dieselbe wohl verstehen«, heißt es bei *v. Heppe* vor mehr als zweihundert Jahren. »Hirschgerechter Jäger« sagt vor mehr als einhundert Jahren *G. L. Hartig*, übrigens ein im Harz, in Bad Harzburg, ausgebildeter, gelernter Jäger und später berühmter Forstwissenschaftler, im »Lexikon für Jagdfreunde«, 1836, »ist ein solcher, der die hohe Jagd vollkommen versteht, folglich auch die Hirschfährten genau anzusprechen und alle Arten von Jagd auf Hochwild einzurichten weiß«. Wenn man diese Begriffsbestimmung des hirschgerechten Jägers so übernehmen würde, so übernommen hätte, wie sie uns aus der Zeit ihrer ersten Interpretationen bekannt ist, dann wäre sie untergegangen wie die des Federschützen. Dass dem nicht so ist, findet seine Ursache im Wesen der deutschen Jagd, das keine Starre, keine Tradition um ihrer selbst willen kennt, das gewachsen ist aus Anfängen des primitiven Beutemachens aus Lebensnotwendigkeit und sich entwickelt hat zu einer »Aufgabe«, die nicht den Jäger allein angeht und ihn daher nicht allein stehen lässt, sondern auch zu einer ökologischen Aufgabe, die alle angeht! Vom »waidgerechten« Jäger erwarten wir eine bestimmte Auffassung, wie ich sie oben beschrieben habe, vom »hirschgerechten« Jäger verlangen wir ein bestimmtes Wissen und Können, »dass er seine Sache, die eine andere ist als vor hunderten von Jahren, wohl versteht«. Das ist der Unterschied!

Der hirschgerechte Jäger alter Schule war nach seiner eigenen Anschauung wohl ein »wissender« Jäger, kann aber nach unserer heutigen Betrachtung nur als ein nach Erkenntnissen »suchender« Jäger eingestuft werden, der mehr oder weniger aufging in einer Aufgabe des Augenblicks, der außerdem wenig oder gar nicht abhängig war von einem in der allgemeinen Kritik stehenden Verhältnis des Menschen zum Tier, der an einem Quell lebte, der ihm unerschöpflich und nur für ihn zu sprudeln schien.

Der hirschgerechte Jäger unserer Zeit ist kein suchender Jäger mehr, sondern ein wissender Betreuer der freilebenden Tierwelt, für ihn repräsentiert durch das Rotwild, der sich auseinanderzusetzen hat mit der Öffentlichkeit, der zu rechnen hat mit der völlig veränderten soziologischen Struktur seines Zeitalters, das in wenigen Jahrzehnten größere Veränderungen der Landschaft, ihrer Besiedlungsdichte und damit ihrer Eingliederung in und Inanspruchnahme durch das

Leben der Allgemeinheit hervorgebracht hat, als das früher Jahrhunderte vermochten. Und der überdies der Forderung unterliegt, ein »waidgerechter« Jäger zu sein!

Während der hirschgerechte Jäger von einst, um noch ein Beispiel zu nennen, in den 72 hirschgerechten Zeichen nach Erkenntnissen über die Lebensweise des Rotwildes suchte und auch in einem gewissen Grade zu finden vermochte, stehen dem hirschgerechten Jäger von heute alle Ergebnisse der Forschung, der biologischen und ökologischen in erster Linie, zur Verfügung. Während der hirschgerechte Jäger von einst meistens die große Strecke als Endziel seiner Tätigkeit ansah, hat sich das in der Jetztzeit fast ins Gegenteil verwandelt. Jener betreute »sein« Wild, dieser aber müht sich unter Opfern um »unser« Wild! Das scheint mir der wesentlichste Unterschied zu sein.

Bei keiner Wildart sehen wir wohl die Entwicklung und die sich danach ergebenden Erfordernisse nach Aufgaben und Auffassungen so deutlich, wie beim Rotwild. Die Zeiten und Auffassungen, in und nach denen es viel Wild und wenig Jäger gab, die Trophäe weniger, die Freude an der Gesellschaftsjagd mit zahlenmäßig großer Strecke mehr galt, sind vorbei. Heute haben sich Zeiten und Auffassungen gewandelt, in und nach denen es weniger Wild und viele Jäger gibt, die sich in einer anpassenden Entwicklung des Empfindens von der Bewertung der zahlenmäßigen Strecke einer solchen der Einzeljagd und des Einzelstückes und bei diesem gegebenenfalls auch der Trophäe zugewandt haben. Daran kann nicht gezweifelt werden, und mit einer solchen Entwicklung müssen wir rechnen, uns darauf einstellen und nicht etwa die Freude am erbeuteten Geweih als etwas Entartetes ansehen und hinstellen. Sie ist nun einmal logische Folge der grundsätzlichen Veränderung der Verhältnisse bei der Rotwildjagd, die mehr und mehr einen jagdlichen Höhepunkt bedeutet und bedeuten wird. Dabei erinnern wir uns natürlich daran, dass es Ende vorigen Jahrhunderts keineswegs selten und auffällig war, dass gute Jäger, die gewiss den Titel »hirschgerechte Jäger« verdienten, sich ohne viel Gedanken von selbsterbeuteten Trophäen trennten, vom Schießen von Basthirschen einmal ganz abgesehen. Man gab dem Geweih eben nicht die Bedeutung, die ihm allgemein vom heutigen hirschgerechten Jäger zugewiesen wird und zugewiesen werden muss. Mit »Trophäe« meine ich hier das »Geweih an der Wand«, ohne auf Funktion und Bedeutung einzugehen, die es am lebenden Hirsch zu erfüllen hat.

Ich will es mir ersparen, einen geschichtlichen Rückblick auf die Entwicklung von Sinn und Bedeutung der Trophäe zu geben, möchte nur daran erinnern, dass das Wort als »Siegeszeichen« übersetzt werden müsste, womit schon angedeutet ist, dass die Bezeichnung von vornherein zu Bedenken Veranlassung gibt. Doch das nur nebenbei, denn unsere heutige Einstellung ist das Entscheidende und Wichtige. Bewusst schalte ich Begriffe aus, wie Trophäensucht und Trophäenfimmel, die man öfters zu hören bekommt, ohne dass dahinter mehr steckt, als eine Übertragung aus dem Vokabular eines unkundigen Briefmarkensammlers. Worauf es ankommt, ist die Wertung der Trophäe für und durch den hirschgerechten Jäger unserer Zeit.

Und da kann man doch nur sagen, dass wir sie nicht streng und hoch genug werten können: Als Lohn, als Zeichen des Erfolges, als Erinnerung an ein jagdliches Erleben, als Dokumentation der Zugehörigkeit zur Zunft, schließlich als Einzelstück wie in der Sammlung als Beweis für die Arbeit an Erhaltung und Gesunderhaltung unserer Rotwildbestände. So bedarf es auch eigentlich keiner weiteren Erläuterung, dass der Wert steigt mit der Reife des erlegten Trägers, mit seiner Abschussnotwendigkeit, mit der Stärke des jagdlichen Erlebnisses etwa, um nur die wichtigsten Inhalte zu nennen. Dass der Wert auch sinken kann, etwa mit dem Grad des Zufalls, mit fehlendem oder nur geringem Einsatz an eigenem Können, ist nicht besonders zu betonen. Oder vielleicht auch – ich fasse ein heißes Eisen an – kann der wahre, innerlich spürbare Wert sinken mit steigendem DM-Wert, überhaupt mit steigender Möglichkeit der Angabe, des Vortäuschens einer Leistung, die gar nicht erbracht ist. Die höheren Klassen von »Cervus pecuniae«! Nicht die Regel, aber häufig!

Wie in vielen Lebensbereichen, gibt es natürlich auch oder gerade bei der Jagd Tatsachen und Verhaltensweisen, die man in meinen Definitionen nicht recht unterbringen kann, bei denen man nicht weiß, wie man sie in Bezug bringen will oder soll zur Wertung der Trophäe oder zu den Forderungen, die man an einen hirschgerechten Jäger stellen muss. Was könnte man zum Beispiel sagen, wenn von einem Gast, der auf einen geringen Abschusshirsch eingeladen ist, versehentlich, ganz gleich, durch wessen und welches Versehen, ein Spitzenhirsch höchster Qualität erlegt wird? Was bedeutet ihm die Trophäe an der Wand, insbesondere, wenn er allein davor steht? Was könnte man zu oder über einen Jäger sagen, der, als Ministergast auf einen

Hirsch eingeladen, im Gespräch erkennen lässt, dass er sich über den Inhalt der Einladung überhaupt nicht klar ist und glaubt, er solle einen Rehbock schießen? Ich kann oder möchte hier die Antwort nicht geben, weiß aber: Es gibt zu viele »totgeschossene« Hirsche!

Je mehr es ausartet, die Einzeljagd auf Rotwild, besonders den Hirsch, in Repräsentationspflichten, manchmal auch in Korruptionsunsitten einzubinden, je schwieriger wird es, Existenz und Aufgabe des hirschgerechten Jägers und damit die des allein berufenen Schützers unseres Rotwildes der Allgemeinheit überzeugend klarzumachen, wie auch Interessenten, die ich schon genannt habe!

Für das Rotwild und seine jagdliche Behandlung steht nun noch als schwerwiegendes, richtungweisendes Moment seit langer Zeit im Raum: Die Rücksichtnahme auf die Belange der Forstwirtschaft, auf die Wahrung unseres Waldes vor unerträglichen Schäden, die das Rotwild, aber nicht allein das Rotwild dadurch anrichtet, dass es gezwungen ist, nicht nur im, sondern vom Walde zu leben. Es ist in den letzten Jahrzehnten, ja, wie ich gezeigt habe, fast seit einem Jahrhundert so viel hierüber geschrieben, noch mehr geredet worden, dass es überflüssig erscheint, hier die Zusammenhänge noch ausführlich zu behandeln. Die mancherorts noch vorhandene Abhängigkeit der Forstwirtschaft vom Rotwild muss in eine umgekehrte verwandelt werden! Dazu muss der Forstmann, der ja ein »holzgerechter« sein will und auch heute noch sein muss, ebenso tätig und einfallsreich sein, wie der ihm auf Gedeih und Verderb verbundene Jäger. Fortschritte sind schon vielerorts spürbar, Anfänge sind überall gemacht, Rotwild hat auch schon Standorte verloren, aber mit »Ausrotten und Vernichten« ist nur das erreicht, was wir nicht erreichen dürfen, weil wir dazu nicht das Recht haben und es uns auch nicht nehmen dürfen!

Ich habe versucht, das Tätigkeitsbild, nicht etwa das Berufsbild, des hirschgerechten Jägers darzustellen und klarzulegen, dass menschliches, verantwortungsvolles und anständiges, kurz: »waidgerechtes«, Jagen, das vorausgesetzt werden muss, nicht ausreicht, unsere bedrohten Rotwildbestände vor dem Niedergang zu bewahren.

Schon anlässlich der »Deutschen Jagdausstellung München 1963« habe ich im Erinnerungswerk unter dem Titel »Rotwild« ausgeführt, dass die Herbeiführung der zulässigen Wilddichte, des richtigen Geschlechterverhältnisses und Altersklassenaufbaues Voraussetzung dafür sei, dass das Rotwildvorkommen der Bundesrepublik für die

Zukunft unter Betreuung durch die Jäger erhalten bleiben soll – Aufgaben des hirschgerechten Jägers! Das war vor zwanzig Jahren, nicht gerade prophetisch im klassischen Sinn, aber eine dokumentierte, frühzeitige Mahnung. »Wir sollten in großer Sorge um unser Rotwild sein!«, schloss ich meine Ausführungen. 1963!

Immerhin gibt es auch heute noch in Deutschland einen »Verein Hirschgerechter Jäger«. Ob der wohl wieder wachgeküsst werden kann?

Wenden wir uns nun wieder der Fährte des Harzhirsches zu: Meine jagdlichen Aktivitäten hatten sich zunächst auf »totgeschossenes« Wild beschränkt, und erst – oder schon, wie man es nimmt – im Jahre 1950 konnte ich wieder einen Hirsch zur Strecke bringen, erlegen, dessen Geweih ich schon auf einer Trophäenschau zeigen konnte und musste.

Im Sauerland, bei meinem Freunde *Franz Ewers,* der auch im Wildenhagen oft mein gern gesehener Gast gewesen war, im Küstelberger Revier, auf dem »Umkletterhochsitz« in den »Oberen Streitäckern«, Anfang der Brunft. Erzählten aus unseren gemeinsamen Erinnerungen, waren besonders guter Dinge in Erwartung eines lebhaften Brunftbetriebes in den kommenden Tagen, lachten ziemlich ungeniert, denn es war ein später, herrlicher Morgen. Das Gelächter nahm aber ein Hirsch übel, der unsichtbar für uns in der Buchenverjüngung vor uns saß und vermutlich schlafen wollte. Er wollte sich schnell entfernen. Das war töricht, denn er war ein Gabler, ein Abschusshirsch. Er kam nicht weit, ich konnte es noch! Die Gefühle, die ich, mit *Franz* am Hirsch stehend, hatte, kann ich nicht beschreiben. Meine Gedanken gingen in den Wildenhagen! Aber eine lustige Erinnerung: Als ich das bereits aufgesetzte Geweih von der Trophäenschau zurückerhielt, fand ich auf der Rückseite des Holzschildes eine Notiz: »Lüttj fängt man wieder an!« Ein mir unbekannter Spaßvogel hatte sie geschrieben, und er hatte recht! Er traute mir einen neuen Anfang zu.

Ich war mir nicht so sicher, dennoch trieb es mich, meine Arbeit am Harzer Rotwild wieder aufzunehmen, weiterzuführen. Dazu brauchte ich Hilfe, Mitarbeiter, Mitstreiter. Ein Zufall brachte mir diese Hilfe. In Ostpreußen hatte ich bei der Truppe *Wilhelm Holldorf* kennengelernt, jenen *Wilhelm Holldorf,* der mit seinem Vater 1938 die Harzrotwildschau in Goslar unter Protest verlassen hatte. Wir waren nur für Stunden zusammen, aber das musste wohl genügt haben, denn *Holldorf*, als Flüchtling in den Harz verschlagen, Oberförster, später Forstamtmann in Hohegeiß, forschte nach meinem Verbleib und hatte es nicht schwer, mich in Harzburg aufzuspüren.

Was im Harz während fast eines Jahrzehnts nach dem Zusammenbruch jagdlich geschah und geschehen war, entzog sich mehr oder weniger meiner Kenntnis; ich war ja nicht mehr »auf der Bühne«, nicht einmal mehr im Saal! Nur sehr gelegentlich konnte ich Einblick nehmen, und das verdanke ich in erster Linie *Wilhelm Holldorf*. Mit ihm führte ich die ersten Gespräche wegen eines neuen Zusammenschlusses der Jäger im Harz zu einem neuen Rotwildring. Der Anblick der »Schreckenskammer« in Goslar 1938 wirkte bei ihm noch so nachhaltig, dass er ernste Zweifel hatte, ob man überhaupt etwas Vernünftiges aus dem Harzhirsch machen könnte. Er dachte an seine Mecklenburger Hirsche, hatte auch den ersten Aufschwung während des Krieges nicht miterlebt, sah nur den traurigen Rest während der verlorenen Jagdhoheit. Er hat den letzten Erfolg nicht mehr erleben, hat aber noch einen starken Hirsch erlegen können, von dem er mir sagte, er hätte sich über solch ein Geweih auch in Mecklenburg gefreut! 1971, viel zu früh, starb er, während ich in Budapest die Welt-Jagdausstellung vorbereiten half. Ich freue mich, ihm hier ein Denkmal setzen zu können. Er war ein hirschgerechter Jäger!

Ja, die östlichen Hirsche hatten es vielen Forstbeamten angetan, die keine Harzer waren, wenig Interesse an unserer minderen Qualität hatten und schwer zur Mitarbeit zu ermuntern waren. Etwa 80% der früheren Harzer Forstbeamten saßen nicht mehr auf ihren Dienststellen – Kriegsfolgen, noch mehr Nachkriegsfolgen! Zutrauen zum Harzhirsch hatten die wenigsten nach hier Verschlagenen. Der gesamte Ostharz war außerdem für eine gemeinsame Arbeit verloren, etwa die Hälfte des »Rotwildgebiets Harz«.

Zwar blieb in der britischen Besatzungszone das Reichsjagdgesetz im wesentlichen in Kraft, und auch die Bildung des Landes Niedersachsen mit seiner Forstabteilung und gleichzeitiger Jagdbehörde in Hannover und Zuständigkeit für den Restharz waren für eine Neuentwicklung nicht ungünstig, aber bei der fehlenden Jagdhoheit konnte nur auf Sparflamme gekocht werden. Ein großes Problem war, wie man die bisherige Entwicklung im Rotwildgebiet Harz mit ihren zweifellos noch beachtlichen, nun wieder zerstörten Erfolgen vor dem

Vergessen bewahren bzw. neu zur Kenntnis würde bringen können. Erst nachdem die Vorarbeiten für ein Bundesjagdgesetz in Gang kamen, konnte man 1950 absehen, wann es wieder eine normale Steuerung des Jagdwesens geben würde. So habe ich dann im Jahre 1950 in der Jagdpresse (Wild und Hund, Verlag Paul Parey, 1950, Heft 19) einen Artikel »Rückschau auf den Harzrotwildabschuss 1937–1943« gebracht mit dem ausdrücklichen Ziel der Erinnerung und Neuorientierung. Aus den Schlusssätzen zitiere ich: »Man kann nur hoffen, dass die Harzer Jäger, einmal wieder in die Lage versetzt, jagdlich selbstständig zu handeln, aus den aus dem Harzrotwildabschuss gewonnenen Erkenntnissen die Folgerungen ziehen, um einen neuen Aufbau erreichen zu können. Wehe dem Harzer Rotwild, wenn dann der Jäger vergisst, dass es nicht nur sein Rotwildrevier, sondern nur das ›Rotwildgebiet Harz‹ gibt!« Das war deutlich, vielleicht für die damalige Zeit sehr deutlich. Im gleichen Jahr gelang es mir auch, das zu diesem Zweck überarbeitete »Merkblatt 1937« als »Richtlinie für den Rotwildabschuss, Rotwildgebiet Harz« als Erlass der Forstabteilung Hannover an die Harzforstämter und die Kreisjägermeister herausgehen zu lassen. Ein großer Schritt vorwärts war damit getan. Er verpflichtete zwar noch zu nichts, bedeutete aber eine erste, vielleicht nicht einmal von der Behörde gewollte Legitimation meiner früheren Arbeit.

Nachdem mit Wirkung vom 1. April 1953 das Bundesjagdgesetz als Rahmengesetz erlassen, dem das Niedersächsische Landesjagdgesetz gefolgt war, konnte offener für einen neuen »Rotwildring Harz« eingetreten und geworben werden. Die Forstmänner *W. Holldorf und H. Susebach* haben in dieser Hinsicht innerhalb der Forstbeamtenschaft des Harzes hervorragend gewirkt, so dass von dieser Basis aus sofort ein Zusammenschluss möglich gewesen wäre. Überraschend und zu meiner großen Enttäuschung stellte sich aber heraus, dass das Jagdreferat in Hannover eine völlig ablehnende Haltung einnahm. Ehe von hier eine solche Stellungnahme offiziell erfolgen konnte, mussten wir einen anderen Weg beschreiten, der zunächst die Forstverwaltung aus dem Spiel ließ – die Forstverwaltung, den größten Waldbesitzer im Harz! Es war absurd, aber es war so. Jetzt galt es, die Privatjäger des Harzes für unsere Gedanken zu erwärmen, was keine leichte Aufgabe war. Dieser hat sich aber Kreisjägermeister *Michaelis-Braun,* Goslar, mit erheblichem Einsatz und ebensolchem Geschick und Erfolg gewidmet. Er hat sich besonderen Dank verdient.

So konnten wir der Landesforstverwaltung ein Angebot machen, das vom damaligen Landesforstdirektor völlig zutreffend, seine bisherige Entscheidung aber auch aufhebend, als ein »Geschenk« gewertet wurde: Die Privatjäger wollten den Rotwildring! Es bedurfte noch eines gewissen Nachdruckes, den der Minister *von Kessel* erfreulicherweise gab, so dass es im August 1954 zur Gründungsversammlung in Goslar kommen konnte.

So ist das damals gelaufen, und es kann nicht falsch sein, sich einmal wieder daran zu erinnern. Noch ein Wort zur personellen Erstausstattung des Rotwildringes: Drei Vorstandsmitglieder kraft ihrer Ämter, nämlich Olfm. *Sommermeyer,* Lfm. *David* und Kreisjägermeister *Michaelis-Braun,* außerdem neun vom Vorstand ausgewählte Beiratsmitglieder, sechs Forstbeamte und drei Privatjäger. Durch Akklamation wurde ich zum Geschäftsführer ernannt. Alles völlig unbürokratisch; außer einer eigenen Schreibmaschine hatte ich kein Büro.

Noch vor der Gründung des Rotwildringes bat mich der DJV, die Rotwildschau der Internationalen Jagdausstellung Düsseldorf 1954 mit einer Harz-Sonderschau zu beschicken. So kam unsere Arbeit zum zweiten Male zu einer Dokumentation in großem Rahmen, wobei ich mit 30 Geweihen und einer Anzahl von Abwurfstangen die schlechte, die normale und die gute Geweihentwicklung darstellen konnte. In der allgemeinen Trophäenschau dieser Ausstellung spielte allerdings der Harzhirsch eine völlig untergeordnete Rolle; es kam nur ein Geweih in die Prämiierung, der schon erwähnte Hirsch »Pascha« mit 185 I.P. Sicherlich sind damals einige gute Geweihe, von Mitgliedern der Besatzungsmacht erbeutet, weder registriert noch gezeigt worden, und darüber hinaus ist es auch möglich, dass der eine oder andere starke Hirsch, dessen Erlegung vielleicht nicht ganz legal gewesen war, ebenfalls nicht nach Düsseldorf kam.

Euphorie? Hatte ich Grund zum »Wohlbefinden«? Ja, ich glaube doch: *Scherping,* mein alter Chef, inzwischen wieder Hauptgeschäftsführer des DJV, hatte sich meiner Künste erinnert, gab mir den Auftrag für zwei Sonderschauen in Düsseldorf: Harz und Hainberg.

Ich war wieder wer, wurde wieder gebraucht! Und nun noch Geschäftsführer vom Rotwildring Harz! Kaum jemand kann ermessen, was mir das bedeutete. Aus allen Wolken fiel ich, als ich in Düsseldorf einen Brief der Landesforstverwaltung Braunschweig erhielt. Ich mochte ihn gar nicht öffnen, denn misstrauisch war ich immer noch bei Schreiben von grünen Dienststellen. Aber dieses Mal winkte mir eitel Freude: Eine Einladung auf einen Hirsch der Klasse b, also einen nicht in der Stärke beschränkten Abschusshirsch, wie man das im »Bewirtschaftungsdeutsch« ausdrückte, im Forstamt Harzburg. Zwar hatte ich außer den beiden »Totgeschossenen« schon wieder zwei legal erlegt, aber das war in Österreich, waren Hirsche »anderswo«. Dort war ich seit 1950 Mitpächter eines großen Hochgebirgsreviers, hauptsächlich Gams. Nun aber wieder ein Hirsch im Harz! Meine Vorfreude war unbeschreiblich. Bis zum 31. Oktober lief die Düsseldorfer Ausstellung, dann konnte ich mich dem Hirsch widmen. Der zuständige Beamte in Harzburg wies mir im »Riefenbruch« einen Hochsitz an, auf dem ich ansitzen, und um den herum ich pirschen konnte.

3. November 1954, Hubertustag! Ich saß auf der »Sternkanzel«, hatte die Büchse, immer noch den guten, alten Mannlicher, frei vor mir stehen, hatte ihn offen auf der Schulter hierher getragen – fast nicht zu glauben – am Kreuzungspunkt mehrerer Schneisen; die gerade vor mir liegende stieg etwas an, um dann wieder abzufallen, links Fichtendickung, rechts Fichtenstangenort. Gegend und Umgebung waren mir unbekannt. Auf der besagten Schneise erschien noch bei gutem Büchsenlicht, von links kommend, ein Hirsch und äste sich am Dickungsrande, stand hinter dem Geländebruch; der untere Teil seiner Läufe war nicht zu sehen. Ein gerader Sechser, dritter oder vierter Kopf, kein mit meinen Maschen gestrickter, ein Abschusshirsch, ein geringer nur. Ich durfte ja etwas Besseres! Aber es war Hubertus, und ein schöner, stiller Abend. Was sollte es?

Der Hirsch äste auffallend lange an einer Stelle; was mochte er da wohl noch finden? Hubertustag! Das wäre ein schöner Auftakt, und so entschloss ich mich zum Schuss. Der Hirsch zeichnete gut, flüchtete aber vorwärts in die Stangen, kam in einer großen Volte zurück, um etwa am Anschuss in der Dickung zu verschwinden. Eine schlechte Wirkung der 7x57 H-Mantel, die ich aus einem neuen Lauf schoss. Da saß ich nun mit meinen Talenten, ohne Hund natürlich, und musste nun erst einmal eine Weile warten, ehe ich zum Anschuss gehen konnte. Während dieser Zeit fiel mir ein: Der »Verein Hirschmann« (Hannoversche Schweißhunde) veranstaltet seine diesjährige Hauptprüfung in Hahnenklee, gar nicht sehr weit von hier; heute war der Empfangsabend! Nun konnte mir ja nichts mehr passieren, doch glaubte ich eigentlich nicht so recht, dass ich noch Hilfe nötig haben würde. Zwar hatte ich von dem Hirsch nichts mehr gehört, kein Zusammenbrechen, aber er musste ja bald liegen. Nach etwa 15 Minuten also vorsichtig zum Anschuss auf der Schneise. Als ich dem Ort der Tat näher kam und über den kleinen Geländebuckel bis zum Anschuss sehen konnte, durchfuhr mich ein eisiger Schreck. Der Hirsch hatte auf dort ausgefahrenen Rübenblättern, für mich vom Hochsitz aus hinter der Höhe nicht sichtbar, gestanden und dort geäst. Was nun tun? Hierhin konnte ich doch wohl die hirschgerechten Schweißhundführer nicht holen! Erst einmal zum Anschuss. Mitten auf dem Rübenblatthaufen blinkte mir etwas entgegen: Ein Geschossmantelsplitter! Ja, die Kugel hatte der Hirsch, das wusste ich auch so, aber ich fand keinen Schweiß, auch am vermutlichen Einwechsel in die Dickung nicht. Sollte ich gleich in die Dickung kriechen und suchen? Nein, das ging nicht; ich hätte das ja, wenn ich nicht finden sollte, dem Schweißhundführer auch sagen müssen. Kam also nicht in Frage. Nun musste ich doch ein paarmal trocken runterschlucken, bis ich mich zur Fahrt nach Hahnenklee entschloss. Die Männer waren für jede Nachsuche dankbar, und so genau kannten sie auch *Vorreyer*, um meiner Darstellung Glauben zu schenken. Vom Hochsitz aus hätte man sich auch leicht überzeugen können, dass das Rübenblatt nicht zu sehen war, das im übrigen erst seit wenigen Tagen dort lag. Trotzdem, angenehm war die Sache für mich nicht. Mit Hallo wurde ich empfangen, alle kannten mich natürlich, und so wurde die Suche am nächsten Morgen verabredet. Ich war froh, als ich mein Geständnis los war, und niemand hat wohl angenommen, ich hätte bewusst den Hirsch auf den Rübenblättern geschossen.

Am nächsten Morgen erschien dann aber nicht etwa nur ein Schweißhundführer mit den Richtern, sondern eine ziemliche Korona von Prominenten hatte sich angeschlossen. Revierförster *Bergien* mit »Barth Heisecke« trat in Aktion, nachdem der Blatthaufen gebührend »beschmunzelt« war. Schnell zog der erfahrene Hund die Fährte an, arbeitete die Volte aus, Hund und Führer verschwanden in der Dickung – immer wieder ein spannender Moment! – »Hirsch tot« das Hornsignal nach wenigen Minuten! Noch etwa 80 m weit war er mit einem Kurzblattschuss gekommen.

Nun stand ich vor ihm, meine Frau mit mir. Sie allein wusste, warum mir wohl das Gesicht nass wurde, obwohl es gar nicht regnete. Nach zehn Jahren das »Hirsch tot« an einem legal erlegten Harzhirsch! Es war ein Abschusshirsch, in mehrfacher Hinsicht ein Jubiläumshirsch. Der erste wieder nach harten Jahren, am Hubertustag, der 70. Hirsch, den ich schoss, nachgesucht von einem unserer besten Schweißhundführer mit einem der erfolgreichsten Hunde.

Und die »Trophäe«? Ein geringes Sechsergeweih vom 4. Kopf. Die prominenten »Hirschmänner« standen herum; jeder wusste etwas zu sagen, die üblichen Reden am nachgesuchten und gefundenen Hirsch. Der erste Vorsitzende, Oberforstmeister *H. Wallmann:* »Na, konnten Sie denn keinen Besseren?« Der mochte wohl solche Frage stellen, hatte ich doch bei ihm im Forstamt Kurwien, Ostpreußen, Jahre zuvor meinen ersten Hirsch der Klasse Ia, meinen besten überhaupt, einen Achtzehnender mit 207 I.P., geschossen!

Sicherlich hätte ich »einen Besseren« wohl schießen können, wenn ich die Gelegenheit hätte abwarten wollen, aber dies Geweih, so gering es auch war, umfasste alle eben genannten Wertinhalte einer Trophäe. Ich wiederhole sie noch einmal: Lohn, Zeichen des Erfolges, Erinnerung, Dokumentation der Zunft, Belegstück für die Arbeit an der »Hege mit der Büchse«, dem Wahlabschuss!

Ein Sammelstück konnte es nicht wieder sein, denn alle Geweihe meiner Hirsche hatte ich in Berlin verloren, aber: »Lüttj fängt man wieder an.« An den Sauerländer Gabler und die zu ihm gemachte, empfehlende Bemerkung erinnerte ich mich bei dieser Situation.

Die Arbeit der Geschäftsstelle des Rotwildringes konnte als Ein-Mann-Betrieb noch nicht sehr sinnvoll sein, zumal mir als noch nicht wieder zur Verwaltung gehörendem Amateur wichtige Unterlagen für künftige Planungen nicht zur Verfügung standen. So waren die Möglichkeiten zur Überprüfung gemachter Angaben und der Zählergebnisse nicht gegeben. Insbesondere fehlte eine genaue oder auch nur annähernde Bilanz über das, was in der Besatzungszeit mit dem Rotwild im Harz tatsächlich passiert war. Die Nachrichten bewegten sich zwischen »fast vernichtet« und »völlig intakt«. In der Mitte wird die Wahrheit gelegen haben, und es wurde sehr bald klar, dass hinsichtlich des Wahlabschusses bei den Hirschen wohl ein Neuanfang, hinsichtlich des Gesamtabschusses die Innehaltung der alten Richtlinie einer starken Verminderung des Bestandes notwendig werden mussten.

Leider hat zeitweilig der Beirat des Vorstandes die von mir vorgebrachten Bestandeszahlen und die sich daraus ergebenden Abschussvorschläge als überhöht angezweifelt. Mit wenigen Ausnahmen führten die Mitglieder des Beirates an dieser Front einen zermürbenden

Kleinkrieg, der fast alljährlich mit einem um Hunderte von Stücken heruntergehandelten Abschuss-Soll endete. Im Verlauf der ersten fünf Jahre habe ich Vorstand und Beirat vorgerechnet und graphisch dargelegt, dass nach angegebenem Bestand und danach durchgeführtem Abschuss rechnerisch zweimal kein einziges Stück Rotwild im Harz mehr hätte leben dürfen! Es nützte nichts, gar nichts! Und noch heute klingt mir die vorwurfsvolle Frage eines damaligen Beiratssprechers im Ohr: »Woher nehmen Sie eigentlich den Mut, uns solche Zahlen zu nennen?« Ich war ein zweites Mal zum »Ausrotter« des Rotwildes gestempelt!

Und der Erfolg? Qualitativ schon bald sichtbar, quantitativ ein mühsamer Weg. Die Bestandeszählungen waren ebenso gewollt wie ungewollt falsch. Es war ein Trauerspiel!

Doch etwas Erfreuliches: Im Jahre 1954 erhielt ich vom Verlag Paul Parey in Hamburg die Anfrage, ob ich bereit sei, das Standardwerk *»Ferdinand von Raesfeld:* Das Rotwild« neu zu bearbeiten. Letzte, dritte Auflage vom Jahre 1920. Nicht sehr leichten Herzens habe ich zugesagt, weil ich wusste, dass das Werk nicht neu bearbeitet, sondern neu erarbeitet und geschrieben werden musste, äußerst gern jedoch deshalb, weil ich mir damit wieder einen der ersten Plätze in der Rotwildhege erringen konnte. Den *»Raesfeld«* habe ich an Kindes statt angenommen, und in ihm alles das niedergeschrieben, was ich bis dahin in fünfunddreißigjähriger Praxis von den Hirschen im Harz und anderswo und von den Jägern im Harz und anderswo gelernt hatte. Fünf eigene Auflagen sind bislang erschienen, und wer sich heute auf den *»Raesfeld«* bezieht, bezieht sich in der Regel auch auf den *»Vorreyer«*.

Als das Werk in der vierten, meiner ersten, Auflage in hervorragender Aufmachung und Ausstattung herauskam, war ich wieder »da«, war ein auch im Ausland gefragter Kenner des Rotwildes. Wer will es mir verdanken, dass ich nun bestrebt war, wieder den grünen Rock anziehen zu dürfen, den sieben Generationen vor mir schon im Staatsdienst des niedersächsischen Raumes getragen hatten? Das müssten auch wohl diejenigen einsehen, die sich seinerzeit darum bemüht haben, das zu verhindern mit einem Fleiß, der einer besseren Sache würdig gewesen wäre!

Ich denke an den ehemaligen Ministerpräsidenten *Hinrich Wilhelm Kopf* dankbar zurück, der in einem Verfahren klären ließ, dass die gegen mich vorgebrachten Zweifel keinerlei Berechtigung hatten.

So kam ich im August 1959 als Forstamtsleiter nach Oderhaus, wurde Forstmeister, Oberforstmeister – beides schon einmal geübt. Zwanzig bzw. fünfundzwanzig Kilometer Luftlinie vom Wildenhagen bzw. Klingenberg entfernt, beide aber praktisch fast nicht erreichbar. Aber die gleichen Hirsche mussten es doch wohl sein, und sie waren es auch! Sofort war ich wieder auf Tuchfühlung mit ihnen, schoss auch gleich zu Beginn der Andacht einen »verkehrten Hirsch«, einen jungen, ungeraden Kronenzehner. Mein mich begleitender Sohn *Jockel,* damals noch Schüler, sagte nur: »Roter Punkt, Vater, den nehmen wir gar nicht erst mit!« Natürlich hatte ich eine Entschuldigung, wer hätte die nicht, wenn ihm etwas jagdlich-menschliches zustößt?

Nach fast fünf Jahren »Ein-Mann-Betrieb« hatte ich nun wieder ein Büro und Mitarbeiter, an der Spitze den damaligen Oberförster *Harald Drechsler* und seine Gehilfin *Irmgard Breust.* Beiden gebührt nicht nur großes Lob, sondern auch ein ebensolcher Dank für ihre jahrelange, produktive Mitarbeit. *Drechsler,* inzwischen aus meinem Schatten herausgetreten, hat nun schon selbst einen Namen als Rotwildkenner, *Irmgard Breust* verstarb vor kurzem viel zu früh – ein Arbeitsteam, wie man es sich besser nicht wünschen kann, und dessen unermüdlicher, jederzeitiger Einsatz viel zu den Erfolgen beigetragen hat.

Zur »Deutschen Jagdausstellung, München 1963« erhielt ich vom DJV den Auftrag, das Thema »Rotwild« zu bearbeiten. Was lag näher, als Mitarbeiter, Material, Kenntnisse und Erfahrungen aus dem Harz zu nehmen? Zwei Abteilungen stellte ich aus, eine Lehr- und eine Trophäenschau. Schwerpunkt der ersteren war die Darstellung der Probleme um den Altersklassenaufbau. Dazu fertigten wir im Eigenbau ein elektrisch gesteuertes, automatisches Modell an, Größe etwa 2x4 m, das verschiedene Programme mit Tonband abspielte bzw. abspielen sollte und es auch schließlich tat. Sollte einer meiner Leser auf den Gedanken kommen, das Modell noch einmal nachzubauen, so kann ich nur raten: Hände weg! Es war, zumindest für mich, eine wahnsinnig entnervende Arbeit, und ich weiß nicht mehr, wie oft ich eine Flasche Sekt entkorkte, wenn es lief. Noch ehe wir, *Drechsler,* mein Fahrer *Helfers* und ich, das erste Glas getrunken hatten, lief es nicht mehr! Auch die Tonbandaufnahme machte erhebliche Schwierigkeiten. Wir waren ja blutige Laien, das Aufnahmegerät sicher auch nicht vom neuesten Stand, kein Studio, sondern alles im Büro aufgenommen. Mal platzte der Briefträger herein und hörbar dazwischen, mal stieß mitten in der zügigsten Aufnahme ein Praktikant, ein »Azubi«, auf dem Hof ins Plesshorn. Alles noch einmal von vorn! Doch während der Ausstellung in München sah man dem Modell, dem »elektrischen Klavier«, die vielen Mühen, Sorgen und Rückschläge nicht an. Es hat uns aber auch nicht im Stich gelassen und lief – meistens.

Mit *Drechsler* gemeinsam hatte ich auch eine Broschüre verfasst, »Mehr alte Hirsche«, denn darum ging es ja auch, die zur Verteilung kam. Das Wesentlichste des Altersklassenaufbaues, der Zusammenhänge mit dem Geschlechterverhältnis war in graphischen Beispielen, die dem Modell entsprachen, dargestellt. Die Rotwild-Lehrschau drehte sich also fast ausschließlich um den Altersklassenaufbau und -abschuss. Im Text der Programmschaltung wie auch im offiziellen Erinnerungswerk »Das Waidwerk in Deutschland«, Verlag Paul Parey, Hamburg, wurde eindringlich von mir darauf hingewiesen, dass Herbeiführung der zulässigen Wilddichte, des richtigen Geschlechterverhältnisses und Altersklassenaufbaues Voraussetzungen dafür seien – ich schrieb das wohl schon und wiederhole es hier –, dass »das Rotwildvorkommen in der Bundesrepublik für die Zukunft unter Betreuung durch die Jäger erhalten bleiben soll«.

Darstellung und Bekanntgabe dieser Grundsätze einer zeitgemäßen Bewirtschaftung unserer Rotwildbestände gaben Prof. Dr. *P. Junior* Veranlassung, die von mir empfohlenen Methoden im Rahmen einer geschlossenen mathematischen Theorie zum Ausdruck zu bringen. Er veröffentlichte sie in der »Zeitschrift für Jagdwissenschaft« 1966 und wies ihre Stichhaltigkeit zwingend nach.

So neu war im übrigen der Altersklassenabschuss nun auch wieder nicht, denn schon das Reichsjagdgesetz kannte und wollte eine Altersgruppeneinteilung im Abschussplan. Das war nur ein wenig zu unauffällig geraten, und so ist in einem von mir als Sachbearbeiter verfassten Erlass des Reichsjägermeisters vom 15. Februar 1939 folgendes erläutert: »Es unterliegt keinem Zweifel, dass so lange durch den Abschussplan nicht lediglich eine grobe Regelung der Wildbestände nach Zahl und Geschlecht angestrebt wird, sondern auch ihre Güte und die Zusammensetzung nach Altersstufen beeinflusst werden soll, eine Unterteilung nach jagdbaren und geringen Stücken beim männlichen Schalenwild erforderlich ist.« Und weiter wird gesagt, »... dass die Unterscheidung nach jagdbar und gering eine wenn auch nur grobe Altersgliederung des männlichen Wildbestandes bedeutet«.

Zugegeben: Heute hätte ich das etwas deutlicher und zwingender ausgedrückt, aber es war ja auch vor mehr als 40 Jahren, und schließlich ist noch kein Meister vom Himmel gefallen, und man, so auch ich, lernt ja immer noch etwas dazu!

Zurück zur Deutschen Jagdausstellung München 1963. Ich hoffe, dass diese Lehrschau nachdenkliche und Verantwortung tragende Jäger entsprechend beeinflusst hat, zumindest in Verbindung mit der Harzer Trophäenschau, und ich glaube, dass das in vielen Rotwildgebieten, die bewirtschaftet werden, fühlbar geworden ist.

Zur Lehrschau gehörte natürlich das übliche statistische Material, zu dem ich in Offenheit noch etwas sagen muss. Es gibt da so einen netten Spruch, ich las ihn mal, weiß nicht mehr wo, jedenfalls stammt er leider nicht von mir: »Trau' keiner Statistik, die du nicht selber gefälscht hast!« Es geht hier um die Darstellung der Wildstandsbewegung im Harz. Zwar haben weder ich noch *Drechsler* die Statistik manipuliert, aber sie war falsch, verfälscht durch die unzutreffenden Bestandesangaben, die uns alljährlich auf den Tisch gekommen sind, unter den wir sie besser gleich gefegt hätten. Während unsere graphische Darstellung auswies, dass eine Abnahme stattgefunden hätte, war dies nicht der Fall. Der Bestand war tatsächlich nicht kleiner geworden, um nicht »mehr« zu sagen! Einen entsprechenden Verdacht hatten wir zwar schon, und das zeigt sich aus den jährlichen Strecken, die ja die Planung widerspiegeln. Wir begannen 1954 mit einer Jahresstrecke von 1.140 Stück und endeten bei jährlich kontinuierlicher Steigerung mit fast der doppelten Stückzahl, nämlich 1963 mit 2.023 Stück! 16.300 Stück waren insgesamt zur Strecke gekommen! – Auf Gründe und Hintergründe dieses (Miss)Erfolges möchte ich hier noch nicht eingehen.

Und nun zur »Trophäenschau Harz«, die wirklich eine war, weil nur unsere Spitzengeweihe ausgestellt waren. Wenn auch selbstverständlich die Entwicklung des Harzhirsches mit der Ausstellung, d.h. mit dem Jahr 1963, nicht abgeschlossen war, so dokumentierte diese Schau doch in eklatanter Weise den durchschlagenden Erfolg der im Harz durchgeführten Maßnahmen. Und es ist wohl nicht überheblich, wenn ich sage: Den Erfolg meiner Arbeit, den meiner Mitarbeiter und den der zwar unter Ächzen und Stöhnen beigebrachten Arbeit der Harzer Jäger!

Dazu einige Zahlen und Daten: Aus dem Zeitraum von nur acht Jahren, von denen nur in den letzten vier »Erntehirsche« freigegeben

Oderhaus.

Harzrotwildschau in Goslar; 1962.

waren, stellten wir 67 Trophäen aus. Nur zwei stammten aus den Jahren der noch gesperrten Hirsche der Klasse Ia. Wir erhielten 67 Medaillen: 1 Gold, 29 Silber und 37 Bronze. Dieses Ergebnis sprach für sich selbst. Bei einem Flächenanteil am Rotwildvorkommen in Westdeutschland mit 2,5% erhielten wir fast 25% aller für Rothirsche vergebenen Auszeichnungen! Der Harzhirsch war wieder einer – ein Hirsch nämlich!

Ich vergesse nicht den als ungewollter Ohrenzeuge gehörten Ausspruch des Prof. Dr. *Lutz Heck,* der durch die Ausstellung gehend, laut zu seinem Begleiter sagte: »Hier gibt es zwei Wunder zu sehen: Den Harz und Stammham«, letzteres ein Gatterrevier des Hauses Wittelsbach. *Heck* konnte das zutreffend beurteilen, denn er hatte 30 Jahre zuvor als Gast oft im Harz gejagt.

Nach einem Jahrzehnt erhielt ich dann das Goldene Verdienstabzeichen des DJV »In Anerkennung seiner überragenden Verdienste auf dem Gebiet der Rotwildbewirtschaftung«, wie auf der Urkunde zu lesen ist. Also hatte sich das Harzer Rezept doch wohl auch bis oben hin durchgefressen! Auch eine späte Freude bleibt eine Freude!

Nun saß ich in Oderhaus, auf einem der schönsten Forstämter, die der Harz für einen Forstmann und Jäger zu vergeben hat, nach meinem Geschmack jedenfalls. Es waren herrliche Jahre, die mir für meine viele Arbeit und meinen Optimismus noch einige interessante Hirscherlebnisse schenkten, von denen ich jetzt erzählen will.

Zunächst erlegte der gute, alte *Hinrich Wilhelm Kopf* seinen stärksten und leider auch seinen letzten Hirsch in Oderhaus unter meiner Führung. Ich war gerade acht Wochen im Amt, kannte den Hirsch also nicht vom Vorjahr, woher auch, doch hatte ich bei unserem ersten Zusammentreffen beobachtet, dass er, gar nicht weit von einer häufig befahrenen Waldstraße, allerdings in Deckung stehend, flüchtig wurde, als ein Lkw unsichtig, aber geräuschvoll die Straße entlang fuhr. Der gehört hier also nicht her, dachte ich, merkwürdig nur, dass er noch im Bast ist! Zu dieser Zeit, als Kolbenhirsch, pflegen eigentlich alte Hirsche nicht weit zu wandern. Denkste! Als der Hirsch zur Strecke war, und in »Wild und Hund« ein Foto erschien, erhielt ich einen Anruf vom immer hilfreichen Beiratsmitglied, Oberförster *Bues,* der anfragte, ob ich an den Abwurfstangen des Hirsches interessiert sei, sie lägen in mehreren Jahrgängen vor. Na, und ob! Und wo hatte man sie alljährlich gefunden? Im Forstamt Bad Harzburg, an einer

Fütterung, 20 km Luftlinie entfernt. Was hat den Hirsch wohl zu der Wanderung nach Abwerfen und vermutlich während des Geweihwachstums veranlasst? Die Frage konnte ich mir nicht beantworten. War er vielleicht als Kalb in Oderhaus gesetzt, denn aus Harzburg mir nachgereist konnte er ja wohl schlecht sein? Erste Anregung für meine spätere Rotwildmarkierung im Harz.

Der Hirsch, ein ungerader Vierzehnender, war etwa 12 Jahre alt und wurde am 29. September, also in der Hochbrunft, erlegt, im Kirchberg, damals dem besten Brunftplatz im Oderhäuser Revier. Aber er war nicht der Platzhirsch, hatte auch kein Kahlwild bei sich, schrie jedoch andauernd voll heraus.

Wer war nun aber der »Chef« auf dem Kirchberg? Ein Hirsch, der nicht schreien konnte! Nur einen kurzen Laut, ein ziemlich leises Geräusch zwischen Niesen und Bellen, etwa 80 Schritt weit hörbar, gab er ab und zu von sich. Seinen Namen »Bellmann« übernahm ich von einem Hirsch, der mir aus dem Nachbarforstamt Wieda gemeldet worden war, der ähnliche Laute von sich geben sollte und daher diesen Namen erhalten hätte. Ungeklärt blieb, ob es sich um ein und denselben Hirsch gehandelt hat. Er war ein langstangiger, alter Zwölfer mit etwas auseinandergezogenen Kronen. Sehr interessant war es nun, diesen Hirsch und sein Verhalten beobachten zu können, denn er entzog sich zwei Jahre hintereinander unseren Nachstellungen. Im ersten Jahr, 1959, war die Sache noch nicht so ernst, da kam neben ihm doch der Vierzehnender in Frage, den der Ministerpräsident dann schoss, weil er ihm als erster Hirsch Schussgerecht gekommen war.

Am Vorabend dieses Tages hatte ich mit den beiden Hirschen folgendes Erlebnis: »Bellmann« nieste ab und zu in einer kleinen Dickung, der sein Brunftplatz, eine Frostlochpartie mit einer Äsungsfläche auf einer verbreiterten Schneise, vorgelagert war. Ringsum hörte und sah man fünf bis sechs stärkere Beihirsche, eigentlich etwas Ungewöhnliches auf diesem Brunftplatz. Es war ein ständiger Verkehr, denn die Beihirsche zogen respektlos in die Dickung, »Bellmanns« Einstand, da sie von dem Platzhirsch kaum etwas hörten und gar nichts sahen. Sie flogen sofort wieder aus der Dickung heraus, jedesmal nach einem kurzen Kampf, dem sie wohl gern ausgewichen wären, hätten sie sich besser über den genauen Standort des Hirsches orientieren können. Später zog dann der Platzhirsch mit seinem Rudel auf den Plan, verließ Deckung und Dickung, und sehr schnell respektierten die Beihirsche ihn wieder, waren weit weniger aufdringlich und gingen dem weithin sichtbaren »Bellmann« aus dem Wege. Da kam, ziemlich spät schon, mein Vierzehnender, schreiend ohne Wild eine Abteilungslinie herunter, die am Brunftplatz vorbeiführte. Ohne den leisesten Ton von sich zu geben, pirschte »Bellmann« sich förmlich an den voll schreienden Vierzehnender in der höheren Kultur heran, verhoffte hinter einer rauen Fichte, erwartete ihn und überfiel den ahnungslosen Nebenbuhler hinterrücks. Der hatte weder Zeit noch Gelegenheit, sich zum Kampf zu stellen, da war er schon über den Haufen gerannt und lag auf dem Rücken! Schon befürchtete ich das Schlimmste, als ein »Hirschebrüller«, mit Glas bewaffnet, die Linie arglos herunterkam, so dass die Hirsche sich trennen mussten. Gelegentlich ist die »Jagdtouristik« auch einmal etwas wert! Ich erreichte, dass der Ministerpräsident am nächsten Tag kam, um den Versuch zu machen, auf einen der beiden starken Hirsche zu Schuss zu kommen. Es war der Vierzehnender, gleich beim ersten Ansitz, als er, wieder ohne Wild, um den Brunftplatz herumgeisterte. Die Erlegung haben wir wirklich »zünftig« gefeiert und wussten nicht, dass es der letzte Hirsch, die letzte, große jagdliche Freude des »Landesvaters« sein sollte!

Er äußerte noch den Wunsch, sich 1960 auf »Bellmann« versuchen zu können. Abgemacht! Der Hirsch, an dem ich noch manche interessante Beobachtung machen konnte, war 1960 pünktlich zur Stelle. Er stand in der Feistzeit im Raum der Försterei Brunnenbach, wurde mir auch als ein langer Zwölfer gemeldet, doch versäumte ich es, ihn mir anzusehen, und so blieb er als »Bellmann« unerkannt. In der Brunft also wollten wir es versuchen. Schon beim Marsch zum ersten Ansitz musste ich jedoch feststellen, dass der Gesundheitszustand des Ministerpräsidenten sich gegenüber dem Vorjahr so verschlechtert hatte, dass an ein Pirschen nicht mehr zu denken war. Aber nur mit Ansitz waren die Aussichten, diesem alten Hirsch beizukommen, gering. Dennoch hätte er zu Schuss kommen können, und das kam so:

Eines Nachts verhörte ich auf der Waldstraße und stellte fest, dass der Hirsch diese überschritten hatte und im Kirchtal »nieste«. Frühzeitig ließ ich mich mit *H. W. Kopf* die Waldstraße entlang fahren, über den Wechsel hinweg, um unter Wind zu kommen, und wir bezogen im »Douglasienhorst« einen Erdsitz, der unweit der schon genannten, für uns unsichtbaren Äsungsfläche in der Dickung lag. Die Waldstraße konnten wir gut absehen, über die musste er kommen, und ich hatte mir schon einige markante Entfernungspunkte als Hilfen gemerkt: Links an der Straße eine Vogelbeere, rechts ein Verbotsschild »Kultur – Betreten verboten!« Alles ging nach Wunsch, der Hirsch »nieste« noch jenseits der Straße, es wurde hell, er musste kommen. Und er kam, ganz allein zu meiner Überraschung, überquerte die Waldstraße und verhoffte auf mein Mahnen in der Kultur. »Bitte schießen!«, meine leise, aber dringliche Aufforderung. »Wo ist denn der Hirsch?« Ich: »Rechts von der Straße steht er in der Kultur neben dem Verbotsschild.« *Kopf sah* ihn einfach nicht, und »Bellmann« wäre so einfach zu schießen gewesen! Ich noch einmal: »Bitte schießen!« *Kopf* stieß mich in die Seite und murmelte: »Vorreyer, da darf er doch gar nicht stehen, wenn da ein Verbotsschild ist!« Da war nichts zu machen, das Sehvermögen meines Jagdherrn, denn er war ja in der Tat nicht mein Gast, war schon zu schlecht für solche Experimente geworden. Er sah das selbst ein und verzichtete auf weitere Versuche! Waidgerecht, anständig. Den Hirsch hätte ich ihm noch gegönnt! Nun aber musste ich im kommenden Jahr wohl selbst mein Heil versuchen; ich hatte einen Hirsch der Klasse Ia frei, den ersten im Harz seit meiner Tätigkeit im Rotwildgebiet und Rotwildring.

Ich war voll auf »Bellmann« eingestellt, doch ersparte mir Oberförster *Heise,* Braunlage, alle zu erwartende Mühe. Er schoss den Hirsch als Unbekannten und seinen ihm freigegebenen Ia-Hirsch am 5. August 1961 im Forstamt Braunlage, kaum drei Kilometer vom Brunftplatz entfernt. Schade, den Hirsch, meinen alten Bekannten, hätte ich gern auf der Strecke gesehen, aber ich war bei den Hirschen in den Ardennen, und als ich zurückkam, konnte ich nur noch das Geweih in die Hand nehmen: 174 I.P., 150 kg Wildbretgewicht ohne Haupt! Leider konnte nun auch nicht mehr untersucht werden, ob der Hirsch vielleicht eine Forkelverletzung gehabt hatte, die seinen Schrei so behinderte. Das blieb das Geheimnis von »Bellmann«!

Da saß ich nun mit einem Scheck auf einen starken Hirsch nach meiner Wahl, Klasse Ia, erstmalig für mich im Harz, und wusste nicht, ob der Scheck wohl auch »gedeckt« war. Die beiden alten Platzhirsche vom Kirchberg waren ja schon zur Strecke. Wer würde diesen Brunftplatz einnehmen? Das war die große Frage.

Die Brunft 1961 begann, schritt fort. Mitte September war schon vorbei, immer noch nicht war der Brunftplatz von einem Hirsch nach meinem Geschmack besetzt. So saß ich eines Nachmittags ohne besondere Ab- und Aussichten auf dem »Zentralsitz« im Kirchberg. Frühzeitig machten die Hirsche ringsum ein ziemliches Spektakel; von den meisten kannte ich schon den »Personalausweis«. Da schrie ziemlich weit hinten am »Kapellenfleck« der »Heuler«, mir nun in der dritten Brunft, allerdings nur der wenig melodischen Stimme nach bekannt und benannt. Gesehen hatte ich ihn noch nicht, aber seit drei Jahren war er schon als Platzhirsch zu hören! Sein wenig melodischer Schrei war unverkennbar und gab ihm den Namen.

Von meinem Hochsitz übersah ich die Abteilungslinie und die Äsungsfläche, ehemaligen Brunftplatz von »Bellmann«. Dahinter, auf der Waldstraße, saß ein Waldbesucher, der sich wohl auch am Schreien der Hirsche erfreuen wollte. Um den »Heuler« anzugehen, musste ich an diesem Menschen vorbei, und das gefiel mir nicht. Ich blieb sitzen. Nach einer Weile erschien mein in der Nähe ansitzender Sohn *Jockel* – eigentlich heißt er *Fritz Jürgen* –, rappelte an der Hochsitzleiter und flüsterte mit Versucherstimme: »Vater, der Heuler schreit im Frostloch am Kapellenfleck, wollen wir da nicht mal ran?« Die Jugend will stets mit Gewalt, ich aber: »Och, eigentlich nicht, denn da sitzt son Kerl an der Waldstraße, der stört uns sicher«. *Jockel:* »Der Hirsch schreit so gut und so weit vorn am Frostloch, da müssen wir hin!« »Na schön, dann los.«

Ganz ungeniert liefen wir, es war noch voller Sonnenschein, die Abteilungslinie hinunter, überquerten den Bach, die Äsungsfläche, waren auf der Waldstraße. Da saß unser Konkurrent noch am Graben und schickte sich an, mit uns zu pirschen! Nur meine eindringlichen Beschwörungen, es würde gleich geschossen, veranlassten ihn zum Rückzug. Nun musste vorsichtig, aber zügig gepirscht, der Hirsch mitten in der Dickung angegangen werden. Er schrie andauernd; man wusste also, wo er war. Langsam, langsam, weil's pressiert, sagten wir in Belgien immer, und so standen wir schließlich auf der Brandlinie auf gleicher Höhe mit dem Hirsch. Nur kein Kahlwild auf den Schwung bringen! Ein etwa 30 m langer Pirschweg ging von der Brandlinie aus in die Dickung bis zu einem kleinen Erdsitz am Rande des Frostloches. Sollen wir, oder sollen wir nicht? Es war sehr riskant, dem Hirsch so nahe aufzurücken, doch wir unternahmen es, und kaum war ich – *Jockel* in meiner Spur – etwa 10 Meter auf dem Pirschweg in Richtung Erdsitz vorangekommen, als es schon passierte: Das Rudel stand unmittelbar am Sitz. Ich geriet sozusagen mitten dazwischen, und das Wild spritzte nach allen Seiten auseinander.

Da ich noch keine Sicht hatte, sprang ich vor, in den Sitz – da flüchtete der Hirsch auf etwa 80 Meter über die freie Fläche hinter einem Alttier her. Ansprechen, sehr schnell: Beiderseits ganz volle Kronen, gutes Geweih. Das genügte mir, zumal ich den Hirsch seit drei Jahren seinem charakteristischen Schrei nach kannte. Ich mahnte, zum Schuss fertig und entschlossen. Der Hirsch stand, äugte zurück, wurde breit und erhielt die Kugel hochblatt. Sie warf ihn schlagartig in den Abzugsgraben, auf dessen Böschung er verhofft hatte. Er war von der Bildfläche verschwunden. Ob ich mich gleich hinter dem Ohr gekratzt habe oder erst beim Hirsch, weiß ich nicht mehr zu sagen, am Hirsch tat ich es aber sicher sofort, denn wir waren schnell bei ihm, aus Sorge vor einem Krellschuss.

»Na, Jockel«, sagte ich. »Na, Vater«, sagte *Jockel.* Wir sahen es beide gleich und zugleich: Der Hirsch trug ein Geweih mit ungewöhnlichen Kronen, je sechs Enden beiderseits! Im ganzen aber war der Sechzehnender nicht etwa um ein weniges zu gering, sondern um ein geringes zu wenig stark! Das schien uns die passende Definition. Hell stand noch die Sonne am Himmel. Wir hatten den Hirsch auf die Grabenböschung gezogen, hockten auf der anderen Seite und freuten uns des aufregenden Erlebnisses, des guten Schusses, des starken Geweihes und ich wünschte mir, mein Vater hätte neben Sohn und Enkel sitzen sollen.

Er hätte sicher gesagt: »Nein, das gibt's doch nicht, das ist kein Harzhirsch, mit solchen Kronen!« Ja, die Kronen, die hatten es mir angetan und auch dem Hirsch, der ihretwegen mein Opfer geworden war! Mein Junge überreichte den Bruch. Er war mein Neunzigster und mein erster, doppelseitiger Kronenhirsch der Güteklasse Ia aus dem Harz!

Und dann sprach mich doch auf der Geweihschau ein auswärtiger Jäger an und sagte: »Tut mir aber sehr leid, dass Sie auf das so gute Geweih des Sechzehnenders einen ›Roten Punkt‹ erhalten haben, Sie als bekannter Rotwildjäger und gar Geschäftsführer des Rotwildringes!« – ganz voller Mitleid, als wäre mir Unrecht geschehen. Ich war ziemlich erschrocken über die wohlgemeinte Ansprache, denn sie eröffnete mir zum wiederholten Male, dass es immer noch Jäger gab, die den »Roten Punkt« als Diskriminierung und nicht als das ansehen, was er scin und bewirken sollte.

Der »Heuler«, Oderhaus 1961.

Vorbereitung der Int. Jagdausstellung München 1963: Links H. Drechsler, rechts F. Helfers.

Schon 1935 hatte ich diese Kennzeichnung in Braunschweig »kreiert«, aus der dann ohne mein Zutun die verordnete Handhabung für Pflichttrophäenschauen entstand.

Wir beschickten unsere Pflichttrophäenschauen damals vom Jagdgau und von der Landesforstverwaltung. Da kamen jeweils über 2.000 Geweihe bzw. Gehörne zusammen. Die konnte man doch nicht einfach nur aufhängen und ein mehr oder weniger zufriedenes Gesicht dazu machen! Die Jäger wollten und sollten doch wissen, was von ihrem durchgeführten Abschuss zu halten war. Sollte man über 1000 Jägern das Bewertungsergebnis einzeln »ins Ohr« flüstern, damit nur er es hören konnte? Das ging doch wohl schlecht, und der Lehrwert einer solchen jährlichen Bilanz – das ist jede Pflichtschau – wäre gleich Null gewesen. Was aber für ein Aufwand für Nichts. Deswegen kam ich auf den Gedanken – er lag sozusagen auf der Hand –, die einzelnen Geweihe bzw. Gehörne mit unterschiedlich farbigen Nummernschildern zu kennzeichnen.

Grün:	abschussnotwendig	= Güteklasse b
Rot:	zu schonen	= Güteklasse a

Ausgewertet wurde in erster Linie der Anteil der Fehlabschüsse – ich wiederhole: der Anteil – während eine individuelle Wertung nicht oder nur im Ausnahmefall vorgenommen wurde. Dagegen wurde in einem ziemlich komplizierten Verfahren ermittelt, welche Jäger besonders gute Hegeabschüsse getätigt hatten. Gute Einzeltrophäen wurden grundsätzlich nicht ausgezeichnet, sondern nur besonders gute Gesamtabschüsse aus einem Revier oder von einem einzelnen Jäger. Dabei wurden diesem die unter seiner Führung von Gästen erlegten Trophäenträger angerechnet.

Die Reviere waren in Schwierigkeitsklassen mit unterschiedlichen Bewertungsfaktoren eingeteilt. Es konnten ein Jäger, der nur einen, wie ein solcher, der mehrere Hegeabschüsse getätigt hatten, gleichrangig ausgezeichnet werden. So wurden zum Beispiel auf der Trophäenschau 1936 in Braunschweig für die Staatsforsten beim Rotwild 13 Medaillen vergeben, außerdem als besondere Anerkennung ein Hegebecher und acht Ferngläser! Ein ähnliches Prinzip fand für die Reviere des Jagdgaues Anwendung.

So waren und sind dies das Original-Rezept und die Original-Anwendung der Kennzeichnung der Trophäen auf den Pflichtschauen! Und bisher haben wir im Harz noch keinen Spitzenhirsch der

Klasse Ia auf einer Jahres-Geweihschau des Rotwildrings besonders ausgezeichnet oder gar prämiiert. Im Katalog wird er nur als solcher erwähnt, und sein Geweih ziert als Zeichnung den Umschlag. Sehr häufig ist ein solcher Hirsch auch von einem Minister oder von einem seiner Gäste erlegt, und beide haben leider nicht immer Gelegenheit gehabt, sich praktisch um das Zustandekommen eines Spitzenhirsches verdient zu machen! So ist das wohl in der Regel. Wir vergeben daher nur Medaillen des »Vereins Hirschgerechte Jäger« für gute Gesamtabschüsse der Reviere, wobei der Erfüllung des Kahlwildabschusses eine berücksichtigende Bedeutung zukommt.

Eine Bewertungskommission stellt die Unterlagen zusammen und beurteilt auch die einzelnen Geweihe nach Alter und Güteklasse. Schwierigkeiten hat es in Jahrzehnten nicht gegeben.

Grün: Güteklasse b; Rot: Güteklasse a.

Und so wird klar, warum mein Sechzehnender eine rote Nummer hatte, die aber am Geweih und im Katalog den Zusatz erhielt: »Freigegeben«, denn ein Hirsch der Klasse a war er ja doch! Dass der »Heuler« noch ein Jahr zu jung war, wurde natürlich auch festgestellt, konnte auch jeder sehen, denn das Geweih hing in der Altersstufe »Neun«. Da stand es schwarz auf weiß – nur am Hirsch hatte es nicht gestanden. Das ist eben Jagd!

So gesehen habe ich auch kein Verständnis, wenn heute noch, fast ein halbes Jahrhundert nach Einführung der Kennzeichnung, von einem »würdelosen roten Punkt« geredet oder gar geschrieben wird. Wenn das zuträfe, müsste man sich doch erst einmal fragen, aus welchem Grund sich das Verfahren so lange gehalten hat, und ob die Jäger so töricht sind, sich das so lange gefallen zu lassen! Wahrscheinlicher ist doch, dass die Mehrzahl der Jäger eingesehen hat, dass eine Pflichtschau eine bewertete, jährliche Bilanz darstellt, die notwendig ist. Jeder möchte ja auch gern sehen, was beim Nachbarn geschehen ist!

Ich erinnere auch daran, dass ich im Verlauf der häufigen Auseinandersetzungen mit der Frage: »Fort mit dem roten Punkt« schon 1965 in einer Jagdzeitschrift geschrieben habe: »Ich wäre einverstanden für den Fall, in dem die Jäger – mangels Aufklärung! – im roten Punkt eine Diffamierung und nicht den Lehrwert sehen.« Diese Aufklärung scheint doch wohl mit geringen Einschränkungen gelungen zu sein, anderenfalls gehörte der »rote Punkt« oder wie man auch immer die Kennzeichnung einer Bewertung nennen oder wählen mag, doch längst der Vergangenheit an. Den Lehrwert einer Pflichtschau kann man nur erhalten, wenn man die Wahrheit sagt, auf eine Kennzeichnung der Bewertung also nicht verzichtet.

Manchmal habe ich auch gefunden, dass besonders Jäger, die sich in Verkennung der wirklichen Möglichkeiten für unfehlbar halten, »rot sehen«, wenn das an ihren eigenen Trophäen möglich ist, doch muss ich eine Einschränkung machen: Irren ist menschlich! Und sicher gibt es Beurteiler, die von dieser menschlichen Eigenschaft gelegentlich Gebrauch machen. Wird das zur Regel, so kann man das vielleicht damit erklären, dass auch diejenigen, die besten Willens sind, oft nicht unbedingt die besten Kenntnisse haben müssen. Aber wir leben in einer demokratischen Ordnung, man könnte solche »Funktionäre« doch abwählen – oder?

Natürlich ist es wichtiger zu wissen, was an Wild, besonders auch an Trophäenträgern, im Revier steht als zu kennen, was an der Wand hängt, aber bei »Bewirtschaftung« z. B. des Rotwildes ist es wohl auch nicht unwichtig zu zeigen und bekanntzumachen, was man »vom Lager« genommen hat.

Nach diesem Ausflug kehre ich wieder in den Harz, nach Oderhaus, zurück.

Unsere Abschussrichtlinien waren Anfang der sechziger Jahre so vereinfacht, dass man sie auf einer Postkarte hätte unterbringen können, aber der verteufelte Perfektionismus veranlasste mich, noch ein kleines, gelbes Merkblatt für den Taschengebrauch herauszugeben, worauf ich prompt von meinem Forstamtsnachbarn, Oberforstmeister Dr. *Conrad Hampe,* Wieda, entsprechend »auf die Hörner genommen« wurde. Ich möchte diese Kritik meinen Lesern nicht vorenthalten, zumal ich mich selbst als Betroffener sehr darüber amüsiert habe:

Tragödie in Ib

Auf dass der Abschuss besser werde,
hat eine löbliche Behörde
ein gelbes (!) Heft uns dediziert,
das jedermann nun bei sich führt.
Trägt man's am Busen still geborgen,
ist man enthoben aller Sorgen,

denn es beweiset messerscharf,
wie ein Ib-Hirsch ausseh'n darf.

Gottlob! – Nun endlich scheint's soweit!
Auf einer Schneise – krötenbreit –
im allerschönsten Sonnenlicht,
als gäb' es böse Jäger nicht:
ein Zwölfer! Stangen kurz und dick!
Ib-Hirsch auf den ersten Blick!

Schon liegt die Büchse an der Wange,
jedoch – auf einmal wird dir bange!
Auf einmal ist der Zweifel da:
Ist dieser Hirsch nicht doch Ia?
Ein Zwölfer? Gott, wie war das doch?
Hat dein Gedächtnis denn ein Loch?
Schnell in der Tasche nachgegraben:
Wie viele Pfund darf er doch haben?
Richtig! Da steht's: Nicht mehr als neun,
doch muss er dann zwölf Jahre sein!

Noch einmal greifst du schnell zum Glase,
jedoch der Kopf steckt tief im Grase,
und kannst du so halb spitz von hinten
für's Alter keine Zeichen finden!
Schon flattern dir die Hände bös'!
Wirst du am Ende gar nervös?
Doch jetzt – gottlob! s' wird höchste Zeit!
Nun steht er endlich wieder breit!
Neun Pfund? Die Stangen sind nicht lang,
jedoch recht knuffig (Gott sei Dank!),
doch das Gewicht genau zu sagen,
wer in der Welt kann so was wagen?
Und hast du trotzdem ihn befunkt,
droht fürchterlich ein roter Punkt!

Gottlob! – Auf einmal fällt dir ein,
das könnte doch der Zwölfer sein,

von dem du auf der Stangenschau
den Abwurf dir besehn genau,
gezeichnet auch und auch gewogen!
Sieh da! Dein Kopf hat nicht getrogen:
Im Büchlein, das du mitgeführt,
ist alles säuberlich notiert!

Schon schwillt dir sieggewiss der Kamm:
Der Abwurf wog dreitausend Gramm,
und hast du, wie es sich gebührt,
ein Kilo für den Kopf addiert,
so bleibt – das ist dir um so lieber –,
genug noch für den Zuwachs über!

Der Hirsch, so lang' auch dieses dauert,
steht immer noch wie angemauert.
Schon hast du fröhlich angefangen,
zur Büchse wiederum zu langen,
da fällt dir schwer auf deine Seele,
ob auch der Hirsch zwölf Jahre zähle?
Betrübt setzt du die Büchse nieder,
und greifst nach deinem Glase wieder.
Du guckst genau und noch genauer,
doch wirst du darum doch nicht schlauer,
denn was auf dem Geburtsschein steht,
er dir deshalb doch nicht verrät!
Doch eine Hoffnung siehst du blitzen:
Du greifst erneut zu den Notizen!
Doch schwarz auf weiß steht da – wie peinlich
dass er zehn Jahre nur wahrscheinlich!

Dein Herz geht schon wie Trommelfeuer!
Dem Hirsche scheint das nicht geheuer,
und unentwegt und spitz von vorn
nimmt er dich pausenlos aufs Korn!
Endlos verstreichen die Minuten,
die Nase fängt dir an zu bluten,
die Kanzel wankt und zittert leise,

der Schwindel dreht mit dir im Kreise!
Doch endlich, endlich ist's vorüber:
Er hat genug und äst nun lieber!

Erschöpft sinkst du in eine Ecke!
Fast hattest du ihn schon zur Strecke,
jedoch: Vorbei ist nun vorbei,
und alles ist dir einerlei!
Doch halt! Noch siehst du Hoffnung ranken
bei einem rettenden Gedanken:
Das gelbe Heft! Mit Fieberhänden
fängst du die Blätter an zu wenden:
Und siehe da, da steht geschrieben
bei Ziffer sechs auf Seite sieben,
dass er achtjährig fällig sei,
wenn nur drei Kilo das Geweih!

Doch ach, die Freude schwindet bald!
Gewiss: Zehn Jahre ist er alt,
jedoch vom Kopfschmuck das Gewicht
unter drei Kilo ist es nicht!
Gewogen und genau notiert!
Ach, hälfst du doch nicht Buch geführt!

Gedankenlos stierst du ins Weite,
die Nerven sind dir völlig pleite!
Ob fort der Hirsch, ob da er sei,
das ist dir gänzlich einerlei!
Mechanisch nimmst das Glas du hoch.
Der Hirsch? Gewiss da steht er noch,
äst friedlich da im Abendlicht grad',
als betraf ihn alles nicht!

Da bleibt dein Blick fast aus Versehen
mit eins an einer Krone stehen.
Was ist denn das? – Siehst du es recht?
Ein Ende ist erbärmlich schlecht!

Mein Gott, wie konnt'st du das vergessen?
Vier Zentimeter darf es messen,
wenn nur der Hirsch zehn Jahre alt.
Dich überläuft es heiß und kalt,
und schnell, fast eh" du's ganz begriffen,
hast nach der Büchse du gegriffen.

Doch ach, der Hirsch, der zeiget itzt
die Seite, wo das Waidloch sitzt,
und eh' du noch einmal geguckt,
hat schon die Dickung ihn verschluckt,
verschluckt auf Nimmerwiedersehn!
Kannst ruhig jetzt nach Hause gehn!

Niemals wird sich der Zweifel lösen,
ob wirklich er Ib gewesen!

Conrad Hampe 1961

Wie schön, wenn man die Dinge nicht zu ernst nimmt, und nur ein Kenner und Könner konnte sich in so launiger Form der Abschussrichtlinie annehmen. Der dichtende und übrigens besonders gut zeichnende, also auch beobachtende, *Dr. Hampe* hat sein Können oft unter Beweis gestellt, indem er auf unseren Schauen eine ganze Reihe nicht gerade leicht anzusprechender Abschusshirsche vorlegte. Auch wir Oderhäuser, meine Beamten und ich, waren zwar immer sehr bemüht, aber keineswegs Freunde von Traurigkeit. Wir haben stets hart und zäh gejagt, aber immer mit Humor!

Während der Brunft trafen wir uns etwa jeden Sonntagvormittag im Jagdhaus auf dem Kirchberg zu einer Lagebesprechung, aus der dann die im Harz berüchtigte »Lüttje Lage-Besprechung« wurde. Und jeder bessere Hirsch fand hier die würdige Stelle, wo er zur Strecke gelegt, gebührend besprochen und totgetrunken werden konnte – so man ihn hatte!

Von zwei Hirschen, die auch eine solche Feier »mitgemacht« haben, möchte ich noch erzählen; sie haben es verdient!

Das »Rentier«. Seit dem 2. September 1964 schrien die Hirsche. Jeden Morgen um 4 Uhr aus den Federn und ins Revier, abends natürlich entsprechend! Die ersten 14 Tage der Brunft war das Wetter fast immer schlecht: Sturm, Regen und nicht kalt genug. Dennoch sah ich zunächst im Kirchberg einige recht gute Hirsche, meist Bekannte aus den Vorjahren. Den »roten Jim« z.B., benannt nach Waldarbeiter *Wilhelm Buss,* Rinderstall, bei dem er an der Fütterung gestanden hatte, inzwischen Sechzehnender geworden; den Hirsch vom »Billard«, ebenfalls Sechzehnender, einen sehr dickstangigen, jungen Zwölfender; den »Angulatus«, der eigentlich hätte stärker werden können, und andere.

Am 21. September meldete mir *Wilhelm Buss,* er habe im Odertal in den Felsen einen sehr starken Vierzehnender einziehen sehen. Nach seiner Beschreibung war mir der Hirsch nicht bekannt, musste daher erst einmal unter die Lupe genommen werden. So saß ich mit Frau und rotem Jim, dem Waldarbeiter nämlich, am selben Abend im Odertal an, und der Hirsch war so freundlich, mit Alttier und Kalb verhältnismäßig früh in das Felsgeröll zu ziehen und sich dort lange Zeit aufzuhalten.

Meine erste Aufzeichnung im Tagebuch lautet: »Ein wirklich guter Hirsch, hart an der Grenze eines Abschusshirsches, Stangenlänge über

Jagdhütte auf dem Kirchberg.

Nur nicht alles zu ernst nehmen!

1 Meter, Äug- und Mittelsprossen über 40 cm, Geweihgewicht 10 bis 11 Pfund. Die Vorderenden der Gabeln beiderseits wieder schwach gegabelt, auf langen Stielen, die abwärtsgerichtet sind, rechts vier, links drei Enden in der Krone, die eigentlich keine ist, 12Ender.«

Mir war der Mond noch zu neu; ich war mir nicht ganz klar, was zu tun war, wollte den Hirsch, wenn überhaupt, nicht gleich am ersten Abend so einfach hinnehmen. *Wilhelm Buss* war entsprechend wütend; er sollte auch Recht behalten, ich habe diese Unentschlossenheit dann sehr bereut. Abends bat ich Of. *Drechsler,* sich den Hirsch doch einmal anzusehen, auch gab ich ihn frei, falls er als Ib anzusprechen sei. Sein Befund: »Schade, er kam ganz oben im Hange, und es war zu weit zum Schuss.« Nach eingehendem Palaver entschloss ich mich nun, auf diesen Hirsch, den wir seiner merkwürdig nach vorn gekrümmten Stangenenden wegen »das Rentier« nannten, zu pirschen, und ich meinte, ich könne ihn gleich am nächsten Morgen auf dem Rückwechsel in Empfang nehmen; musste ja ganz einfach sein. War es aber nicht, denn ich habe den Hirsch an dieser Stelle nie wiedergesehen! Wohl aber einige Male vom Odertal aus hoch oben an den »Franzosenklippen«, von unten unerreichbar. Es war jedes Mal ein überwältigender Anblick, wenn der Hirsch hinter seinem Tier durch die Felsen zog oder sich gar auf einen Felsvorsprung stellte.

Nachdem ich einsehen musste, dass der Hirsch vom Tal aus nicht zu haben war, pirschte ich am 24. September gegen acht Uhr früh, als also kaum noch etwas zu verderben war, oben in die Felsen, um mir dort einen Ansitzplatz zu suchen. Als ich arglos auf einen der Felsen kletterte und hinunterschauen wollte, wer stand da 10 Meter unter mir auf der Blöße? Natürlich das »Rentier«! Ja, gab's denn sowas auch? Es war sehr nah, ich konnte ihm beim Herunterreißen der Büchse nur laut »Guten Morgen« wünschen, um mich etwas zu verharmlosen. Darauf fiel er aber nicht herein, war schneller als ich und im Abdrehen verschwunden. Als ich mich geschlagen, aber vor mich hinsingend zurückziehen wollte, da kam er doch noch, allerdings hochflüchtig mit Tier und Kalb vor mir aus dem Hang heraus, um in ungeahnte Fernen zu entschwinden. An Schießen nicht zu denken, auf so einen Starken nicht! Was tun? Ich wusste ja gar nicht, wo er sich wohl einstellen würde, wo ich ihn nun wieder belauern müsste. Ärgerlich war das. In meiner Not holte ich mir nun Of. *Brandes,* Königskrug, und bat ihn, mit seinem Schweißhund die ihm gewiesene Fluchtfährte auszuarbeiten, um festzustellen, wo das »Rentier« wohl geblieben wäre. Eine schöne Arbeit auf kalter Fährte, die zu der Gewissheit führte, dass der Hirsch in weitem Bogen wieder seinen Einstand im Felsenhang angenommen hatte, fast dort, wo er vor mir herausgeflüchtet war. Während wir dies feststellten, war mein Freund längst wieder »zu Hause«.

Nun musste er heute Abend ja mit Sicherheit nicht wieder hier oben, sondern unten im Tal kommen! Also saß ich dort an, um zuzusehen, wie das »Rentier« genau an der gleichen Stelle oben in den Felsen herauszog! Sofort versuchte ich, ihn noch anzupirschen, kam aber völlig außer Atem zu spät oben an.

Jeden Abend, jeden Morgen widmete ich mich dem Hirsch, der einmal noch von *Wilhelm Buss* eines Abends in den Felsen beobachtet wird, als er merkwürdigerweise nicht aus seinem Einstand heraus, sondern in diesen hineinzieht! Immer wieder Rätsel mit dem »Rentier«! Doch klärte sich das am nächsten Morgen, als ein Jagdgast von Of. *Wende,* Brunnenbach, meldet, er habe den Hirsch, der natürlich inzwischen in aller Munde und Spekulationen war, im »Stölzernen Stieg« nachmittags um 16 Uhr gesehen. Ach du große Güte: eineinhalb Kilometer vom Odertaleinstand entfernt! Am 3. Oktober noch einmal Pirsch an den Franzosenklippen: Nichts, kein Schrei, kein Hirsch! Also Standortwechsel zum Stölzernen Stieg mit Sohn *Christian,* der inzwischen eingetroffen war; der Gegenhang durch eine breite Abteilungsschneise in zwei Dickungshälften geteilt.

Wir saßen nachmittags im Erdsitz voller Spannung, da vor uns in der linken Dickung schon früh ein Hirsch trieb und gut schrie. Aha! Nun musste er sich ja wohl zeigen. Tat er auch, zog mit seinem Kahlwild in den Fichtenbaumort, war aber nicht das »Rentier«! Ein mittlerer Kronenzehner. Zwar knörte rechts auch noch ein Hirsch, saß aber immer an derselben Stelle. War er's, oder war er's nicht? Ich hatte die Sache schon ziemlich aufgegeben, rechnete zu Haus die Zahl der vergeblichen Pirschen an Hand meines Tagebuches zusammen, und – siehe da: Es war dieser Nachmittag der zwanzigste Versuch gewesen! Morgen kam also der einundzwanzigste, und der konnte nur den Erfolg bringen! Einundzwanzig, eine Glückszahl! Nächsten Morgen, es war inzwischen der 4. Oktober, Frage an *Christian:* »Willst du wieder mit?« »Klar!«. Also nun mal was anderes: Wir versuchen, den Hirsch an einem Wechsel abzufangen, den aber offensichtlich nur ich, nicht das »Rentier« kannte. Im Drecktal, da musste er mindestens zu hören sein, gleich, ob er ins

Odertal oder in den Stölzernen Stieg wollte! Kein Schrei, nur *Wilhelm Buss* erschien zu bestellter Stunde, und so konnte ich ihn im Drecktal zur Beobachtung ablegen. Wohin nun wir beiden? Auf dem Kirchberg schrien die Hirsche wie toll; der »Angulatus« war genau herauszuhören. *Christian* wollte gern dahin. Wir fuhren zur »Lausebuche«, dann in die Waldstraße, Richtung Stölzerner Stieg, um noch einmal zu verhören. Am Kamp stand der gute Of. *Wende,* wollte mir durch Verhören helfen und riet, es noch einmal an der Abteilungsschneise zu versuchen. Kein Ton war von dort zu hören. Aber auf dem Kirchberg war der Teufel los! Sehr verlockend, aber ich wollte es zum einundzwanzigsten Mal noch, und zwar letztmalig, mit dem »Rentier« versuchen. Also vom Kamp her pirschten wir los zum Erdsitz an der Schneise. Dunkel war es noch; während des Anmarsches dämmerte es.

Als wir etwa 10 Schritt oberhalb des in einem Gatter liegenden Erdsitzes waren, stieß vor uns ein Hirsch an! Das konnte nur auf der Schneise sein! Ich schnell in den Schirm, trat dabei auf einen zweifellos nicht dahingehörenden Ast und – wer saß mitten auf der Schneise und fuhr hoch? Das »Rentier«, sofort anzusprechen und sofort zu schießen! So einfach war das.

Drüben am Hang lag »das Rentier«, jetzt »mein Rentier«, war im Knall des schnell, aber gut gezielten Schusses verendet. Ja, es war es; mit dem Glas sah ich jede Einzelheit seines etwas absonderlichen Geweihes.

Bei besonders traurigen, wie bei extrem freudigen Ereignissen pflegt man zu denken oder zu sagen: »Ich kann es nicht fassen!« Beides traf zu: Trauer und Freude, beides in hohem Maße! Das »Rentier« war nicht mehr, nicht mehr im Odertal, nicht mehr im Stölzernen Stieg, den Hirsch hatte ich, das kann man wohl sagen, durch mein zähes Jagen bezwungen! Und so war mir auch zu Mute: Ich konnte es nicht fassen! Wir stiegen durch den Grund, die Schneise wieder hinauf, standen am Hirsch. Ziemlich fertig war ich, völlig erledigt, kaum noch aufnahmefähig. Man stelle sich vor: Strahlender Sonnenaufgang, alles weiß bereift, der weite Blick über die Berge. Die Hirsche schrien wie toll, immer noch, einer von ihnen, vermutlich der Zehner von gestern, nicht weit über der Höhe. Und vor mir lag der nach einundzwanzig Pirschgängen bzw. Ansitzen endlich erlegte Hirsch. Und das Geweih? Ach was, es kümmerte mich nicht, dass die Stangen etwas dünner waren als angenommen.

Stölzerner Weg.

Einholen eines Hirsches mit dem Pferd.

Das »Rentier«; Oderhaus 1962.

Wo war *Wilhelm Buss!* Er musste diese Stunde miterleben, musste doch auch den Schuss gehört haben! Ich stieg auf die Höhe, gab dicht neben dem schreienden Hirsch einen Signalschuss ab, hoch über dem Rinderstall. Den musste er nun aber hören und würde ihn richtig deuten. *Christian* zum Wagen, holt Frau, Hund und Hörn. Ich war allein, dann kamen sie alle: *Wilhelm Buss,* der »rote Jim«, Of. *Wende,* die Meinen, und alle waren froh, diesen strahlenden, erfolgreichen Morgen mit genießen zu können. »Vater« *Wende* nahm mich gerührt in den Arm, riss mir dabei mit dem Korn seiner Waffe die Nase auf. Ich schweißte ziemlich, was *Wilhelm Buss* zu einem Lachanfall brachte, den er mit dem Taschentuch zu ersticken versuchte; den dabei mit herausgerissenen Autoschlüssel hat er nie wieder gefunden! Und wie schön auch, dass *Wilhelm Wendes* Büchse nicht geladen und gestochen war!

Kaum konnte ich mich vom Hirsch trennen, nachdem ich ihn Verblasen hatte. Weit ging der Blick bis zum Stöberhai, weit rief das Hörn ins Odertal. Ein Abschied für das »Rentier«! Und dann die »Lüttje Lage-Besprechung«!

Als der Hirsch vorm Jagdhaus gestreckt wurde, war das Schönste für mich die uneingeschränkte Freude meiner Beamten, meiner Mitarbeiter, meiner Jagdkameraden! Es wurde eine denkwürdige Sitzung! Und noch etwas geschäftlich Unwichtiges: Stangenlänge: 1,07 m; Äug- und Mittelsprossen: über 40 cm; Geweihgewicht: 5,5 kg; Alter: neun Jahre.

Da habe ich nun diese Hirschgeschichte niedergeschrieben, abgeschrieben aus meinem Jagdtagebuch, habe erzählt, wie es war, und wie es empfunden wurde, und die Erinnerung hat mich dabei so eingefangen, dass ich mir fast wieder eine »Lüttje Lage« genehmigt hätte. Manchmal aber, um nicht zu sagen oft, kamen und kommen Unsicherheit und Zweifel, warum ich wohl immer wieder eine solche Freude an der erbeuteten Trophäe gehabt habe. Natürlich, ich bin ein und bekenne mich als »Trophäenjäger« im wohlverstandenen Sinne – als Trophäenjäger, der um die schon genannten Wertinhalte eines Geweihes weiß, der Bestandesregulierung durch auslesenden Wahlabschuss beim männlichen und weiblichen Wild betreibt, und dem jedes Geweih etwas sagt – gerade auch, wenn es sich um einen Fehlabschuss handelt. Ich bin ein »Berufsjäger«, und ich meine, dass auch derjenige, der ein Rotwildrevier besitzt oder gepachtet hat, wie auch der Gast, auch wenn sie nicht berufen sind, sich doch aufgerufen fühlen sollen, Bestandesregulierung und auslesenden Wahlabschuss als eine ihnen von der Allgemeinheit gestellte, ökologische Aufgabe anzusehen und entsprechend durchzuführen! Ich erinnere an dieser Stelle und hierzu noch einmal daran, was ich 1963 schon über den Verbleib der Betreuung unserer Rotwildbestände durch uns Jäger gesagt, und welche Forderungen ich daran geknüpft habe.

Und alle jagdpolitischen, polemischen Turbulenzen werden wir dann überstehen können – auch wenn z. B. unter dem Motto »Schafft doch endlich die Jagd ab!«, folgendes erwähnt wird: »Die Jagd in der bisherigen Form sei ebenso überholt wie Sklaverei, Kinderarbeit oder Vielweiberei; sie müsse abgeschafft werden. Gleichwertiges Fleisch sei billiger und einfacher aus Metzgerläden zu erwerben. Die bisherigen Jäger sollen durch besoldete Naturschützer abgelöst werden, die unter Anlegung strengster Maßstäbe schonend, schnell und schmerzlos töteten.« Den Originalartikel habe ich nicht gelesen, will das auch gar nicht, denn das, was ich hier aus den DJV-Nachrichten zitiere, genügt mir völlig! Der DJV hat natürlich mit rechtlichen Gesichtspunkten Stellung genommen. Das wird nicht allein so stehen bleiben, und Federn, die berufener sind als meine, werden sich dieser Entgleisung wohl noch annehmen.

Ich habe immer gemeint, meine das noch und werde dabei bleiben, dass die Jagd ein Kulturgut, vielleicht ein hervorragendes deutsches Kulturgut gewesen ist, noch ist und es bleiben soll – ein Teilgebiet der Kulturgeschichte überhaupt!

Der fortschreitende, schmerzliche Wertverlust deutschen Kulturgutes zwingt uns doch, mit den erhaltenen Resten pfleglich und behutsam umzugehen, und ich empfinde den Vergleich mit gesellschaftlichen, meist gewesenen Missständen einfach unpassend, unüberlegt und ungehörig, um nicht deutlicher zu werden. Reste von Kulturgut werden aber im allgemeinen von Minderheiten gewahrt und gehütet durch entsprechende Geisteshaltung und Handlung – für unseren Fall von den Jägern, nicht zuletzt von den Rotwildjägern, deren Hirsch-Mythen zu den ältesten der Jagdgeschichte gehören.

Und »besoldete Naturschützer«!? Die haben uns wahrlich gerade noch gefehlt! Schonend, schnell und schmerzlos töten? Wie viele besoldete Töter sollen sich den einer jährlichen Strecke von etwa 30.000 Stück Rotwild und etwa 700.000 Stück Rehwild bei strengsten Maßstäben schonend, schnell und schmerzlos annehmen? Ich habe mich und den Jäger schlechthin immer als allerdings unbesoldete Naturschützer angesehen und möchte hierauf hinweisen, dass nach einer im Jahre 1980 vom EMNID-Institut durchgeführten Befragung 69% der befragten Bundesbürger die Tätigkeit des Jägers für nützlich halten!

Aber hier ist nicht der Ort, sich mit derartig utopischen Gedankensplittern aufzuhalten; nötig war nur, deutlich zu machen, dass sie mir nicht unbekannt geblieben sind.

Wenden wir uns wieder erfreulichen Dingen zu, etwa der Fährte meines letzten Oderhäuser Hirsches. Sohn *Jockel* leitete das bedeutsame Jagderlebnis insofern ein, als er in der Brunft 1962 einen Hirsch mit auffallend langem Hinterspross, einen Eissprossenzehner, auf dem Kirchberg sah. Mehrfach hatte er ihn in Anblick, und wegen des langen Hinterendes nannten wir ihn »Angulatus«. Für Kenner: Eine Erinnerung an mein früheres Konsemester, den Kollegen und Rotwildforscher, den leider gefallenen Forstmeister *Joachim Beninde.* Ich sah den Hirsch während der Saison 1962 nicht.

Doch beschäftigte ich mich bereits im Frühjahr 1963 sehr intensiv mit ihm, als ich hörte, dass seine Stangen von Unbefugten gesucht und im Kirchberg gefunden seien. Ich ließ die Stangen beschlagnahmen, und so sah ich das Geweih des »Angulatus« zum ersten Mal. Das Alter des Hirsches schätzte ich auf 6 bis 7 Jahre – soweit das nach Abwurfstangen möglich ist, aber er war ja schon Platzhirsch auf einem der besten Brunftplätze im Kirchberg gewesen!

Während der Brunft 1963 kam er mir am 6. September morgens am Kronenbach und ließ den ersten Schrei dieser Saison hören, kam mit Alttier und Kalb so nah, dass ich ihn gut ansprechen konnte. Gut hatte er zugenommen: Unten dicke Stangen, auffallende Eissprossen und beiderseits ein kleines Kronenende am Vorderspross der Gabeln, was nach meiner Erfahrung nicht auf besondere Kronenfreudigkeit schließen lässt. Aber er war Zwölfer, und wer hätte das von ihm erwartet? Ich sah den Hirsch während der Brunft recht häufig und konnte mir seine keineswegs eindrucksvolle Stimme merken. Seinen Brunftplatz verlegte er in Etappen weiter in Richtung Bundesstraße 4, wo er schließlich den Höhepunkt der Brunft verbrachte, auf einer Käferblöße im Fichtenaltbestand. Ganz schlecht heranzukommen, doch stand im gegenüberliegenden Schlosskopf ein Hochsitz, der eine Geschichte hatte. Zu meinem Geburtstag im Frühjahr kamen meine Jungens auf die ausgefallene Idee, mir einen »Hochsitz« zu schenken. Ich ahnte davon nichts und war umso überraschter, als sie ihn mir genau vis à-vis des Brunftplatzes vom »Angulatus« auf dem Schlosskopfhang und auf der anderen Straßenseite präsentierten. Großartig, ohne jede Störung hinzukommen, und gut, um den Kirchberg zu beobachten. Der »Geburtstagssitz«! Von dort aus sah ich den Hirsch mit seinem Rudel am 25. September, nachdem ich aus München – Deutsche Jagdausstellung – zurückgekommen war. Nichts zu machen, doppelseitiger Kronenhirsch, aber immer ein schönes Erlebnis, den Hirsch so ungestört beobachten zu können. Nun musste er wohl sieben bis acht Jahre alt sein! So sah er auch etwa aus! Seine Stangen wurden im Frühjahr 1964 nicht gefunden bzw. nicht vorgezeigt. Während der Brunft 1964 sah ihn meine Frau erstmalig wieder auf der Käferblöße, wo ich ihn am 20. September vom Geburtstagssitz aus lange vor mir hatte. Einmal kam er mir auch mit Jagdmaler *Fritz Laube* gelegentlich einer Mittagspirsch in der Kirchbergdickung. Ganz nah, etwa 10 Meter. Wir kamen in einem Gatter auf dem Pirschweg, und er wechselte außerhalb an uns vorbei, war so brunftig, dass er uns nicht bemerkte. Wieder hatte er beiderseits ganz kleine Kronenenden, die Stangen hatten gut zugenommen, nun war er wohl 8 bis 9 Jahre alt. Dann nahm mich das »Rentier« voll in Anspruch; ich sah »Angulatus« in jenem Jahr nicht mehr, hörte seinen Schrei aber häufig.

Im Frühjahr 1965 wurden beide Stangen in der Nähe der Kirchbergfütterung gefunden. Immerhin 93 cm lang, was man dem Geweih draußen nicht ansah wegen des scharf abgewinkelten Hintersprosses. So kam die Brunft 1965. Ich hatte einen Ib-Hirsch frei für die letzte Hirschbrunft, die ich als Forstamtsleiter in Oderhaus sein wollte. Von vornherein spekulierte ich auf »Angulatus« in der allerdings sehr vagen Hoffnung, er möchte doch gefälligst wenigstens ein Kronenende auslassen. Kronenveranlagung hatte er sowieso nicht, aber Ende war bei unseren strengen Sitten nun einmal Ende! Als einseitigen Kronenhirsch könnte man ihn aber mit Alter 10 wohl schießen. Spekulationen, bei denen ich aber meist kein Glück zu haben pflege. Auch war es ja fast schizophren, nach all meinem Tun im Harz einem Hirsch die Krone wegzuwünschen! Aber es war ja eigentlich gar keine richtige. Doch sollte es mein letzter Oderhäuser werden, und da wäre mir eben dieser alte Bekannte recht gewesen – wegen des besonderen Erinnerungswertes des Geweihes!

Aber am Anfang der Brunft finden wir unseren Freund nicht. Die Käferblöße, sein seit Jahren angestammter Platz, ist von einem etwa achtjährigen, guten Kronenzehner besetzt, der sich täglich ansehen lässt. Immer ist der Geburtstagssitz unter Kontrolle. Am 14. September schleicht sich in mein Tagebuch die bange Frage ein: Wo ist der »Angulatus«? Alle Platzhirsche vom Kirchberg hatte ich schon gesehen: Den »Kapellenflecker«, ungerader 18-Ender, kapital; den »roten Jim«, ungerader 16-Ender, den »Kirchtaler«, dicker 10-Ender usw. Vom »Angulatus« nichts, außer den Verdacht, dass er an der Waldstraße steht, wo öfters eine schwache Stimme zu hören war. Das könnte auf ihn zutreffen.

Ab 16. September wird der Geburtstagssitz vom türkischen Forstingenieur *Nikat Turan* – Hospitant bei mir für 14 Tage – verteidigt, der den Zehner täglich vor sich hat, zeichnet und fotografiert, so dass wir den Hirsch »Turan-Pascha« taufen können. Am 19. September fahre ich abends mit meiner Frau zum Schlosskopf, immer noch »Angulatus« suchend, und setzte sie am Geburtstagssitz ab. Ich wende den Wagen hinten am Schlosskopf und will gerade in Stellung gehen, um zum Kirchberg zu spekulieren. Na, was denn sonst? Da kommt schon meine Frau gestikulierend angelaufen, und ich weiß sofort Bescheid: »Angulatus« ist da!

Sofort zurück zum Geburtstagssitz, und tatsächlich treibt sich der verloren geglaubte im Altholz vor der Kirchbergsdickung herum, mit 8 Stück Kahlwild. Er hat also »Turan-Pascha« wieder den Brunftplatz und das Wild abgenommen! Nun kommt's darauf an: Was hat er an Enden? Am Geweihaufbau ist er leicht als »Angulatus« zu erkennen, also Spektiv heraus, und siehe da: Nicht nur eine Krone fehlt, sondern beide! Darf ich jetzt gestehen, dass mich das gefreut hat? Er hatte sowieso nur geringe Kronen, aber nun so ganz ohne, mit etwa 10 Jahren! Ein Meter Stangenlänge schätzte ich. Da war er ein veritabler Ib, so wie ich einen frei hatte! Das dankbare Tier!

Warum ich ihn nicht gleich geschossen habe? Ganz einfach: Weil ich keine Waffe bei mir hatte! Na, der läuft dir ja nicht weg! Also morgen früh. Herrliches Brunftwetter war ausgebrochen, leider, denn die »Hirschebrüller« bevölkerten sofort zu Hunderten nachts den Wald, und mein Kirchberg zwischen Waldstraße und Kaiserweg war seit Tagen wildleer. Alle guten Plätze verwaist.

Nur der vordere Kirchberg mit dem Brunftplatz des »Angulatus« war noch intakt. Da war nämlich ganz schlecht ranzukommen. Eine etwa 30 Meter hohe Felswand war die unmittelbare Böschung der Bundesstraße 4, auf dem kleinen Felsplateau ein Fichtenanflughorst von etwa zwei Morgen Größe, dann weiter ein großes Plateau mit Fichtenaltholz und zum Abschluss dahinter die große Kirchbergdickung – alles vom Geburtstagssitz aus über die Straße gesehen. Schon oft hatte ich festgestellt, dass sich Kahlwild in dem kleinen Horst unmittelbar über der Straße tagsüber einstellte. Auch »Turan-Pascha« hatte ich schon darin gesehen.

29. September. Früh, klar 3°, Nordwind, der aber talwärts mit der Straße zieht. Kann also nichts passieren. Lange vor Hellwerden war ich auf dem Hangweg im Schlosskopf über dem Sitz. Der Hirsch schrie gut, an seiner Stimme sicher zu erkennen. Mir war etwas flau zumute, hatte die Nacht sehr schlecht geschlafen, musste immer an den notwendig werdenden weiten Schuss über die Straße denken, obwohl das nach meinen jahrzehntelangen Hochgebirgserfahrungen kein Problem hätte sein sollen. Wenn es nur gut geht! Ich habe Zeit, pirsche im Dunkeln noch einmal auf dem Hangweg nach vorn, immer den Schrei des Hirsches beachtend, will mich etwas zur Ruhe zwingen. Immer wieder dasselbe: Vor und nach dem Schuss sehr aufgeregt, im Schuss absolute Ruhe. Eigentlich schön nach so viel Jahrzehnten Hirschbrunft und so vielen erlegten Hirschen.

Büchsenlicht will kommen, also packen wir es an! Bin glücklicherweise allein, Hospitant *Turan* schläft wie ein Kümmeltürke, d.h. hat die verabredete Zeit verschlafen. Ist mir sehr recht so. Vom Sitz aus sehe ich im noch dämmrigen Altholz den Hirsch mit seinem Rudel. Typische Figur eines alten Hirsches, starker Vorschlag! Es ist 5.30 Uhr. Leider zeigt der Hirsch keine Neigung, zum Dickungshorst auf dem Felsen zu kommen, hält sich vielmehr immer schön in der Mitte des Altholzes oder gar noch weiter zu hinteren Dickung. Auch das Kahlwild zieht in die falsche Richtung. Na, na, wenn das man gut geht! Einmal steht er so schön und breit, habe schon gestochen, aber 250 Meter? Nein, auf so einen guten Bekannten und starken Hirsch nicht.

Also wird es wohl heute nichts. Es ist inzwischen eine Stunde vergangen, Wild und Hirsch sind buchstäblich in die falsche Dickung getropft. Weg ist der ganze Spuk! Ich bin nicht enttäuscht, habe ja noch viele Tage Zeit, hocke und überlege wegen schnellen, unauffälligen Aufstellens eines Dreibockes – so etwas habe ich immer am Jagdhaus in »Reserve« stehen – da belebt sich die Bühne wieder: Ein Alttier kommt mit Kalb zurück und will in die kleine Dickung auf dem Felsen über der Straße ziehen. Sieh mal einer an, also noch sitzen bleiben. Fast war ich ja schon abgebaumt. Bald tropft es wieder aus der großen Dickung hinter dem Altholz, und auch der Hirsch folgt nach, zwar recht unwillig, aber er kommt. Er will das Wild noch einmal zurücktreiben, er schreit, steht selten still. Überall hohes Gras, ich habe ihn im Zielfernrohr, aber klein, sehr klein.

Schließlich, es ist bald 7 Uhr, bewegt er sich auf den Baumortrand zu, will aber noch einmal nach oben abdrehen. Das darf nicht sein, ich muss schießen. Es muss gehen, sind auch nur noch 200 Meter. Manchen Gams habe ich auf weitere Entfernungen geschossen. Da, er steht frei und breit, erhält eine wirklich mit aller Sorgfalt abgeschickte Kugel, zeichnet gut, trollt noch 30 Meter auf den Felsenhorst zu, steht schwerkrank zwischen zwei Stämmen. Zweiter Schuss auf den Träger. Er bricht sofort zusammen, so dass ich ihn frei liegen sehen kann. Er ist verendet, im Knall verendet, ohne noch ein Glied zu rühren. Ich empfinde das sehr dankbar. »Angulatus«, der Gefährte in vier Jahren, liegt drüben im Kirchberg und gehört nun mir. Jede Stange wird noch einmal mit dem Spektiv abgetastet. Ob wohl doch nicht…? Nein, ein gerader Eissprossenzehner, aber was für einer! Und dass der Schuss so geglückt ist!

Nun erst einmal langsam wieder ruhig werden, dann abgebaumt. Jawohl, vom Geburtstagssitz. Auch die Jungens werden sich freuen und meinen, sie hätten den Hirsch gestreckt. Zum Wagen, unter die Felswand gefahren, aufgestiegen – und da war ich am Hirsch. Alles, wie schon so oft gehabt, aber immer gleich stark mich bewegend. Was für ein Morgen! Nach Oderhaus, zunächst ins Forstamtsbüro, wo *Drechsler* schon am Schreibtisch saß, obwohl er am Morgen auch draußen gewesen war. »Na, das ging aber schnell mit dem zweiten Schuss«, sagte er. Ich legte ihm die Haken auf den Tisch, und er sah mir an, dass es nur der »Angulatus« sein konnte, und wusste, was mir das bedeutete.

Dann in die Wohnung, hastiger Bericht und in Begleitung meiner Frau zurück zum Hirsch, der noch unberührt lag, wie er zusammengebrochen war. Nur das Geweih hatte ich abgestützt. »Hirsch tot!«.

Der »Angulatus«; Oderhaus 1965.

Blick vom Geburtstagssitz über die Bundesstraße 4 auf den Brunftplatz.

Dass es einer meiner letzten, sicher aber der Letzte mit einem solchen Höhepunkt des Erlebens sein würde, das konnte ich annehmen. Kein weiterer könnte das Vor- und Nacherleben noch steigern. Entsprechend ausgedehnt waren die nachdenklichen Augenblicke, die wir am Hirsch saßen. Manche Jäger nennen das »Totenwacht«.

Nun *Fritze Gerlach* mit seinem Gespann Haflinger aufgeboten, denn wenn irgend möglich, kam an die von mir erlegten Hirsche kein Motor. Leider war ja eine zünftige Harzer Wildkarre, mit der wir früher die Hirsche einholten, nicht mehr verfügbar. »Angulatus« kam vor die Kirchberghütte, wurde dort zur Strecke gelegt, und wir zelebrierten mal wieder eine »Lüttje Lage-Besprechung«, meine letzte in Oderhaus. Entsprechend ausgedehnt war sie, und ich weiß nicht mehr zu sagen, wie oft der Hirsch zum Abtransport schon auf dem Wagen gelegen hatte; immer wieder haben wir ihn heruntergehoben und ihn noch einmal gestreckt!

Übertrieben sentimental? Altmodisches Relikt? Lasst man gut sein: Die Einhaltung dessen, was unsere Jägervorfahren als Brauch geübt und gepflegt haben, kann zwar und wird wohl auch von manchem offen oder geheim belächelt werden, wird dadurch aber nicht entwertet und kann nicht ganz verkehrt sein. Dabei geht es gewiss nicht in erster Linie ums Tottrinken. Jagdliches Brauchtum ist an Traditionen gebunden, deren Pflege und Anwendung Jäger miteinander verbindet, Zeichen und Signale setzen kann, und als ein Teil des Kulturgutes »Jagd« betrachtet und geachtet werden muss.

Im Frühjahr 1966 ließ ich mich vorzeitig in den Ruhestand versetzen und gab infolgedessen anlässlich der Geweihschau 1967 die Geschäftsführung des Rotwildringes an meinen Nachfolger, Oberforstmeister *Kurt Reulecke,* St. Andreasberg, ab. Warum ich mich vorzeitig pensionieren ließ? Gewiss nicht, um in den Freiraum eines nicht mehr Beteiligten einzutreten und der Ruhe zu pflegen, sondern ganz allein – wen wird das überraschen – der Hirsche wegen, und zwar der Hirsche »anderswo«!

Ehe ich davon erzähle, noch einmal ein zusammenfassender Rückblick auf den »Rotwildring Harz« und das Ergebnis meiner 25jährigen offiziellen Bemühungen, wenn ich die Zeit meiner Arbeit für das »Rotwildgebiet Harz« berücksichtige.

Trotz langjähriger, intensiver Beschäftigung mit allen Problemen der Bewirtschaftung eines Rotwildbestandes im Biotop, nicht etwa im Einzelrevier, blieben oder wurden bestimmte, wichtige Fragen nicht geklärt. Und so gelang es noch im Jahre 1964, einem von mir seit langem geplanten Arbeitsgebiet zum Start zu verhelfen und es in Angriff zu nehmen: die Wildmarkierung!

Es war überraschend, mit welchen Schwierigkeiten der Beginn dieser Aktion belastet wurde insofern, als mir vom Vorstand des Rotwildringes keinerlei Mittel zur Verfügung gestellt wurden, ja überhaupt das Vorhaben der offiziellen Ablehnung verfiel. Und ich danke hier noch einmal Direktor *Lutz Heck*, Tierpark Hellabrunn, der mir den Anfang dadurch ermöglichte, dass er nicht nur ein Narkosegewehr, sondern auch seine Erfahrungen zur Verfügung gestellt hat.

Es ging um exakte Überprüfungen empirisch gewonnener Erkenntnisse, wie etwa der Altersbestimmung, der Geweihentwicklung, der Ansprechmerkmale, und um die exakte Klärung noch offener Fragen, wie etwa der jahreszeitlichen Standortsveränderungen und solcher im Lebenszyklus, der Feststellung der Wildbestandsanteils, der durch Zählungen erfasst werden kann, und ähnliches mehr – Fragen, deren Bearbeitung und eventuelle Beantwortung dringlich für unsere Maßnahmen geworden waren.

Die Markierung ist nun fast zwanzig Jahre gelaufen, in denen bislang insgesamt 277 Stück Rotwild, davon 203 männliche und 74 weibliche, gezeichnet werden konnten. In meinem »famulus« *Drechsler* habe ich für die Durchführung und Weiterführung nach meinem Eintritt in den »Ruhestand« einen sehr interessierten, einsatzfreudigen und kenntnisreichen Mitarbeiter gefunden, und wir haben gemeinsam bzw. *Drechsler* allein schon angefallene Untersuchungsergebnisse veröffentlicht, so z.B. Wild und Hund, Nr. 16 und 17, 1975; Niedersächsischer Jäger Nr. 9, 1977, und Nr. 7 und 9, 1982.

Bei der Altersbestimmung ergab sich, dass das Alter der Hirsche, geschätzt nach dem Zahnabschliff des Unterkiefers, umso stärker überschätzt wird, je höher es nach der Zahnabnutzung zu sein scheint. Der Unterschied beträgt im so geschätzten Alter 12 etwa 2 Jahre, in den jüngeren Altersstufen ist er geringer und wird an geschätztem Alter 6 fühlbar. Wenn man es so sehen will, und wir sehen es im Harz so, dann kann man unterstellen, dass bei der Bewertung des Hirschabschusses in der Regel kein Fehlabschuss grundlos ermittelt wird, denn die Hirsche sind dem geschätzten Alter 12 gegenüber tatsächlich ein bis zwei Jahre, ab Alter 6 wahrscheinlich ein Jahr jünger. Hierbei eine gewisse Sicherheit bzw. Bestätigung zu finden, war für mich das eigentlich auslösende Problem für die Wildmarkierung!

Auch eine zweite, für uns dringend zu klärende Frage hat für den Harz schon eine Antwort gefunden: Wie hoch ist etwa der Anteil des an den Winterfütterungen gezählten Wildes am Gesamtwildbestand? *Drechsler* ermittelte, dass nur knapp die Hälfte des markierten Wildes sich einer regelmäßigen Registrierung stellt. Dem entspricht über einen zwanzigjährigen Zeitraum im Harz fast genau der Anteil des Wildes, das bei Winterfütterungen ermittelt werden konnte. Also knapp die Hälfte des vorhandenen Wildes wird an den Fütterungen gezählt! Ein wichtiger Hinweis auf die Unzulänglichkeit der Zählungen im Harz!

Die von mir eingeleitete Markierung hatte allgemein und auch im Harz Vorgänger, die auch in einer Harzer jagdgeschichtlichen Darstellung genannt werden sollen. Der erste, mir bekannt gewordene Fall betrifft ein ermattet aufgegriffenes Hirschkalb, das von dem schon häufiger genannten *E. von Eschwege* im Jahre 1885 im Raum Oker durch Lauscherstutzung rechts markiert worden ist. Die weitere Entwicklung des Hirsches ist nur auf einem Aquarell v. *Eschweges* festgehalten, auf dem es als Spießer, vermutlich also vom zweiten Kopf, dargestellt ist.

Der Urheber der vom Allgemeinen Deutschen Jagdschutzverein (ADJV) 1904 ins Leben gerufenen offiziellen Wildmarkenforschung, *Graf Bernstorf,* führte dabei in einem einleitenden Vortrag vor dem Gesamtvorstand aus, er habe »seit einer längeren Reihe von Jahren mit immer steigender Beschämung sich klar machen müssen, dass über die Entwicklung unseres Wildes die allergrößte Unkenntnis herrscht«.

Der ADJV hat dann bis zum Jahre 1932 insgesamt 200.000 Knopf- bzw. Bandmarken zur Verteilung gebracht, doch konnte die damit erfolgte Wildmarkierung von 1.000 markierten Stück Rotwild keinerlei signifikant auszuwertendes Material erbringen. Für nur 78 Stück kamen Rückmeldungen, und nur von 7 Stück konnten Unterkiefer zur Altersbestimmung ausgewertet werden.

Auch im Harz versuchte auf Anregung der Regierung Hildesheim Forstmeister *Alfred Steinhoff,* Schulenberg, eine zahlenmäßig ergiebigere Rotwildmarkierung durchzuführen, doch brachte auch sie schon von etwa 30 markierten Stücken so geringe Rückmeldungen, dass sie für die Beantwortung der dringendsten Fragen nicht ausgewertet werden konnten.

Die Effizienz unserer Harzer Wildmarkierung wird deutlich, wenn man weiß, dass von 277 Stück markierten Rotwildes bislang schon 90 erlegte oder sonst wie angefallene Stücke auswertbare Daten erbracht haben, abgesehen von den an anderen, noch lebenden Stücken gemachten Beobachtungen. So bin ich fest davon überzeugt, dass die endgültige Auswertung dieser Wildmarkierung und die Veröffentlichung der Ergebnisse den Beweis erbringen werden, dass die Durchführung meines Vorhabens wertvolle Aufschlüsse gebracht hat, die nicht nur für den Harz Gültigkeit haben werden!

Ich bin am Ende der »neuen Wege« und wende mich zusammenfassend dem zu, was mir die Folge auf der Fährte des Harzhirsches gebracht hat – dem, was ich erfahren, was ich erreicht und nicht erreicht habe.

Zunächst habe ich erfahren, dass es der Mensch, der Jäger, ist, der letztlich über die Gesunderhaltung, also die Qualität, eines Rotwildbestandes entscheidet. Das übersieht nicht den wichtigen Einfluss des Standortes. Sagen will ich damit, dass nur eine auf das gegebene Ziel ausgerichtete, gemeinsame Arbeit der in einem geschlossenen Rotwildvorkommen jagenden Berechtigten einen angestrebten Erfolg sicherstellt und verbürgt. Dazu gehört Vertrauen, Vertrauen zwischen den Beteiligten, den Anordnenden und den Ausführenden. Fehlt diese wichtige Voraussetzung, so bleibt trotz aller Mühe die Arbeit Stückwerk.

Das zeigte sich im Rotwildring Harz besonders im Hinblick auf die Angaben über die Höhe des Wildbestandes, den Haupteingangswert jeder Planung. Mein vom ersten Tage an erklärtes Ziel war unter anderem die spürbare Herabsetzung der Wilddichte, in erster Linie wegen der Wildschäden im Walde. Ich gestehe nicht gern, aber ich gestehe es, dieses Ziel nicht meinen Plänen entsprechend erreicht zu haben. Verschiedene Gründe gibt es natürlich als Erklärungen, nicht etwa notwendig als Entschuldigungen. Einen der Gründe habe ich schon genannt: Die Jägerschaft, in erster Linie die Forstbeamten, hatten wohl noch nicht das notwendige Vertrauen zu mir, in dem sie den »Ausrotter« glaubten sehen zu müssen. Das galt ganz besonders für die ersten fünf Jahre, als ich noch nicht wieder im Staatsdienst war und noch nicht das unter Leitung von *Drechsler* stehende Büro des Forstamtes Oderhaus zur Verfügung hatte.

Trotz Vorstellung spektakulärster Rechnungen ist es mir zu der Zeit nicht gelungen, alle Beiratsmitglieder, die ja die Jägerschaft zu vertreten hatten, davon zu überzeugen, dass der Wildbestand viel zu hoch war und viel zu hoch blieb. Ergänzend muss ich hierzu noch sagen, dass der Wiederanfang 1954 mit einem erheblichen Unsicherheitsfaktor belastet gewesen ist: Niemand konnte die Frage zutreffend beantworten, was in der Besatzungszeit wirklich mit dem Harzer Rotwild geschehen war. Konkrete Zahlen will ich hier nur einige nennen, nur so viel, dass es mir doch gelungen ist, den durchgeführten jährlichen Abschuss von 1954 bis 1964 von 1.000 auf 2.000 Stück zu verdoppeln, um eine herabgesetzte Wilddichte zu erreichen. Aber auch das genügte nicht; wir kannten die tatsächliche Höhe des Wildbestandes noch nicht hinreichend genau. Erst nachdem die Abschussergebnisse des ersten Jahrzehnts rückrechnend ausgewertet werden konnten, wurden unsere Wildstandsermittlungen realistischer und wurden auch von den »Ungläubigen« angenommen. Von den Ergebnissen der Wildzählungen hatten wir uns inzwischen weitgehend freigemacht und haben auch trotz guten Willens keine der modernen Zählmethoden als für uns brauchbar erkennen können. Bestehen bleibt die unsere Arbeit sehr erschwerende Tatsache, dass wir ziemlich lange Zeit im Unklaren über die Höhe des Wildbestandes geblieben sind.

Über diese anfänglichen Schwierigkeiten berichte ich hier, um für andere Fälle alle Beteiligten, die »auf der Bühne« und die »im Saal«, dringlichst zu warnen, bei der Ermittlung des Wildbestandes, des wichtigsten Eingangswertes der Planung, auch nur die kleinste Nachlässigkeit aufkommen zu lassen! Inzwischen konnten im Harz gewisse Fortschritte erzielt werden, und es bleibt der Erfolg der ersten Geschäftsführung, die Bestandesermittlung in Wirklichkeitsnähe gebracht zu haben.

Ich verdeutliche das, indem ich aus dem Protokoll einer Sitzung des Vorstandes des Rotwildringes Harz vom 23. Februar 1968 meinen Nachfolger zitiere, der sagte: »Es wäre nun endlich der Beweis erbracht, dass die von meinem Vorgänger schon vor Jahren genannten Bestandeszahlen vorhanden gewesen sind, obwohl das seinerzeit kaum jemand glauben wollte.« Und nach wie vor bereitet es immer noch große Schwierigkeiten, die aufgrund der Bestandesermittlungen notwendigen Abschusszahlen zu verwirklichen!

Dass trotz erfolgter starker Verminderung des Bestandes hinsichtlich der Wildschäden noch nicht der erwartete und erhoffte Erfolg sich gezeigt hat, erwähnte ich schon. Es steht der Abnahme der Wilddichte eine Zunahme der Touristendichte gegenüber, die dem Wild praktisch die Möglichkeit nimmt, seinen normalen täglichen Lebensrhythmus einzuhalten, der allein dafür sorgen kann, dass sich das Wild ernährt, ohne empfindliche Wildschäden zu verursachen. Das gilt für Sommer und Winter und bedeutet eine schmerzliche Entwicklung, die dringend nach Abhilfe schreit. Sie ist fast tragisch zu nennen, wenn man an den unermüdlichen, oft auch wetterbedingt harten Einsatz der Beamten, Pächter, oft auch der Gäste denkt, und denen die Abschusserfüllung seit Jahren schon zu einer ernsten Pflichtübung geworden ist. Wie ein Circulus vitiosus mutet es an, dass der »Jagddruck« noch ein übriges tut, um die Realisierung des Planes zu erschweren.

Zu einem drückenden Problem ist es geworden: Je mehr der Wald vom Menschen als Erholungsgebiet in Anspruch genommen wird, desto weniger kann der Wald die Aufgabe, Heimat auch des Rotwildes zu sein und zu bleiben, erfüllen. Das ist eine bittere Entwicklung, gegen die ich auch so recht kein Rezept weiß. Kollision der Interessen? Nein, Kollision der Verpflichtungen!

Nun bleibt noch zu schildern und zu berichten, was die »Hege mit der Büchse« qualitativ im Hinblick auf die Geweihentwicklung erreicht hat. Dies Schlagwort, von *Ferdinand von Raesfeld* einst den Jägern vorgestellt, beinhaltet nach seiner eigenen Definition »die Regelung des Abschusses nach Stückzahl, Geschlecht und Alter«, ist also das, was wir zusammenfassend ganz allgemein den »Wahlabschuss« nennen.

Als ich als junger Jäger das Jagdreferat der Landesforstverwaltung in Braunschweig übernehmen musste, stellte ich für den Harzhirsch, den »mickrigen« Harzhirsch, die Forderung, er solle in Zukunft ein langes, starkes Kronengeweih tragen mit einer Endleistung im Alter von um die 160 Nadlerpunkten; das sind etwa 165 bis 170 Internationale Punkte. Ich erinnere daran, was *E. von Eschwege* für den Harzhirsch um die Jahrhundertwende, also über meinen Ausgangsbestand für die »Hege mit der Büchse«, festgestellt hatte: »Dem Harzhirsch ist Krone und Eissprosse verlorengegangen«, und dass die Berliner Ausstellung 1934 als stärkste Harzhirsche des Vorjahres einen Durchschnitt von 156 I.P. brachte. Schon 1963, gelegentlich der Deutschen Jagdausstellung München, konnte ein beachtlicher Fortschritt gezeigt werden: Die zwölf stärksten Geweihe aus dem Jahr 1962 brachten einen Durchschnitt von 176 I.P. Bei dieser Gelegenheit: Wie vorteilhaft und einfach, dass man nun seit Jahrzehnten die Stärke von Geweihen bewerten und zahlenmäßig zum Ausdruck und zum Vergleich bringen kann! Wie leicht lässt sich eine Veränderung der in einer Population zu erreichenden oder erreichten durchschnittlichen Geweihstärke erkennbar machen! Ob die Formel biologischen Ansprüchen voll genügt, ist trotz der um diese Frage entstandenen heftigen Diskussion von ziemlich untergeordneter Bedeutung. Enthält ihr Resultat das, was wir am Geweih bevorzugt wünschen, Stärke, Länge, Gewicht in überwiegendem Maße ihrer Werte, so reicht das für unsere Arbeit und deren Kontrolle aus, und das erfüllt die Internationale Rothirschformel. Daher sollte man sie auch nicht ändern und damit die Vergleichsmöglichkeiten sehr erschweren, wenn nicht gar unmöglich machen.

Also: 176,4 I.P.! Das war in der Tat ein sehr beachtlicher Schritt nach vorn, 20 Punkte mehr als 30 Jahre zuvor. Mir hätte das vollauf genügt; es war die Erfüllung meiner qualitativen Forderung, ja übertraf sie schon merklich. Die zwölf stärksten Geweihe im Durchschnitt, nicht das »Spitzengeweih«, das 196 I.P. brachte. Dieser Durchschnitt war für meine Begriffe der »neue Harzhirsch«, der ausgereifte und gut entwickelte!

Doch die begleitenden Maßnahmen, die zum Altwerden und zum Wahlabschuss hinzukamen, Äsungsverbesserung und Wildfütterung, taten ein übriges, so dass folgende Entwicklung festgestellt werden kann:

Während der ersten Geweihschau 1959, auf der die Geweihe bewertet wurden, brachten die zwölf besten Trophäen einen Durchschnitt von 168 I.P. Danach zeigten die zusammengefassten Jahresdurchschnitte folgende Bewertung der zwölf stärksten Geweihe:

1960/62: 175,5 I.P.	1969/71: 183,7 I.P.	1978/80: 188,5 I.P.
1963/65: 173,3 I.P.	1972/74: 189,8 I.P.	1981: 191,5 I.P.
1966/68: 174,4 I.P.	1975/77: 187,0 I.P.	

Zuviel Zahlen? Es kann auch kürzer dokumentiert werden: Bislang wurden im Rotwildring Harz seit 1954 160 Hirsche mit mehr als 180 I.P. und 10 mit mehr als 200 I.P. erlegt. Oder, wenn wir den »Schneidewindschen Maßstab«, die Endenzahl, anlegen: Es wurden bislang im Rotwildring Harz seit 1954 130 Hirsche mit 14, 124 mit 16, 32 mit 18 und 17 Hirsche mit 20 Enden erlegt. Ergänzend sei noch festgestellt, dass das durchschnittliche Alter aller dieser stärksten Hirsche fast bei elf Jahren gelegen hat!

Ich weiß natürlich, dass dieser auf das Geweih ausgerichtete auslesende Abschuss und die danach gegebene Erfolgsdarstellung ihre Kritiker gefunden haben. Ökologen, auch Wildbiologen und Sozialstrukturfanatikern will das nicht gefallen, obwohl sie das gleiche anstreben, was wir im Harz erreicht haben: Einen gesunden Wildbestand in etwa naturgemäßer Altersstruktur. Im nächsten Abschnitt werde ich hierauf noch zurückkommen.

Nun noch einige Worte zum »Wahlabschuss«, ich meine den Wahlabschuss im engeren Sinne, d.h. insbesondere den bei den Hirschen. Die Auslese haben wir außer auf das Körpergewicht in den jüngsten Altersklassen mit Schwergewicht auf die Geweihentwicklung gelegt. Die gegenüber einer Norm unterentwickelten Individuen sind »Abschusshirsche« und Verfallen der Auslese. Damit haben wir aber doch keine »geweihorientierte Hirschzucht« betrieben, wie es ein Wildbiologe einmal in der Jagdpresse ausgedrückt hat! Ein Wildbiologe sollte wissen, dass es »Hirschzucht« in freier Wildbahn nicht gibt!

Gewiss, wir haben noch nicht zwei Generationen Rotwild im Harz seit 1954 »umgesetzt«. Dies spricht aber nicht aus, dass der Wahlabschuss noch keine entscheidende Rolle bei unserem Erfolg gespielt hat! Genetisch gesehen ist das natürlich der Fall, aber wir haben inzwischen wohl dreißig Jahrgänge mit unserem strengen Wahlabschuss bedacht und die nach dem Geweih als unterentwickelt geltenden Hirsche aus allen Jahrgängen und allen Altersstufen herausgenommen. Das ist unser Wahlabschuss, der in seiner Auswirkung mit Vererbung zunächst noch wenig zu tun hat. Aber übrig geblieben sind in den höheren Altersstufen eben nun einmal überwiegend unsere starken Kronenhirsche. Natürlich hat daran auch die bessere Fütterung ihren Anteil, aber man beobachte doch einmal an einer Fütterung möglichst gleichalte Hirsche, und man wird erstaunliche Wuchsunterschiede hinsichtlich der Geweihentwicklung feststellen können. Aus dem Material unserer Geweihschauen haben wir diese Unterschiede auch graphisch darstellen können *(Raesfeld/Vorreyer.* Das Rotwild, 8. Auflage, Seite 228, Verlag Paul Parey, Hamburg). Und sie sind unsere Merkmale, und leider haben wir kaum andere, die wir für die praktische Jagdausübung nach Möglichkeiten und Fähigkeiten der Jäger allgemein als erkennbar vorstellen können. Und sehr wahrscheinlich ist doch folgendes: Der Phänotyp, nach dem wir ansprechen, ist nicht völlig losgelöst vom Genotyp. Wenn im Harz inzwischen Tausende (!) von Hirschen mit unterdurchschnittlicher Geweihentwicklung im Wege des Wahlabschusses eliminiert worden sind, so ist es doch wohl keine Utopie anzunehmen, dass wir dabei – ohne es im Einzelfall zu wissen – auch ein gut Teil erblich schlechter Geweihträger erwischt haben. Das wird sich hoffentlich in späteren Rotwildgenerationen im Harz entsprechend auswirken.

Die Fährte des Harzhirsches möchte ich nun verlassen, nachdem ich von der Rückfährte auf alten Wechseln zu neuen Wegen gegangen bin: Als Bewahrer alter Geschichten, als Augenzeuge und als Mitgestalter.

Gelegentlich der Geweihschau 1967 übergab ich die Geschäftsführung an *Kurt Reulecke,* Forstamtsleiter in St. Andreasberg. Froh war ich, wieder einen eingeborenen Harzer Jäger für diese Aufgabe gefunden zu haben! Was ich getan, sagte er bei meiner Verabschiedung: »Sie haben dem Harzhirsch wieder die Krone aufgesetzt!« Das war's, mehr war's nicht, aber ein gutes Ergebnis und ein gutes Gefühl zu wissen, dass der Hirsch meiner Heimat wieder ein Hirsch war, und nicht mehr nur ein verspotteter Waldschädling mit mickrigem Geweih!

Aus meiner protokollierten Abschiedsansprache vor meinen Harzer Jägern zitiere ich und schließe damit diesen Abschnitt:

»Sie, meine Herren, sind mir, das darf ich wohl sagen, in Treue zwölf Jahre gefolgt. Manchmal sicher nicht nur aus Überzeugung, sondern auch im Vertrauen auf meine Zielsetzung, die ich unter kein anderes Motto gestellt habe als: Wald und Wild! Der Weg war hart, wird für die Zukunft auch nicht leicht, aber er wird erfolgreich sein.

Der Harz ist in den zwölf Jahren in Deutschland und über seine Grenzen hinaus bekannt geworden. Nur wenige Menschen, die ich an den Fingern einer Hand aufzählen kann, nur wenige Menschen wissen, wieviel Arbeit, wieviel Nerven und wieviel Herz ich in dreißigjähriger Arbeit an den Harzhirsch, das Symbol wild meiner Heimat, gehängt habe. Und nur einer weiß, wieviel Freude ich an dieser Arbeit gehabt habe!«

Hirsche anderswo

Schon bei meinem ersten Kontakt mit Hirschen anderswo musste ich feststellen, dass Hirsche, die nicht im Harz, sondern anderswo standen, auch ganz anders sein konnten, anders jedenfalls als meine Harzhirsche, denen ich als heimatbewusster Jäger selbstverständlich besonders verbunden war und blieb.

Als Jagdreferent in Braunschweig wurde ich 1934 auf ein Rotwildvorkommen aufmerksam, das seinerzeit wohl fast einmalig gewesen sein dürfte. Es handelte sich um die Hirsche im Hainberg, die den gewiss seltenen Fall einer echten Degeneration zu demonstrieren in der traurigen Lage gewesen sind.

Der bis 300 Meter ansteigende Höhenzug des Hainberges, ein vorwiegend mit Laubholz bestocktes Waldgebiet von etwa 4.000 ha, ist dem Harz etwa auf 10 km zwischen Goslar und Hildesheim vorgelagert. Sein Rotwildbestand war wohl einmal durch Zuwechsel aus dem Harz entstanden, von dem der Hainberg zeitweilig durch dortige Gatterbauten, später auch durch Straßen und Eisenbahn, die immer dichter werdenden Verkehr brachten, am schmälsten Übergang abgetrennt, wenn auch nicht ganz isoliert worden ist.

Zu dem Zeitpunkt, als mich *Burchhard von Gadenstedt,* Eigenjagdbesitzer im Hainberg, auf dieses Rotwildvorkommen hinwies, hatte es eine außerordentlich unbefriedigende Entwicklung hinter sich – der Grund, der dann dazu führte, mich um Rat zu fragen. Im Hainberg hätte ein Rotwildtyp stehen können und müssen, der dem Harzhirsch gleichartig, hinsichtlich Körper- und Geweihleistung wegen der ungleich besseren Äsungsverhältnisse und freiem Feldzutritt diesem aber überlegen hätte sein müssen. Das war aber keineswegs der Fall. Nur noch eine Kümmerform, insbesondere der Geweihbildung nach, kam im Hainberg vor. Zwar hatte sich eine gewisse basale Stangenstärke erhalten mit nur kurzer Augsprosse, auch waren die Geweihe wenig lang, stark abfallend und zeigten über der Mittelsprosse selten noch Enden. Auch bei höherem Alter änderte sich hieran nichts. Als mir das erste Sechsergeweih eines alten Hirsches vorgelegt wurde, war ich der Meinung, dass das nichts besonders Auffälliges sei – vom Harzhirsch her war ich ja auch wenig verwöhnt – bis ich dann eine Sammlung von alten Hirschen stammende

Geweihe zusammengebracht hatte, um daran sehen zu können, dass es sich bei dem Sechser nicht um ein Einzelstück, sondern um den Hainberghirsch schlechthin handelte.

Für eine Ausstellung 1935 in Braunschweig hatte ich fast alle noch erfassbaren Geweihe aus dem Hainberg aus den vorausgegangenen 40 Jahren zusammengebracht. Ein niederschmetternder Eindruck: Von 53 ausgestellten Geweihen zeigten noch eins doppelseitig, fünf einseitig eine Endgabel. Alle anderen Geweihe, also 47, waren Gabler, Sechser oder Eissprossenachter. Diesem Hirsch war also nicht nur die Krone, sondern sogar die Gabel verlorengegangen!

Nun versuchte ich, weil mich die Sache brennend interessierte, den Entwicklungsgang des Hainberghirsches zurückzuverfolgen, zumal sich dieses kleine, isolierte Gebiet für eine solche Rückschau geradezu anbot. Zu folgendem Ergebnis bin ich seinerzeit – vor fast 50 Jahren – gekommen: Seit etwa 100 Jahren wurde der Abschuss, begünstigt durch eine große Anzahl kleiner Reviere, nicht nur zunächst wahllos, sondern später gezielt falsch durchgeführt. Eine 1897 gegründete Hegevereinigung traf die Bestimmung, dass Hirsche unter acht Enden nicht mehr geschossen werden sollten. So wurden die letzten besseren Hirsche praktisch für vogelfrei erklärt bei gleichzeitiger Schonung der endenarmen Hirsche. Die Befolgung dieser Richtlinie fand sich sehr eindrucksvoll bestätigt in einer über 100 Jahre (1823–1922) geführten Abschussstatistik eines großen Privatrevieres. Von 1887 an wurde hier nicht ein einziger Sechser mehr zum Abschuss gebracht, wohl fielen aber drei Zehner und neun Achter. Ein Plattfuß kommt selten allein, und so musste nun noch ein wahrscheinlich ausgesprochen durchschlagender Vererber der schlechten Geweihbildung in dem kleinen, isolierten, nur 70–100 Stück umfassenden Wildbestand gewesen sein. Dafür sprach der einheitliche Typ des aus dieser gut gemeinten, aber völlig falsch verstandenen »Hege mit der Büchse« hervorgegangenen Hainberghirsches.

Für die Internationale Jagdausstellung Düsseldorf 1954 habe ich eine Hainbergschau zusammengestellt, aus der ich hier im Foto einen Ausschnitt zeige. Die neun Geweihe stammen ausnahmslos von mittelalten und alten Hirschen, und ich glaube mich zu erinnern, dass z.B. das Geweih Nr. 10 von einem 7jährigen, die Geweihe Nr. 11 und 12 von 10jährigen Hirschen stammten! Bei allen drei Geweihen waren die Unterkiefer noch vorhanden.

Hainberghirsche; Braunschweig 1935.

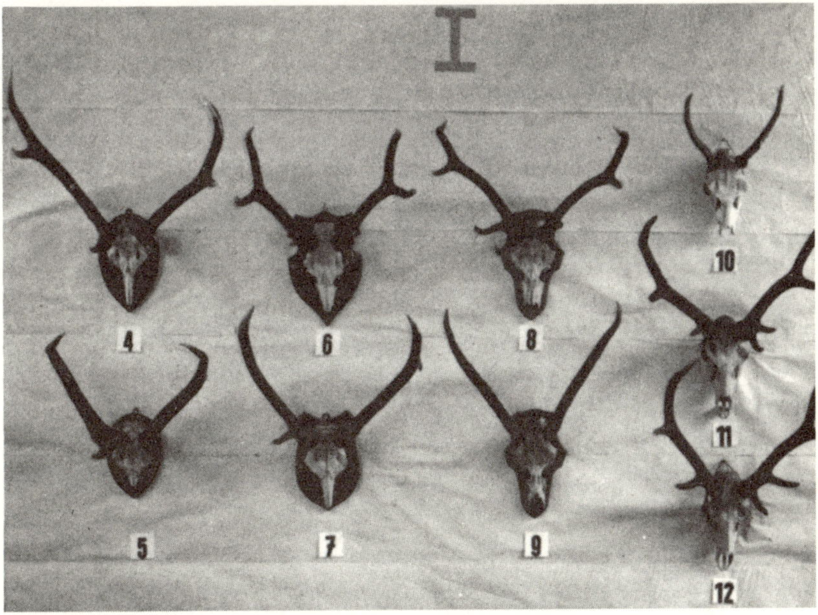

Hainberghirsche; Düsseldorf 1954.

Warum ich hiervon schreibe, es beschreibe, Fotos zeige? Weil der Hainberg ein exemplarischer Fall gewesen ist, der mich frühzeitig auf einen bestimmten Weg brachte, der mich erkennen ließ, was bei Anwendung einer falschen Abschussrichtlinie aus einem Rotwildbestand werden kann – weil ich an diesem Beispiel sehen konnte, dass der Hirsch nicht nur »ein Produkt des Standortes« ist, auf dem er steht und wächst, sondern dass auch der Jäger bestimmend auf die Qualität einwirken kann und muss durch richtige quantitative und qualitative Auslese! Das sei auch solchen Wildbiologen ins Stammbuch geschrieben, die uns weismachen wollen, das Geweih sei als Auslesemerkmal untauglich. Einhundert Jahre Rotwildmisswirtschaft haben genügt, auf gutem Standort einen so erbärmlichen Zustand herbeizuführen. In und zu gleicher Zeit haben in Rominten geeignete Abschussrichtlinien kapitale Hirsche heranwachsen lassen! Rominten! Immer habe ich mich gewundert, dass *Walter Frevert* bei Aussprachen, in Vorträgen, auch in seinem Buch »Rominten« die Bedeutung des Altersklassenaufbaues so ausgesprochen nebensächlich behandelt hat. Wie lange das wohl in der Praxis noch gut gegangen wäre, insbesondere bei den Ansprüchen seines »Jagdherrn«? Im Hainberg haben wir uns seinerzeit entschlossen, den einheimischen Rotwildbestand abzuschießen, insbesondere aus der Überlegung heraus, man könne es den Hainbergjägern nicht zumuten, über eine sehr lange Zeit durch Ausleseabschuss den Bestand wieder auf die Höhe zu bringen. Es war auch nicht ein geeigneter Hirsch da, der als Stammvater einer neuen Generation in Frage gekommen wäre, vom weiblichen Wild ganz zu schweigen.

Gern hätte ich damals einen von den dicken Sechsern geschossen. Versucht habe ich es, und *von Gadenstedt* und sein Jäger haben sich die größte Mühe gegeben, mich zu Schuss zu bringen – vergeblich, denn heimlich waren die Hainberghirsche nämlich auch noch.

Wir brachten also Rotwild aus nicht zu fremden Schlägen, Havelland und Darß, in ein Zuchtgatter, während draußen der einheimische Bestand ziemlich rigoros dem Abschuss verfiel. Der Ausbruch des zweiten Weltkrieges machte diesen Gewaltversuch und seine Durchführung zunichte, und ich stellte, wie schon erwähnt, in Düsseldorf 1954 eine Hainbergschau zusammen, um diesen exemplarischen Fall, dieses eklatante Lehrbeispiel vor der Vergessenheit zu bewahren. Die Schau ist im Erinnerungswerk der Ausstellung beschrieben; auch gab ich im Jahre 1955 im Auftrage des Landesjagdverbandes

Niedersachsen eine Broschüre »Das Rotwild des Hainberges« heraus, die leider vergriffen ist. Zwei ganz besonders eindrucksvolle Fälle von Vererbung der Geweihform konnte ich noch im Hainberg beobachten, die ich im *Raesfeld / Vorreyer.* Das Rotwild, 8. Auflage, Seite 254, beschrieben habe.

Zusammenfassend betone ich noch einmal: Die Kenntnis des Entwicklungsganges vom Hainbergrotwild hat mich frühzeitig zu einem kompromisslosen Verfechter der Auslese, des Wahlabschusses auch nach Geweihmerkmalen, gemacht. Dabei geht es nicht darum, Hirsche heranwachsen zu lassen, die nur einem jägerischen Wunschbild entsprechen, sondern bevorzugt solche, deren Geweihe artspezifisch sind! Repräsentant ist der Kronenhirsch, der lang- und starkstangige! Ob Becher-, Finger- oder Handkrone, ist ziemlich unwichtig, überhaupt drei Enden über der Mittelsprosse! Die Krone ist nun einmal ein Schild, der beim Kampf vor Forkelstichen schützt. Je länger und stärker die Stangen, desto optisch wirksamer als Signal ist das Geweih. Unsere Ansprüche liegen also durchaus im Rahmen der biologischen Zweckbestimmung des Geweihes für Kampf und Imponiergehabe. Das sollten wir uns nicht ausreden lassen.

Als ich 1937 im Reichsjagdamt in Berlin u.a. die Abschussplanung in den Staatsforsten zu übernehmen hatte, ohne die der Staatsjagdreviere – das waren die dem Reichsjägermeister persönlich vorbehaltenen – ergaben sich für mich Notwendigkeit und Möglichkeit, auch andere Biotope kennenzulernen. Einige Schalenwildarten, wie Damwild und Gams etwa, waren mir auch nicht so vertraut wie Rot- und Rehwild. So hatte ich »anderswo« noch zwei Pirschbezirke zur Verfügung, die ich der Unterschiedlichkeit der Biotope wegen in der »Heide«, Ausläufer der Schorfheide, und im Hochgebirge, Hohe Tauern, wählte, Forstamt Liebenwalde bei Berlin und Forstamt Großarl bei St. Johann im Pongau. Ersteres hatte Rot-, Reh-, Dam- und Schwarzwild als Hauptwildarten, letzteres Rot-, Gams- und Rehwild neben einem hervorragenden Bestand an Auer- und Birkwild. Den Pirschbezirk im Harz behielt ich selbstverständlich bei – nicht nur wegen des »Rotwildgebiets Harz«.

Durch meine eigene Jagdausübung in diesen Gebieten lernte ich nicht nur viel über das Wild, sondern auch über Inanspruchnahme und Mentalität der Jäger. Auch Bereisungen anderer Gebiete vervollständigten das Bild.

Den ersten »auswärtigen« Hirsch schoss ich 1939 Anfang der Brunft in Liebenwalde, einem Revier, das mir im Laufe der Jahre sehr ans Herz wuchs, auch wegen der Nähe zu meinem Berliner Wohnsitz, von wo aus ich notfalls per Fahrrad ins Revier gelangen konnte. (Wenig über 50 km hin und zurück!) Das war während des Krieges von Vorteil. Die Jagdausübung in der Ebene, der »Heide«, im Kiefern-Eichenwald mit offenen Feldgrenzen war mir völlig ungewohnt, und so dauerte es bis 1939, dass ich den ersten Hirsch schoss, einen geringen, offensichtlich kranken, ungeraden Achter.

Pirsch und Ansitz auf Rotwild bedurften wesentlich mehr der Beachtung des Windes, der verhältnismäßig stetig blies. Im Mittelgebirge, vom Hochgebirge ganz zu schweigen, brachten Tageszeit und Geländeausformung häufiges »Umschlagen« des Windes bei nicht seltenem Abweichen von der allgemeinen Windrichtung. Wehte der Wind mal tagelang steif aus einer Richtung, so konnte man in Liebenwalde beobachten, dass starke Veränderungen hinsichtlich der Höhe des Wildstandes auftraten. So erinnere ich mich einer Revierfahrt mit einem Kollegen aus dem Reichsjagdamt, der mich nach ausgedehnter Rundfahrt schließlich fragte: »Gibt es hier eigentlich auch Rotwild?« Ich bejahte das, doch blieb der Eindruck eines rotwildfreien Reviers bestehen. Schließlich zog doch ein Stück Rotwild vor uns über die Schneise. Halt! »Na also!« Ein Stück, zwei Stück, drei Stück, noch eins und noch eins; ich wusste gar nicht, was das werden sollte. Schließlich zählten wir an die achtzig Stück Kahlwild mit einigen geringen Hirschen! Nie wieder habe ich ein so großes Rudel gesehen. Wie war das zu erklären? Wir hatten seit Wochen einen scharfen Westwind, und vermutlich waren beträchtliche Teile des Rotwildbestandes aus der Umgebung seit Wochen gegen den Wind gezogen und standen nun gerudelt am äußersten Westrand des Waldgebietes und damit zufällig in meinem Pirschbezirk.

Beherrscht wurde dieser von zwei sehr großen Freiflächen, die mir ihre speziellen jagdlichen Probleme brachten: Eine etwa 50 ha große Kunstwiese, die »Schleedornwiese«, und eine wohl noch größere Kalamitätenfläche, die sich einer späteren Wiederaufforstung durch Seggewuchs entzogen haben mochte. Beide Flächen waren so groß, dass Rotwild, etwa in der Mitte stehend oder ziehend, zwar gut beobachtet werden konnte, dabei aber meist außer Schussweite blieb. Nie wusste man auch mit einiger Sicherheit, wohin schließlich der Rückwechsel ging, wenn das Wild nicht überhaupt sich auch tagsüber in der hohen Segge niedertat.

Dennoch konnte ich auf beiden Flächen einige Hirsche, selbstverständlich auch Kahlwild, zur Strecke bringen. Zwei sind mir in besonderer Erinnerung, von denen ich erzählen möchte. Der eine war ein »Jubiläumshirsch«: Mein fünfzigster! Ein guter, alter Achter, der dem Geweih nach ein Harzhirsch hätte sein können. Mein Schwager, Berufsoffizier, verbrachte einige Tage seines Weihnachtsurlaubes nach dem Polenfeldzug in unserem Hause. Eine jagdliche Freude wollte ich ihm machen, also bei leichter Schneedecke auf einen Hochsitz an der »Großen Fläche«. Von dort aus machten wir ganz auf der anderen Seite ein starkes Rudel Rotwild aus, etwa 30 Stück. Es blieb nur der Versuch, das Wild von der anderen Seite her anzurühren und über die »Große Fläche« dem Hochsitz »zuzuhüten«. Ich machte daher einen Umgehungslauf und brachte die Sache in Gang. Vorsichtig, vorsichtig! Das Rudel setzte sich wie gewollt in Bewegung, ich immer schön in der hohen Segge in gebührendem Abstand hinterher. Immer auf Richtung achten! Nur die Häupter konnte ich ab und zu auftauchen sehen.

Da fuhr mit allen Zeichen des Entsetzens dicht vor mir ein Hirsch hoch, der sich dort schon gebettet hatte. Donnerwetter, ein guter Abschusshirsch, Achter. Glücklicherweise nahm das Rudel den Hochflüchtigen gleich auf, er beruhigte sich und zog nun ziemlich schnell auch dem Hochsitz zu. Was tun? Mein Schwager sollte ein Stück Kahlwild oder einen sicher anzusprechenden Abschusshirsch schießen. Mir schien dieser aber wohl doch zu stark, als dass er sich daran traute. Also signalisierte ich, mit beiden Armen das Geweih markierend, die Faust hoch mit Daumen nach unten, er solle den Hirsch schießen! Mit dem Glas hätte man das sehen und deuten können, aber mein Schwager war wohl von meiner Hüteleistung und dem großen Rudel so fasziniert, dass er meine Bemühungen übersah und ein Schmaltier schoss. Das Rudel machte daraufhin kehrt und ging in voller Flucht an mir vorbei, auf 70 Schritt etwa, aber ich war »fertig«. Der Hirsch am Schluss. Was blieb mir übrig? Ich schoss auf den hochflüchtigen Hirsch, der nach etwa 100 Metern zusammenbrach. Er wollte wieder hoch werden, ich lief heran und gab den Fangschuss.

So hatte ich mir einen Hirsch fast selbst zugedrückt. Und auch »anderswo« gab es Hirsche, die nicht »anders« waren als im Harz. Auch in Liebenwalde gab es alte Achter.

Der zweite war ein Abschiedshirsch, der letzte aus »dem lieben Walde«. Ich schildere die Geschichte so, wie ich sie schon im *Raesfeld/Vorreyer* niedergeschrieben habe. Sie gehört hierher.

Brunft 1944. Unnötig zu sagen, in welcher Stimmung man war. Der Bruder, die Kameraden im Felde, ich selbst kurz vor der Abreise, die mich zum dritten Male an die Front, diesmal schon an die Heimatfront nach Ostpreußen, das Land der starken Hirsche, bringen würde. Soll man überhaupt noch? Nun, wenigstens einen Abschusshirsch als womöglich letztes Geschenk des deutschen Waldes. Dass es ein so schönes Erlebnis werden sollte, ahnte ich nicht, als ich am Morgen des 1. Oktober in der Nähe der »Schleedornwiese« mit meiner Frau verhörte. Lange vor Hell werden, gegen halb 5 Uhr, schrien die Hirsche recht gut, doch nur eine halbe Stunde lang. Dann war alles wieder still. Ein leichter Sprühregen ging nieder; für den letzten Morgen nicht sehr vielversprechend. Schließlich noch ein verlorener Schrei auf der »Großen Fläche«, wo ich einen älteren Achter beim Rudel wusste. Also dorthin. Während des Anmarsches schrie sich der Hirsch gut ein und war anhaltend zu hören, als wir im Kiefernaltholz am Rande der Kahlfäche, dem Brunftplatz, ankamen. Die Situation: Vor mir eine etwa 200 m breite, mit hoher Segge und Farn bewachsene Kahlfläche. Dann rechts ein breiter Streifen Erlenstockausschläge, 20 m breit. Dahinter wieder etwa 200 m Kahlfläche bis zu einem Kiefernaltholzstreifen, an den sich die Dickung, der Einstand des Hirsches, anschloss. Eigentlich nicht sehr ermutigend, da ich »hinter dem Hirsch« war. Zwischen Erlenstreifen und Dickung stand er schreiend, unsichtbar, anscheinend noch beim Rudel. Bei dem herrschenden Wind konnte ich nur nachpirschen, und das bedeutete: Quer über die 200 m breite, freie Fläche bis zu dem Erlenstreifen. Von dort musste man das Wild sehen können – wenn es dann noch draußen stand.

Es wurde hell, der Regen ließ nach, und ein leichter Bodennebel kam auf, der aber auf 60 bis 70 Schritte noch Sicht bot. Also die Muschel zur Hand und allein los! Kaum war ich 50 Schritt auf der Fläche, als ich den Hirsch bereits im gegenüberliegenden Altholz kurz vor der Dickung melden hörte. Jetzt konnte es nur glücken, wenn das Wild noch nicht eingezogen war. Ich machte wiederholt den suchenden Hirsch und erhielt jedesmal Antwort von drüben. Ab und zu rufend ging ich, denn pirschen konnte man das auf der freien, mit altem Schlagabraum bedeckten Fläche kaum nennen, auf den Erlenstreifen los, hinter dem ich das Wild noch auf der Fläche vermutete. Es musste schnell gehen, und so übersah ich zunächst eine Ricke, die laut schreckend absprang. Ein Schrei aus der Muschel tarnte diese Störung. Der Hirsch antwortete flott und schien dem Schreien nach auch wieder herausgezogen zu sein. Richtig, jetzt brachte er einen Beihirsch auf den Schwung, der durch die Erlen hindurch auf mich zu flüchtete: Ein Gabler, ein geringer Abschusshirsch. Sollst du gleich den, fuhr es mir durch den Sinn? Der kann dir nicht aus. Nein, das wäre ein zu einfacher Verzicht gewesen. Jetzt war er unmittelbar heran, eräugte mich und fuhr herum, um wieder zum Rudel zu flüchten. Ich schrie ihm den Kampfschrei nach, und wieder antwortete der Platzhirsch. Mein Schreien fand ein zweiter Beihirsch so interessant, dass er sich in scharfem Troll von der Seite her näherte. Bis auf 20 Schritte lief der junge Achter mich an, dann musste ich auch ihn mit einem Schrei »abschlagen«. Es wurde nun wirklich aufregend, und die Spannung wuchs, ob der Platzhirsch das alles wohl aushallen würde. Endlich hatte ich den Erlenstreifen erreicht, war schnell am jenseitigen Rande – um festzustellen, dass kein Hirsch mehr zu sehen war. Zwar schrie er noch, aber unsichtbar drüben im Baumort vor oder schon in der Dickung. Schon dachte ich, dass alles aus sei, als ich gar nicht weit vor mir die Häupter von zwei Stück Kahlwild im Farn entdeckte, die mich anäugten.

Gleich werden sie flüchtig, dachte ich, schrie aber noch einmal auf der Muschel. Und die Stücke beruhigten sich wieder. Damit war noch nichts verloren. Nebelfetzen zogen über die Fläche, ab und zu die Sicht nehmend. Diese Gelegenheit benutzte ich zu einem Stellungswechsel, der mir freies Schussfeld auf die Fläche brachte. Nun musste der Hirsch wieder zum Wilde geholt werden. Die Lage war für einen derartigen Versuch günstig, da das Wild noch zwischen mir und dem Hirsch stand. Schrei auf Schrei tat ich, jedesmal antwortete der Hirsch lebhafter. Jetzt sah ich ihn! Aufgeregt schreiend trollte er im 200 m entfernten Altholzrande hin und her, wollte offensichtlich nicht gern mehr auf die freie Fläche. Als den älteren Achter konnte ich ihn ansprechen, doch zum Schuss langte es bei fehlender Auflage nicht. Ich konnte nicht mehr weiter vor, also musste er heraus, oder es wurde nichts. Und schließlich wollte er das auch, nachdem ihm mein Schreien in unmittelbarer Nähe seines Wildes richtig in Wut gebracht hatte.

Ein herrliches, unvergessliches Bild, wie er durch die Nebelfetzen schreiend auf die Fläche trollte! Gewiss, es war kein starker Hirsch, aber das Drum und Dran war so schön und erregend, dass es unbescheiden gewesen wäre, enttäuscht zu sein. Jetzt hatte er in scharfem Troll sein Wild erreicht und versuchte sofort, es vor sich her von der Fläche zu treiben. Außer Haupt und Träger waren in dem hohen Farn nichts zu sehen. Da schrie ich ihn mit dem Sprengruf an. Er stoppte sofort, wandte sich zu mir und trat hoch auf einen Worrboden. Frei ragte er aus dem Farn, als er mir wütend antwortete. 70 Schritte. Starr äugte er dann zu mir herüber, den vermeintlichen Nebenbuhler suchend. Noch ein zorniger Schrei, dann traf ihn meine Kugel auf den Trägeransatz und warf ihn, im Knall verendend, in den Farn. In meinem Jagdtagebuch lese ich: Selten habe ich eine so schöne und aufregende Pirsch gemacht, selten habe ich mich daher auch so über einen jagdlichen Erfolg gefreut!

Soweit der Bericht. Auch dieser Hirsch war wieder ein Achter, ein nicht besonders starker, aber ein älterer, der auf einem Licht blind war. Das waren also Hirsche aus der »Heide«, der Schorfheide. Der Preuße nannte ebene Waldgebiete gern »Heide«, wenn es sich auch nicht im engeren Sinne um eine Heide handelte: Ückermünder, Landsberger, Tucheier Heide u.a. mehr. Die Hirsche waren nicht anders als die Harzhirsche, verhielten sich wohl manchmal etwas anders (Rudelbildung), was auf die Geländeausformung zurückzuführen war. Die Rudel waren deswegen meist wesentlich kopfstärker, als ich das aus dem Mittelgebirge gewohnt war.

Viel habe ich in diesem mir fremden Biotop und in Preußen gelernt, am Wild und an den Jägern, und hätte dort gar zu gern meine Harzer Abschuss- und Freigaberegeln eingeführt, aber ich war mir der Sache noch nicht sicher genug. Erfolge im Harz konnte ich noch nicht allgemeingültig vorzeigen, hatte 1937 auf der Internationalen Ausstellung in Berlin wohl mein Rezept vorgelegt, aber das war ohne gleichzeitige Erfolgsdarstellung nicht überzeugend genug, um eine Änderung herbeizuführen. Es ist mir z.B. nicht gelungen, den in Liebenwalde meinen Pirschbezirk betreuenden Revierförster zum Abschuss von jungen, geringen Hirschen zu bewegen. Er war noch von der alten Schule und lehnte meine ständige Aufforderung zum Abschuss von geringen Hirschen zwar nicht gerade ab, er »hatte aber eben keine solchen Hirsche«, und es beeindruckte ihn offensichtlich auch gar nicht, dass ich mit meinen Gästen mit der Zeit fünf oder sechs geringe Hirsche zur Strecke brachte. Unmittelbar nach Erlass des Reichsjagdgesetzes hat diese

Schonung der jungen Hirsche bei zunächst sehr vorsichtigem Abschuss in den mittleren Klassen wahrscheinlich mancherorts zu größeren Wilddichten, die hätten vermieden werden sollen, geführt. Und fast müsste ich mir Vorwürfe machen, nicht energischer vorgegangen zu sein und den Abschuss junger Hirsche angeordnet zu haben. Aber ich war erst zwei Jahre im Amt, dann brach der Krieg aus, und ich wurde Soldat. Ein Vierteljahrhundert später, 1963, konnte ich mein Rezept mit gleichzeitiger Darstellung des Erfolges seiner Anwendung in Lehr- und Trophäenschau auf der Jagdausstellung München der Jägerschaft vorführen. Modell Harz, ich schrieb es schon.

Und nun zum Hochgebirge. Hier spielte sich die Jagd auf Rotwild für mich zwar nur sehr am Rande ab, denn Hauptwildart waren die Gams. Aber Großarl hatte einen recht guten Rotwildbestand mit guten, für das Hochgebirge sogar recht braven Geweihen. Wildschaden gab es auch kaum; ein völlig neues Jagdgefühl für einen Harzer Jäger.

Alles war eigentlich in bester Ordnung, in erster Linie auch die Berufsjäger. Sie hatten dort ihren notwendigen Platz, denn man war ja den ganzen Tag, bis zu 16 Stunden, unterwegs auf Gamspirsch und war auf Führung angewiesen, was mir zuerst ganz ungewohnt war. Aber dann hatte ich viel Freude an dem Zusammensein mit den Revierjägern.

Als ich in Großarl vom »Schöder« aus den ersten Hirsch sah, wurde ich ganz unruhig, denn es war ein Abschusshirsch wie aus dem Bilderbuch, ein offensichtlich alter, langstangiger Sechser. Er stand am »Gegenhang«, wie ich meinte, das war hier aber die andere Bergseite. Ich hätte mir den wohl gern mal aus der Nähe angesehen; wir hatten ihn nur mit dem Spektiv ansprechen können. Ich äußerte meinen Wunsch. Es war gegen Mittag, und mir wurde die berglerische Jagdausübung gleich klar gemacht: Zeit lassen! Vor Schwinden des Büchsenlichts hätten wir nicht auf der anderen Seite sein können. Wo wäre dann wohl der Hirsch gewesen? Also war das nichts.

Auf einem Klavier kann man nur spielen, und so widmete ich mich ganz den Gams. Dabei waren natürlich oft gute Fernbeobachtungen am Rotwild möglich. So fiel mir auf, dass hier die Rudelbildung viel weniger Stücke zusammenfasste, als ich das aus dem Harz und besonders aus der Heide kannte. Selten habe ich größere, d.h. über drei bis vier Köpfe zählende Rudel gesehen. Nur die Hirsche rudelten sich in Kolben- und Feistzeit stärker, standen dann auch häufig über der Baumgrenze an Stellen, an denen der Wind Fliegen und Mücken vertrieb.

Wie ich mir auch Riegel- und Treibjagd auf Gams vorführen ließ, um ihren Einsatz hinsichtlich der Abschussdurchführung zu überprüfen, so ließ ich auch gelegentlich einmal Hirsche riegeln, um das kennenzulernen. Interessant war dann auch zu sehen, wie genau sich die Hirsche in dem schwierigen Gelände auskannten, und wie auch mal der eine oder andere auf schmalem Felsband nach hinten oder nach oben auszuweichen wusste.

Als ich später, in den fünfziger Jahren, Mitpächter einer Hochgebirgsjagd im Bereich des Forstamtes Wald, Untersulzbachtal am Großvenediger, war, kam ich auch dort mit Rotwild in Berührung, das in diesem Tal aber erst seit kurzer Zeit seinen Einstand genommen hatte. Das hatte u.a. zur Folge, dass sich die Berufsjäger weniger mit dieser Wildart auskannten, diese aber ihrerseits weniger gut mit den Geländeschwierigkeiten fertig wurde, wie ich das von Großarl her kannte. Dort war allerdings der Berg auch nicht so »streng« wie im Revier am Großvenediger. Alljährlich verloren wir mehr Hirsche durch Absturz als durch Abschuss. Die Hirsche, und zwar bevorzugt diese, benutzten gern die durch die Wände führenden Gamswechsel. Oft brachen diese dann aus, weil sie besonders beim Sprung das Gewicht des Hirsches nicht trugen. Das Rotwild gehörte auch nicht in die höheren Lagen dieses Reviers, und es war manchmal atemberaubend zusehen zu müssen, wie das Rotwild über schmale Grate in größeren Höhen (über 2.000 m) wechselte. Ein ernster Nachteil kam hinzu: Kaum konnte man einen Hirsch beschießen, ohne befürchten zu müssen, ihn durch Absturz zu verlieren. So glatt waren die über den Wänden liegenden Almen, so steil, dass ein zusammengebrochenes Stück Rotwild, geschweige denn ein Hirsch, keinen Halt fand und die Wahrscheinlichkeit bestand, über eine Wand ins Niemandsland zu fliegen!

Eines Tages, Mitte August 1951, zu Haus war an legales Jagen noch nicht zu denken, pirschte ich mit meinem Jäger *Sepp* den Krautgartensteig »hinein«, früh morgens, um an der Brandrinne auf Gams zu passen. Gerade war Büchsenlicht, und wir wollten eben einen Graben überqueren. Ich: »Sepp, ein Hirsch, nein zwei!« Gar nicht auf dieses Ereignis vorbereitet, stoppten wir sofort die Überquerung des Grabens, in dem der Wind, wie morgens üblich, scharf herunterzog. Zwei geringe Hirsche, die ersten, die ich in dem Revier vor mir hatte, ein ganz

Jagdgebiet im Untersulzbachtal am Großvenediger.

enggestellter Sechser vom dritten Kopf dabei. Trotz des geringen Kalibers meiner Gamsbüchse, 6,5x57, entschloss ich mich zum Schuss, 150 m steil abwärts. Beim Schuss hob sich der Hirsch, um über einen liegenden, starken Stamm zu klettern, und so kam ich etwas zu kurz ab, wusste das auch gleich, und der Hirsch verschwand ruhig ziehend im »Märchenwald«; so sah der Schutzwald nämlich aus. *Sepp:* »Den hat's!« Davon war ich auch überzeugt, aber wir hatten ihn noch nicht. *Sepp* wollte sofort nach. Das verbot sich, und auch an eine Weiterpirsch war nicht zu denken, um unseren Wind nicht an den kranken Hirsch kommen zu lassen. Also auf die Krautgartenhütte zurück und drei Stunden mindestens warten. Der Hund war auf dem großen Jagdhaus im Tal, weit hinein bis fast an den Gletscher, sechs Stunden das wenigste, um ihn zu haben. Ich war mir aber eines tödlichen Schusses so sicher, dass wir nach vier Stunden ohne Hund am Anschuss waren. Wie zu erwarten, gleich Schnitthaare auf dem Stamm, helles, kurzes, von der unteren Rumpfseite, wohl kurzer Blattschuss. Auch gleich Schweiß! Das Schnitthaar barg ich gewohnheitsgemäß hinter dem Hutband; man kann nie wissen! Nun ging's los, und ich war sehr neugierig, wie es wohl in dem Urwald aussehen würde. Schön, einmalig schön, aber ebenso schwierig, eigentlich nur auf allen vieren zu machen. Und so machten wir das: Ich voran, die Fährte haltend, den Blick also fest auf den Boden gerichtet, *Sepp* dichtauf, vorausspähend, ob er den Hirsch irgendwo voraus verendet liegen oder etwa krank noch im Wundbett sehen und mir rechtzeitig melden könnte. Ich hielt die Schweißfährte, immer auf das schwierige Gelände am Steilhang konzentriert, und wusste sehr bald aus eigener Erfahrung, warum der Schweißhundführer im Hochgebirge die Nachsuche am Riemen bald aufgibt und schnallt, obgleich war ich dieser Entscheidung mangels Hund enthoben war. Langsam, sehr langsam, Schritt für Schritt tastete und kletterte ich weiter. Nach etwa 150 m *Sepps* leiser Anruf: »Da vor Eahna, der Hirsch!« Schwerkrank saß er im hohen Farn, und ich konnte einen schnellen Fangschuss geben. Nicht sehr schön, aber das Angefangene musste nun zu Ende geführt werden. Wir hatten ihn also, alles war noch gut gegangen; der Hirsch war nicht »abgefahren«, was in dem Urwald wohl auch schlecht möglich gewesen wäre. Steil genug war es ja. Der spätere Abtransport und seine Umstände machten mich allerdings recht nachdenklich. Einen ganzen und einen halben Tag brauchte die Bringung des Hirsches. Erst 150 m bergwärts auf den Steig, von dem aus ich geschossen hatte, dann auf ihm entlang zur Hütte, immer von 2 bis 3 Mann gezogen, geschoben, gehebelt. Weiter 49 mal zick und 49 mal zack den Steig hinunter ins Tal. Das ging schon leichter. Schließlich mit bespanntem Fuhrwerk zur endgültigen Station im Ort. Wie sah er da aus?! Nein, das war kein vernünftig zu bejagendes Rotwildrevier, nicht nur, weil die Bringungskosten weit über dem Erlös des Wildbrets lagen. Während der Jäger *Sepp* abmarschierte, um die eben geschilderte Versorgung des Hirsches zu organisieren, machte ich eine herrliche Alleinpirsch durch die Finkalm zum Jagdhaus, wo ich die Freunde wusste. »Du hast geschossen? Was war's?« Ja, was war's! Keiner dachte natürlich an einen Hirsch; es war der erste, der erlegt wurde in diesem Gamsrevier. Ich verlängerte die Spannung noch, zeigte das Schnitthaar vor und sagte: »Ein Rehbock, aber ich weiß nicht, wo die Kugel sitzt, werde aus dem Schnitthaar nicht klug«. Jeder wusste nun etwas anderes, keiner merkte, dass es sich um Schnitthaar vom Hirsch handelte, der Berufsjäger am wenigsten! Es wurde noch ein sehr lustiger Hüttenabend, der mich manche Flasche »Tiroler Roten« kostete.

Aus dem Vorfall hatte ich aber doch gelernt, vorm Schuss auf Rotwild genau das Gelände abzuschätzen. Steil, glatt, Latschen? Geschossene Gams fuhren ja auch ab, meist fingen sich die wesentlich leichteren Stücke aber schneller und waren auch im Gamsträgerriemen schließlich leichter zu bergen!

Zwei Jahre dauerte es, bis ich mich wieder an die Hirsche traute. Hirschbrunft 1953. Am Ameisensitz war ich mit Jäger *Seppl* angesessen, an der Neubergleiten über der dazugehörigen Neubergklamm. Vor uns, d.h. auf der anderen Seite, unberührter Schutzwald, ein Urwald, Fichtenaltholz. Und darin war ein ziemlicher, leider unsichtbarer Betrieb. Nur auf einer Lücke sah ich einmal einen Hirsch kurz verhoffen: Ungerader Achter, offensichtlich ein Beihirsch. »Sepp, den schieße ich, wenn er raus kommt!« Er kam auch raus, nachdem er uns lange Zeit hatte warten lassen, zog über die Leite schnell auf uns zu. Da schlug der Wind um und der Hirsch natürlich auch, doch konnte ich ihn vorm Erreichen des Waldes durch Mahnen noch mal zum Verhoffen bringen. Nun musste er noch breit werden. Es war weit, ganz über die Leite zu schießen, und warum ich gerade heute eine fremde Büchse, Mannlicher 6,5x54 führte, weiß ich nicht mehr. Ungewohntes Fernrohr-Abkommen auch noch dazu. Alles etwas ungewohnt und sehr eilig. Ich dachte nun natürlich nicht mehr an das Gelände, *Sepp* sagte auch keinen Ton, meinte wohl, ich träfe den Hirsch gar nicht oder schösse ihn »weich«, dann könnte der Kranke sich noch in den Wald verschliefen. Na, ich weiß es nicht. Der Hirsch wurde noch einmal kurz breit, Entfernung etwa 200 m. An was man auch alles denken musste! Raus war der Schuss und *Sepp:* »Liegt schon, liegt schon, bravo, was für ein Schuss!« Ja, das war er wohl, der Hirsch war im Farnhorst sofort zusammengebrochen. 6,5x54, alle Wetter. »Da feit si nix«, meinte *Sepp,* während es sich im Farn aber noch bewegte.

Es kam, wie es kommen musste: Der Hirsch, schon fast verendet, rutschte zunächst ganz langsam aus dem Farn heraus, gewissermaßen auf die Startbahn des glatten Grases, blieb noch einmal an einer dicken Lärche gestoppt. Schon konnte man hoffen und tat es auch – da streckte sich mein Achter im Verenden, verlor den Halt an der Lärche. Der Rest war wirklich grauslich! Zunächst ganz harmlos, dann immer mehr Fahrt aufnehmend, sauste er etwa 300 m weit herunter, um in der Klamm mit Donnergepolter zu verschwinden. Den nochmal über 100 m betragenden Sturz konnten wir hören, und wie! Beide saßen wir zusammengekauert, mochten uns gar nicht in die Augen sehen. Endlich *Sepp:* »Jessas, der mag schön ausschaun!«

Das tat er denn auch, als wir nach einer halsbrecherischen Kletterei in der Klamm bei ihm standen: Kein Knochen mehr heil, alle vier Läufe gebrochen, eine Stange mit Rosenstock herausgebrochen, aber noch an der Decke hängend. Nein, nur das nicht noch einmal! Und der Abtransport des Hirsches aus der Klamm! Erst steil nach oben, dann ins Tal. Zwei Tage mühevoller Arbeit. Ich kam noch einmal an ihm vorbei, mochte ihn gar nicht ansehen und hatte ein unsicheres Gefühl.

Ein ganz besonderer Reiz bei der Hochgebirgsjagd war natürlich der oft erforderliche, außergewöhnliche körperliche Einsatz, besonders für uns mehr oder weniger bergungewohnte Flachlandjäger. Den musste man einfach einmal erlebt und durchgestanden haben, um das werten zu können!

Zwei Beispiele noch kurz: Einen Freund, der noch keinen Hirsch erlegt hatte, wollte ich im Untersulzbach gern zu Schuss bringen. In der Hirschbrunft standen wir unten im Tal vor der Brandegghütte lange vor Büchsenlicht, wussten nicht so recht, wohin. So marschierten wir auf dem Talweg an der Ache »heraus« bis zum »Tiefen Lahner«, waren für Hirschgelüste natürlich viel zu weit unten. Dann hörten wir auf dem Neuberg einen Hirsch melden. Von der Krautgartenhütte aus wäre der leicht anzupirschen gewesen, sie lag gut 800 m höher, aber ringsum war alles still, und wir entschlossen uns, den Hirsch von unten anzugehen. Der Jäger *Hansl* zeigte sich wenig erfreut darüber, aber wir packten es an.

Versäumen durften wir uns nicht, also zügig – wie wir meinten – stiegen wir ohne Weg und Steg auf durch ein Gewirr von Fichtenanflug und Erlenlatschen, von großen Fehlstellen glücklicherweise unterbrochen. 500 m, ohne Weg und Steg, sozusagen an der Wand wie die Fliegen gekrabbelt. Der Jäger fiel schon nach 10 Minuten aus, stürzte in ein Loch, quetschte, stauchte oder brach sich eine Rippe, wünschte uns einen guten Aufstieg und überließ mir die Führung. Ich war noch nie von unten in diesen Berg eingestiegen, aber verweht und kaum zu hören lockte uns immer wieder der Schrei des Hirsches. Ich will es kurz machen: Völlig außer Atem, nein, völlig erschöpft kamen wir nach zwei Stunden oben an, wo wir bei Büchsenlicht Ausblick auf die Alm hatten. Den Hirsch sahen wir sofort oben am Grat mit einem Tier stehen, weit, weit, 250 m, aber Freund *Christian* ging sofort in

Schussposition. Er war Deutscher Meister im jagdlichen Schießen, und das hätte böse für den Hirsch ausgehen können. Halt, erst ansprechen! In letzter Sekunde konnte ich noch hervorstoßen: »Nicht schießen, es ist der ›Hirschkäfer‹, unser einzig bekannte Kronenhirsch, mittelalt, zu schonen!« Nach diesem mühevollen, die letzten Kräfte erfordernden Aufstieg, den Erfolg in der Tasche, der Verzicht. Das war hart! – Dass wir den »Hirschkäfer« im nächsten Frühjahr von einem Eisabbruch erschlagen fanden, mochte ich meinem Freunde gar nicht sagen. Jäger und Hirschschicksal in den Bergen! Ich selbst geriet einmal auch in Bedrängnis. Freund *Franz E.* hatte in meinem Beisein ohne Jägerbegleitung ein Schmaltier geschossen, das in den felsigen Graben stürzte. Es war Sommer, der Tag würde sehr warm werden, das Stück musste also schnell versorgt und sein Abtransport organisiert werden. So stieg ich kurzentschlossen in den Graben, fand das Schmaltier auch gleich und wollte es nun aufbrechen. Das war aber in den Felsen viel schwieriger und insbesondere anstrengender als gedacht. Es ging überhaupt nur, nachdem ich das Stück mit dem Schweißriemen an einer Latsche anhängte. Durch die körperliche Inanspruchnahme ich war schließlich kein Jüngling mehr –, durch den kraftzehrenden Grabenein- und -ausstieg, das Aufbrechen und das Versteinen des Aufbruchs, alles in Eile, war ich ziemlich »fertig«. Man musste nun schnell zur Hütte zurück, wohin ich um 8 Uhr einen Träger bestellt hatte, der aber nur Post bringen und abholen, also nicht warten sollte. Der hätte nun die Bringung des Schmaltieres im Tal in Gang setzen sollen. So rannte ich los, erreichte auch rechtzeitig die Hütte, war zwar völlig erschöpft, doch folgte ich dem Wunsche meines Freundes, gleich noch eine, wenn auch bequeme Pirsch zu machen. Auf dem Rückmarsch erwischte es mich dann: Langsam, aber stetig sich verstärkend, machte sich Gedächtnisschwund bemerkbar, schließlich wusste ich mich überhaupt an nichts mehr zu erinnern, erkannte aber glücklicherweise meinen Zustand als äußerst gefährlich. Nur noch ganz verworrene Antworten gab ich. Ganz langsam gingen wir auf dem Steig zur Hütte zurück, wo ich – was für ein Glück – ein Traubenzuckerpräparat im Rucksack hatte. Es dauerte Stunden, bis ich wieder ansprechbar und mein Erinnerungsvermögen voll zurückgekehrt waren. Unvorstellbar, wenn ich allein gewesen wäre!

Das war Hochgebirge, und der Gruß seiner Bewohner lautet nicht ohne Grund: »Zeit lassen!«

Doch nun zu weiteren Hirschen »anderswo«. Durch meine Artikel in der Jagdpresse, durch eigene Ausstellungsanteile in Düsseldorf und München, durch meine immer bekannter werdende Arbeit und ihren Erfolg im Harz, nicht zuletzt durch den *»Raesfeld/Vorreyer«* blieb es nicht aus, dass ich zu Beratungen und Gutachten, ja zu planender Betreuung in verschiedene Rotwildgebiete im In- und Ausland gerufen wurde.

»Zu Hause«, in der Bundesrepublik Deutschland, lernte ich die Hirsche in der Eifel, die des nördlichen Rothaargebirges, in Berleburg und Battenberg, im Flamersheimer und Kaufunger Wald, im Meißner, Odenwald und Spessart kennen, um nur einige zu nennen.

Immer und immer wieder konnte ich beobachten, dass die Hirsche so waren, wie ich sie aus der Heimat kannte, der Hainberg machte die einzige Ausnahme, und dass es die Jäger gewesen sind und bleiben, die für die Gesundheit und Qualität, was fast dasselbe ist, Verantwortung getragen haben und tragen.

Besonders eng verbunden war meine Arbeit mit Jägern und Rotwild des Odenwaldes, wozu und wohin mich Anfang der fünfziger Jahre *A. H. Neuhaus* rief. Vergessen werde ich nicht, welches ungläubige Gelächter ich unbeabsichtigt hervorrief, als ich anlässlich der ersten von mir besprochenen Trophäenschau den sogenannten »Fahney-Hirsch« als Modell des zu Erreichenden in natura vorstellte. Der Hirsch, dessen Geweih 177 I.P. brachte, wurde 1931 im Odenwald geschossen, und es erschien meinen Zuhörern, den Odenwaldjägern, als Utopie, solche Hirsche in Zukunft wieder haben zu können. In *A. H. Neuhaus,* jetzt Vizepräsident und Vorsitzender des Schalenwildausschusses des DJV, fand ich einen passionierten, verständnisvollen Jäger, geschäftsführender Leiter der »Vereinigung der Rotwildjäger im Odenwald«, der sofort bereit war, meine Vorschläge zu akzeptieren und für deren Durchführung Sorge zu tragen. Mehr als dreißig Jahre arbeitete er für den Odenwälder Hirsch, und das Ergebnis zeigt, dass dieser damals wirklich nicht sehr auffällige Vertreter seines Stammes würdig gewesen ist, so viel Mühe und Arbeit in seine Betreuung zu investieren.

»Macht den linken Flügel stark«, hatte ich immer gemahnt, und meinte damit, dass die Zahl der jungen Hirsche vom 1. bis 3. Kopf, deren Geweihe alljährlich den linken Flügel der Trophäenschau besetzten, nicht zu gering sein dürfte – nach Harzer Vorbild, um dem Harzer Erfolg gleichzuziehen. Die Traumgrenze des Fahney-Hirsches ist seit langem keine mehr: Hirsche, deren Geweihe um die 200 I.P. bringen, sind jetzt der Lohn einer zielstrebig durchgeführten »Hege mit der Büchse«!

Und nun einige Schritte über die Grenzen der Bundesrepublik: Österreich, Ungarn, Schweiz, Holland, Belgien und Schottland sind Stationen, bei deren Besuch ich viel Altes sehen und kennenlernen konnte, wohin ich aber auch viel Neues, bereits Erprobtes, gebracht habe.

Einige Schlaglichter: Österreichs und Ungarns Hirsche kannte ich durch eigene und führende Beobachtung und Jagdausübung. Ungarn, das Land der kapitalen Hirsche, jetzt Inhaber des »Weltrekordes« mit einem Geweih aus 1981 mit vorläufigen 269 I.P. Ein anderer Rotwildschlag in anderem Biotop, ganz anderem in den Donauauen. Auch äußerlich die Unterschiede auffallend: Kaum Mähne beim Hirsch, ein auf den Rücken heraufgezogener Spiegel, hohes Körpergewicht, kein so melodischer Schrei, wie ihn unsere Hirsche haben. Auf Mahnen reagierten die von mir so »angeredeten« Hirsche in der Brunft nicht. Auf die übrigen, den unsrigen sehr nahe stehenden Grundsätze der »Hege mit der Büchse« reagiert aber der ungarische *Cervus elaphus* entsprechend, wenn und wo sie zur Anwendung kommen.

Wie er und seine Jäger auf die Dauer Regeln ertragen, wie sie gelegentlich der frohen Botschaft über die Erlegung des Weltrekordes in der Jagdpresse geschildert wurden, bleibt abzuwarten. Der ungarische Gastjäger und sein ungarischer *Cervuspecuniae* sowie dessen ihn betreuende Gastgeber empfinden und sehen es vielleicht auch biologisch, wenn beim Abschuss eines reiferen Hirsches mehr Geld in der Kasse klingelt! Das schadet den Hirschen gewiss nicht, aber man kann auch das innere Auge fest aufs Honorar richten, ohne das bekanntzumachen und darüber zu reden!

Und nun nach Belgien: Ardennen, Wald des St. Hubertus, eine späte, zweite Heimat für mich, in der ich fünfzehn Jahre an Jägern und Hirschen wirken konnte.

In Oderhaus fragte mich im Jahre 1960 mein alter Freund Prof. *Ernst Schäfer*, der »Tibet-Schäfer«, der zeitweilig in Belgien gelebt hatte, ob ich nicht Lust hätte, belgischen Jägern beim Aufbau eines Rotwildringes zu helfen; schlechte Hirsche und ziemlich unwissende Jäger völlig anderer Mentalität seien vorhanden. Der Biotop herrlich, was Eignung und Schönheit betreffe, die Jagd aber nach unseren Begriffen in einem ziemlich desolaten Zustand.

Keine Mindestgrößen für Jagdbezirke, kein biologisch begründetes, sondern nur ein polizeiliches Jagdgesetz, also keine günstige Ausgangsbasis für eine solche Aufgabe. Und doch: Es konnte für mich noch einmal einen neuen Anfang geben, sozusagen aus dem Nichts heraus unter schwierigsten Umständen mein Rezept, das Harzer Modell, anzuwenden und dabei zu überprüfen. Da konnte ich nicht nein sagen! Ich sagte also zu unter der Bedingung, dass ich allein, also auch allein verantwortlich, die Sache steuern könne. Auf Bitte des belgischen Landwirtschaftsministers erhielt ich hierfür alljährlich sechs Wochen Sonderurlaub, der mit meinem dazugelegten Erholungsurlaub zunächst genügen musste, die Aufgabe in Angriff zu nehmen.

So entstand – nichts ist in dem kleinen Land »klein« – der »Grand Bloc de Chasse«, 10.000 ha, zehn Reviere umfassend, in denen die darin befindlichen bäuerlichen Parzellen angepachtet oder ausgegattert waren, durchweg Gemeindeforsten, langjährige Jagdpachtverträge, ein großes Privatrevier. 10.000 ha schönste Mittelgebirgswälder, dem Solling ähnlich, Hauptholzarten Eiche und Buche, zum Teil mittelwaldähnlich bewirtschaftet, leider fortschreitende Verfichtung. Den Rotwildbestand musste ich erst noch kennenlernen. Einige starke Geweihe wurden mir vorgelegt, ohne Unterkiefer versteht sich; geringe Geweihe waren kaum zu besehen, wenn, dann ohne Kiefer, also ohne Altersbestimmung. Die Geweihqualität nach erstem Urteil: »Frühharzerisch«! Die zehn Revierinhaber waren zum Teil von der Düsseldorfer Jagdausstellung angeregt worden, ihren Rotwildbestand anstatt während der Jagdzeit jedes Wochenende in Treibjagden zu bejagen, nun zu bewirtschaften, um bessere Geweihe zu erzielen.

Damals, 1960, waren meine französischen Sprachkenntnisse noch sehr dürftig, aber es gelang mir, gleich beim ersten Besuch bei einem potenten Jagdherrn nach dem etwas förmlichen Empfang vor seinem Jagdschlösschen folgendes deutlich zu machen: »Monsieur, wie können Sie denn das Geweih eines offensichtlich alten, zurückgesetzten Hirsches so mir nichts dir nichts einfach über dem Portal an die Hauswand nageln? Wenn ich den Hirsch erlegt hätte, hätte das Geweih die ersten acht Tage an meinem Bett gestanden, um dann einen Ehrenplatz in meiner Wohnung zu erhalten.« Das war meine erste Äußerung zur dortigen Jagd; es hätte leicht schon meine letzte sein können! Aber Monsieur verstand, und das Geweih verschwand sofort von der Hauswand, um in der Diele einen Platz zu finden. Intuitiv hatte ich gleich des Pudels Kern getroffen: Die ganze Hausfront hing voller Geweihe, vierzig bis fünfzig an der Zahl, von alten und jungen Hirschen, von zukunftsträchtigen und abschussnotwendigen, alles durcheinander, unbeachtet, ungepflegt. Treibjagdhirsche, alles Treibjagdhirsche, ich mochte es nicht glauben, »totgeschossene«, nicht in meinem Sinne »erlegte« Hirsche!

Na, wenn das man gut geht, dachte ich, aber ich packte es an. Zunächst schrieb ich ein ziemlich umfangreiches Traktat, das die fehlende Literatur ersetzen sollte, die auf dem Rotwildsektor mehr als dürftig und irreführend war. Darin war sowohl der Bestandesaufbau wie die Geweihentwicklung mit bevorzugter Darstellung typischer Abschussmerkmale abgehandelt. Die Arbeit wurde gedruckt und von den Belgiern »Die Bibel« genannt. Mit den vorgefundenen Jagdzeiten und Richtlinien war natürlich nicht auszukommen. In Kurzfassung: Auf Pirsch und Ansitz durften in der Zeit vom 15. bis 30. September Hirsche von 14 Enden und mehr sowie Gabler und Sechser geschossen werden. Hirsche von 10 Enden und mehr waren offen vom l. Oktober bis 30. November, Hirsche von weniger als 8 Enden vom 1. bis 5. Oktober und vom 26. bis 30. November. Gelegenheit für die Treibjagdjäger! Kahlwild hatte Schusszeit vom 15. Oktober bis 31. Januar und wurde auch im bloc auf Treibjagden bejagt.

Die zu schonenden Hirsche mit Enden hatten also die längste, die geringeren die kürzeste Jagdzeit, Spießer und Achter waren tabu! Der seit Jahrzehnten vorwiegend auf Treibjagden durchgeführte Hirschabschuss, bei dem es nur darauf ankam anzusprechen, ob der Hirsch wohl auch Kronen hatte – dann konnte man! – hatte einen Qualitätszustand herbeigeführt, der bejammernswert war. Unter diesem Gesetz, das von 1882 stammte, und mit diesen Bestimmungen konnte ich natürlich keinen Erfolg haben, wobei ich als Erfolg die Erzielung von Hirschen mit stark- und langstangigen Kronengeweihen ansah. Das hatte – ich wiederhole es – nichts mit Trophäensucht zu tun, sondern nur ein solcher Hirsch zeigte die Gesundheit des Bestandes sichtbar an. Zunächst kam es also darauf an, möglichst an Abwurfreihen deutlich zu machen, dass man beim Wahlabschuss nicht die Geringen, insbesondere nicht die der Achterstufe, schonen konnte, zumal ich sofort dem Abschuss von Hirschen auf Treibjagden ein Ende bereitete.

»Où sont les mues?« Mit diesem Schlachtruf »Wo sind die Abwurfstangen?«, wurde ich bald im bloc begrüßt, weil ich die Frage immer wieder stellen musste. Dazu ein sehr bezeichnendes Erlebnis: Wieder einmal Aussprache über Hirschprobleme auf der Terrasse des schon genannten Jagdhauses. Weiter Blick über das Tal der Lesse und über das Revier, die Lesse, »la fille des Ardennes«. Stereotype Frage von mir: »Oü sont les mues?« Der zu Rapport anwesende Berufsjäger antwortet: »Hier fressen die Hirsche die Stangen oder graben sie ein, gefunden werden kaum welche!« Zusatzfrage von mir: »Woher kommen die vielen Geweihlüster aus Abwurfstangen in zahlreichen Geschäften im nahen St. Hubert?« Betretenes Schweigen. Der Jagdherr zum Jäger: »Da liegen doch auf dem Boden Abwurfstangen, die mal ein Waldarbeiter angebracht hat!« Der Jäger geht mürrisch ab, erscheint wieder mit zwei Abwurfstangen. Was hatte ich für einen Dusel: Ich erkannte sofort die Passstangen des alten Hirsches von der Hauswand. Wie ein Zauberer wurde ich bestaunt, wusste aber nun, dass der Jäger einfach desinteressiert war und keine Stangen suchte. Von da an lief die Sache mit dem Suchen und Finden der Stangen, obwohl das Finden bei dem starken Bodenbewuchs, Brombeeren und Farn, wesentlich schwieriger war als etwa im Harz. Aber wir hatten später doch immer Stangen von über 50 Hirschen, besonders, nachdem ich Prämien ausgesetzt hatte. Fast hätte ich mir Harzer Stangensucher eingeladen, damit sie ihren belgischen Brüdern zeigen konnten, wie man das macht, aber das war dann doch nicht nötig.

Schon 1961 konnte ich die Abwurfstangen eines außergewöhnlich gut entwickelten Hirsches in der Hand halten, der allen Beteiligten zeigen konnte, was im Ardenner Rotwild noch steckte. Der Revierinhaber nannte den Hirsch den »Seigneur«. Ich gab die Parole strengster Schonung aus, was bei den offenen Grenzen und den losen Drückefingern der Jäger ein großes Risiko war. Um es wenigstens etwas zu mindern, entschlossen wir uns 1965 zur Gatterung des ganzen bloc: 2,20 m hoher Drahtgeflechtzaun, 80 km lang. Nur sehr schwer konnte ich dieser Maßnahme zustimmen, denn ich befürchtete verstärkten Wildschaden im Walde und meinte auch, dass die enormen Kosten eines solchen Gatterzuges kaum zu verantworten seien. Den Wildschaden behielten wir wohl durch Anlage von Äsungsflächen und zusätzliche, allerdings mäßige Winterfütterung im Griff, da die Bodenflora, insbesondere an Brombeere, so reichlich war, dass das Wild keine Not litt. Und als ich mich später einmal kritisch zu den Kosten des Gatters äußerte, erntete ich nur Heiterkeit, denn durch die Verwertung der

Ardennen: der »Seigneur«; 1965, 211 I.P..

sehr viel größeren und stetigeren Strecken war sehr bald ein Ausgleich geschaffen. Wir schössen im bloc außer dem Rotwild noch jährlich etwa 400 bis 450 Sauen, nur auf Treibjagden – mir ein Greuel: Lebende Schießscheiben!

Der Gatterbau machte nun aber nicht nur die Grenzen verhältnismäßig dicht, sondern wir konnten uns jetzt auch von den sehr lästigen gesetzlichen Bestimmungen und Richtlinien befreien. Ich verfasste eigene Abschussrichtlinien, in die selbstverständlich auch Spießer und Achter einbezogen wurden. Auch erreichte ich wenigstens im Prinzip, dass die Berufsjäger, soweit sie sich das zutrauten, geringe Abschusshirsche schießen durften. Der Abschussplan war bei den Hirschen in vier Altersgruppen, diese wieder in zwei Güteklassen eingeteilt: Ein strikter Altersklassenabschuss, Auslese nach Geweihentwicklung und deren Merkmalen!

Die Möglichkeiten der Jagdausübung auf Pirsch und Ansitz waren in den einzelnen Revieren sehr unterschiedlich und hingen in erster

Linie von der Art der Bestockung, d.h. der Bewaldung, ab, auch waren sie unterschiedlich für diese Jagdarten eingerichtet: Keine Hochsitze, keine Pirschwege. In den reinen Laubholzteilen hielt das Wild auch kaum feste Wechsel. Neu war für mich die Tatsache, dass die Platzhirsche mit ihren Rudeln auch tagsüber in den räumen Eichenalthölzern herumstanden und schrien, besonders bei Eichelmast. In der Brunft war die Pirsch ein Genuss und erforderte großes Können, da an den Hängen der Wind ständig wechselte. Einige der Revierinhaber haben sich sehr schnell angepasst und hatten entsprechende Erfolge. Das schwierigste war aber immer das Ansprechen, das waren die Jäger nicht gewohnt und brauchten Zeit, um es zu lernen. Wie oft wurde ich zu Hilfe gerufen, und wie oft musste ich beschwichtigend einen voreiligen Schuss verhüten!

Wie viele Schriftstücke verfasste ich, »Hirtenbriefe an die Laienbrüder« nannten wir sie. Die Finger habe ich mir wund geschrieben und Fransen an den Mund geredet, immer das gleiche Thema. So musste ich dafür Verständnis haben, als bei einem belgischen Kamingespräch die von mir befragte Dame des Hauses, warum sie so still sei, seufzend antwortete: »Toujours les cerfs!« (Immer nur die Hirsche!). Aber die Mühe und Arbeit haben sich auch gelohnt: In der Brunft 1965 fiel der »Seigneur« im Alter von 10 Jahren, dessen Abwürfe uns alljährlich erleichtert aufatmen ließen. Das Geweih wurde als belgisches Spitzengeweih auf der Weltjagdausstellung Budapest 1971 mit einer Goldmedaille ausgezeichnet und brachte 211 I.P.! Mehrere sehr starke Hirsche kamen im Laufe der Jahre zur Strecke – leider auch einige, die hätten älter werden müssen, und die uns später in der Altersklasse der Erntehirsche gefehlt haben. »Le Beau«, der Schöne, mit 190 I.P., den wir auch nach seinen Abwürfen mehrere Jahre kannten und schonten, fiel 1972.

Jedenfalls waren diese Hirsche »anderswo« in keiner Hinsicht anders als die Harzhirsche. Sie reagierten auf unseren Altersklassenabschuss und die Auslese nach Geweihmerkmalen genauso, wie die Harzhirsche, und genauso war auch der Erfolg!

Der große ungarische Jäger und Rotwildexperte, Dr. *Läslö Studinka,* Budapest, besuchte uns 1975 und fasste sein Urteil über das Revier in seinem leider letzten Buch »Wanderungen eines Jägers« (Verlag Paul Parey, Hamburg, 1982) so zusammen: »Nach fünfzehnjähriger, gewissenhafter Hege standen im Revier so viele reife Hirsche, wie ich es in einer so guten Altersgliederung noch in keinem Revier erlebt habe!«

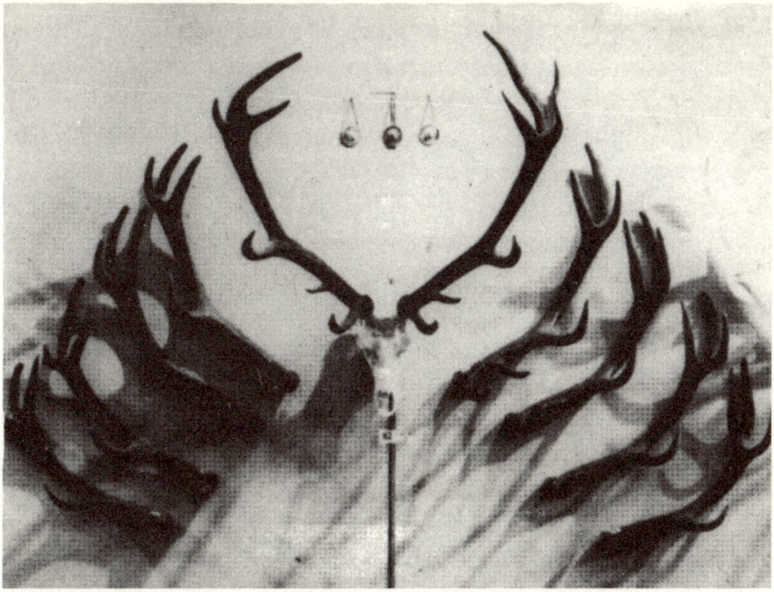

Ardennen: Der »Beau«; 1972, 190 I.P..

Und mein Freund *Lad* hatte etwa 40 Hirschbrunften da und dort erlebt, er konnte beobachten, vergleichen und ein zutreffendes Urteil abgeben. Welch ein Verlust, dass er so früh sterben musste!

Es bleibt mir für den belgischen Bericht leider nur übrig, das mitzuteilen, was kaum jemand erwartet, ich aber seit einigen Jahren befürchtet hatte, und wogegen ich vergeblich angekämpft hatte: Der bloc zerfiel, weil unverständliche Arroganz eines Revierinhabers die menschlichen Kontakte unter den Mitgliedern zerstört hatte. Man war dann nicht mehr in der Lage, die Erneuerung ausgelaufener Pachtverträge gemeinsam durchzusetzen. Unseren Richtlinien und unserem Streben entgegenstehende fremde Jagdgesellschaften pachteten im bloc beträchtige Teile; auch war das Hegegebiet praktisch schon in zwei Teile zerfallen wegen der fehlenden menschlichen Kontakte.

Ich habe mir das nicht mehr mit angesehen und gab nach der Hirschbrunft 1975, die uns noch einmal drei besonders gute Hirsche brachte, auf. Mein Ziel hatte ich erreicht: Noch einmal »Hege mit der Büchse«, noch einmal unter diesem Motto Aufbau und Gliederung des Bestandes erfolgreich durchzuführen.

Ich habe sie zurückgelassen, die starken Hirsche, doch bei meinem letzten Besuch, Frühjahr 1982, brachte mir einer der Berufsjäger, der von meiner Anwesenheit gehört hatte, überraschend die diesjährigen Abwurfstangen eines etwa acht Jahre alten Zwanzigenders mit von mir gemessenen 198 I.P.! Das freut einen denn ja auch!

Mitgenommen habe ich aber die Freundschaft zu zwei belgischen Mitarbeitern: *Jean Herman* in Han sur Lesse, Mitinitiator des bloc, mein fröhlicher Hausvater über sechs Jahre, und *Roger Neuhoff*, der durch die vielen, langen Schriftstücke, die er in ständiger Hilfsbereitschaft übersetzte, selbst zu einem Rotwildkenner geworden ist. Beiden habe ich viel zu danken! Die Hirsche der Ardennen stehen zwar »anderswo«, aber sie sind nicht anders, nur haben die Menschen als Jäger eine andere Mentalität. Freunde gibt es aber auch hier! Mitgenommen habe ich auch viele, sehr viele schöne menschliche und jagdliche Erinnerungen, und unvergesslich bleiben mir die Ansitze am »fil electrique«, dem besten Platz im Revier zum Beobachten und Verhören.

Und nun noch einmal Hirsche ganz woanders: Schottland! Die mussten ja nun wohl anders sein, das wusste schon jeder Jungjäger. Englische Freunde meiner belgischen Revierinhaber, Großgrundbesitzer in Schottland, wollten mich schon 1962 zu einem Besuch überreden mit der Bitte, ein Gutachten zu erstellen mit Vorschlägen, »wie durch planmäßige, gemeinsame Handlungen von drei benachbarten Grundbesitzern (insgesamt 15.000 ha) der Rotwildbestand in seiner Qualität, insbesondere hinsichtlich der Geweihbildung, so weit als möglich verbessert werden könnte.« Obwohl das ja eigentlich mein Fach war, hatte ich zunächst wenig Meinung, meinen Aktionsradius noch so weit auszudehnen, aber je sichtbarer der Erfolg in Belgien wurde, umso dringender wurden die Bitten der Engländer. So entschloss ich mich dann 1968 doch, ihnen Folge zu leisten. Bereut habe ich das nicht, eine meiner interessantesten Reisen in Sachen Hirsche wurde es, viel gesehen habe ich und viel gelernt.

Es war eine schottische Hebrideninsel, Islay, auf der sich drei Großgrundbesitzer, dem belgischen Vorbild entsprechend, entschlossen hatten, einen »Rotwild-bloc« zu gründen. Eine Insel also, das fand ich reizvoll, konnte vermutlich ohne Gatterbau gehen, entsprach aber wohl nicht der typischen Situation der Rotwildjagd im schottischen Hochland. Letzteres fand ich bestätigt. So flog ich los, bis Glasgow Linienmaschine. Dort erwartete und begrüßte mich an der »Sperre« mit fröhlichem »Waidmannsheil« der mir angekündigte Vertreter des federführenden Grundbesitzers, ein englischer Fliegeroffizier, polnischer

Ardennen: Drei starke Hirsche aus der Brunft 1975.

Ardennen: Am »fil électrique«.

Emigrant, »wing commander« an der Afrikafront. Er hatte wohl auch mal Bomben auf mich geworfen, daher gleich sehr guter Kontakt, zumal auch deutsch sprechend. Er kannte Harz und Solling genau, hatte während seiner Stationierung in Deutschland Luftaufnahmen für Hannover gemacht, verstand verhältnismäßig viel vom Schalenwild und war Verfasser des Buches »Wild Deer«: *A. J. de Nahlik.* Ein gutes Buch mit vielen Fachkenntnissen, die in Deutschland gewonnen waren. Mir ist es bis heute ein Rätsel geblieben, warum man nicht diesen passionierten Jäger mit der Aufgabe betraut hatte, zu deren Lösung ich gerufen wurde. Na, nun war ich da, und mein Betreuer ließ in Glasgow sofort »very little nice taxi« vorfahren, eine zweimotorige Focke-Wulf, mit der uns ein netter Pilot, auch alter Afrikaflieger, nach Islay hinüberflog. Gleich die Insel einmal rundum überflogen, 60.000 ha, um mir einen ersten Überblick zu verschaffen. Alle Wetter, der war auch danach: Berge, eigentlich mehr Hügel bis 500 m, keine Bäume, Moore, Heide und viele, viele kleine weiße Steine unten im Gelände zu sehen – aber das waren leider keine Steine, sondern die Tiere, die diesen Biotop gestaltet bzw. verunstaltet hatten: Schafe mit ihrem giftigen Zahn! Viele Schafe, hunderte auf einen Blick zu sehen! Na, ich wusste, was auf mich zukam!

Die erste Pirschfahrt im Land-Rover brachte auch gleich »guten« Anblick: Schafe, Schafe, Schafe, kein Rotwild. Am nächsten Tag dann Pirsch in die Berge mit *de Nahlik* und einem Berufsjäger. Anfahrt zunächst wieder mit dem Land-Rover. Immer wieder hatten wir Schafe vor uns, die um die Hügel herum wegrannten und vermutlich etwa vorhandene Hirsche warnten und mitnahmen. Die Biester verschwanden ja auch immer gleich hinter dem nächsten Bergrücken. Schließlich hatten sich Schafböcke wohl von unserer Harmlosigkeit überzeugt und »verhofften«, so dass wir doch an Rotwild herankamen. Ich erkannte die Tiere wegen ihrer hellen Farbe kaum als solches, aber mir wurde ausdrücklich versichert, dass es sich um Hirsche handele. Gering an Wildbret und Geweih, hatten sie Ende Juli noch nicht verfärbt. Alles Sechser und Achter mit unfertigem Kolbengeweih.

Beim Weiterpirschen merkte ich bald, wo hier des Pudels Kern lag: Rankommen, rankriechen, auf weite Entfernungen schießen müssen, einen zur Strecke bringen, ziemlich gleich, ob es ein Siebener, Achter oder gar ein Neuner war. So erläuterte man mir das vorm Objekt. Sport, keine Jagd in unserem Sinne. Beim Wegkrabbeln fand ich einen

Fallwildschädel, skelettiert, mit einem für die Insel, wie mir schien, ganz beachtlichen Achtergeweih. Glücklicherweise machte ich nicht so ein Hallo, wie ich es zu Hause getan hätte, denn für die Insulaner war mein Fund ziemlich uninteressant, aber ich hatte meinen ersten Unterkiefer: Sehr alter Hirsch, mindestens 12jährig nach Harzer Bestimmung. Wie denn wohl das Geweih in den Graben gekommen sei, fragte ich. Das zurzeit trockene Bachbett wäre im Herbst und Winter ein reißender Wildbach, der alles ins Tal spüle. Aha, kein Wald, kein Baum, kein Strauch – ungehinderter Abfluss des Wassers, starke Erosion. Sehr instruktiv!

Doch zurück zu den Hirschen. Die waren für meine Begriffe also ziemlich mickrig, besonders, was die Geweihbildung anlangte. Meine entsprechende Meinungsäußerung wurde mir auch nicht verübelt; man wollte ja selbst die Qualität verbessern. Im Verhalten waren sie ziemlich »scheu«; sie waren ja auch jedesmal, wenn wir sie in Anblick bekamen, vorgewarnt durch die flüchtenden Schafe, die völlig wild und frei in der Heide lebten.

Während der Mittagspause im Freien kamen dann unendlich viele Fragen, die eigentlich nur in weitausholenden Vorträgen zu beantworten gewesen wären. Ich konnte mich zurückhalten, sei noch nicht ausreichend orientiert. Nachdem mir nun vorgeführt war, wie die Hirsche aussahen, und wie sie anzupirschen waren, wie schwer das wegen ihrer Vorsicht und der Möglichkeit, weit herumzuäugen, wäre, nahmen wir wieder den Land-Rover, um noch mehr vom Gelände kennenzulernen. Oben an einem der Hänge sahen wir bald ein etwa 10köpfiges Rudel Hirsche stehen. Halt! Mal sehen, was die auf dem Haupt haben! Der Jäger und Wagenführer bewerkstelligte das in überraschender, aber beeindruckender Weise: Er betätigte lange und anhaltend das Signalhorn des Land-Rovers. Darauf setzten sich die etwa 300 m entfernt herumstehenden Hirsche sofort in Bewegung, aber nicht, wie von mir erwartet, in Richtung Berge, sondern sie kamen fröhlich herabgesprungen, überfielen einen Drahtzaun und standen schließlich 30 m vor uns und harrten der Dinge, die kommen sollten, aber nicht kamen: Der Jäger hatte den Futtereimer nicht dabei! Alle Wetter, lauter Kronenhirsche, und gar keine mickrigen! Sie standen herum, als wollten sie mir sagen: »Wir sind ja gar nicht anders, nur Hunger haben wir Sommer und Winter!« Ich bitte um Vergebung, aber man wird verstehen, dass ich aus allen Wolken fiel und mit mir alle meine bisherigen Vorstellungen:

Pirsch auf der Insel Islay (Großbritannien).

Fallwildgeweih auf der Insel Islay.

Die eben noch von mir so »scheu« eingeschätzten und mir auch bestätigend so beschriebenen Hirsche, wohl nicht alle, aber doch bestimmte Rudel, nahmen auch im Sommer eine Fütterung an! Sofort zeigten sie dann auch verhältnismäßig ansehnliche Geweihe. Ein Problem des Standortes: Klima und schlechte Ernährung. Hinzu kam vermutlich auch der völlig fehlende Wahlabschuss.

Der wurde mir anschließend vorgeführt: Bis zu diesem Augenblick hatte ich außer dem Fallwildgeweih noch keine Trophäe von der Insel in der Hand gehabt oder gar an der Wand gesehen. Also: »Wo sind die Geweihe vom vorjährigen Abschuss?«. Nichts leichter als das, die haben wir alle beieinander! So fuhren wir an einem Schafstall vor. Noch dachte ich an eine vielleicht für mich vorbereitete, kleine Geweihschau, aber denkste: In einer die ganze Längsfront des Stalles einnehmenden Raufe lagen kreuz und quer etwa 40 Geweihe, alles geringe, alle nicht abgekocht oder sonst wie präpariert, verfault, dann angetrocknet – eine grauenhafte Schädelstätte, vom Schwalbendreck weiß bekleckert. Nein, so etwas! In Gedanken registrierte ich schnell: Wo die Trophäe nicht geachtet wird, da gibt es auch keine guten Geweihe! Dennoch bat ich, mir den Abschuss etwas zu erläutern. Der Jäger griff ein Geweih, Sechser, und sagte, dass er diesen Hirsch bereits fünf Jahre gekannt habe. Eindeutig war es aber nach dem Kiefer ein zweiter Kopf.

Abends kam dann der »Boss« aus London angeflogen, Mister B., und nun ging das große Fragen los: Warum, wieso, weshalb nicht so, wenn ja, warum nicht usw. Alles bei viel insularem Whisky, »Islay Mist«, Islay Nebel, wohlgemerkt, um Missverständnissen vorzubeugen! Zunächst machten wir einmal Kassensturz: 1500 Stück Rotwild, das ja verhältnismäßig sicher zu zählen war, ergaben schon eine Wilddichte von 10 Stück je 100 ha. Man meinte, das sei vielleicht etwas viel, und ein deutscher Jagdgast hatte auch schon vor Jahren den Vorschlag gemacht, den Bestand zu vermindern. Aber die Schafe! Die wären doch wohl zunächst zu vermindern gewesen! Zehntausend Stück als Bestand wurden mir auf meine ständigen Fragen endlich, aber nur widerwillig, eingestanden. Zehntausend Stück und »nur« fünfzehnhundert Stück Rotwild! Rechnete man drei Schafe als eine Rotwildeinheit, eine sehr milde Bewertung der Schafe, so standen dann über 30 Rotwildeinheiten auf 100 ha, und das bei einem so harten Klima und so dürftiger Äsung: Keine Grasäsung, keine Knospenäsung, nur Heide, Heide und noch einmal Heide. Alles rasierte der giftige Zahn der Schafe ab. Zwar wurden einige Hirschrudel, wie vorgeführt, gefüttert, aber ziemlich unsachgemäß mit Mais, und das arme Kahlwild, das doch gute Kälber bringen sollte, ging leer aus, litt auch wohl sehr unter dem rauen Klima, besonders die Kälber.

Am nächsten Tag also Besichtigung des Kahlwildes. In meinem Tagebuch vermerkte ich die bange Frage: Himmel, wie sehen denn diese Tiere aus: Schmaltiere mit ausgesprochenen Kälberköpfen, körperlich völlig unterentwickelt, Anfang August noch nicht verfärbt. Trauriger Anblick! Und erst die Kälber, von denen ich allerdings bei ungefähr 60 Stück Kahlwild nur ganze fünf feststellen konnte. Die Jäger meinten, der Hauptteil der Kälber würde noch im August gesetzt, und im Herbst hätte jedes Tier ein, wenn nicht zwei Kälber! So ein Märchen! Mein Vorschlag, alle schwachen, spät gesetzten Kälber zu schießen, stieß auf eine überraschend heftige Ablehnung. Kälberschießen, das sei im höchsten Maße »unsportlich«. Nein, das möchte man auch den Nachbarn gar nicht erst vorschlagen. Dann müsste ich das wohl tun, meinte ich, und bat, einen Nachbarn zu einer entsprechenden Aussprache einzuladen, was auch geschah.

Er war ein wütender Gegner des Kälberabschusses, um den sich *de Nahlik* schon seit Jahren bemüht hatte. Alle meine biologischen Momente zogen gar nicht, kein Hinweis auf die Methoden der Tierzucht. Nichts wollte überzeugen. Auch mein Hinweis, dass doch nicht »unsportlich« sein könne, was der Verbesserung des Wildbestandes dienlich wäre, konnte gegen die Tradition nicht an. Schließlich fand ich ein Argument, das wenigstens diskussionsfähig war: Beiläufig hatte ich erfahren, dass das gesamte Rotwildbret nach Deutschland verkauft würde. »Ihr müsst die Kälber schießen und das Wildbret verkaufen, ehe sie im Winter eingehen und nichts bringen!« Das wurde als Argument anerkannt, theoretisch konnte man sich darüber unterhalten. Aber die Tradition! Darüber käme man doch wohl nicht hinweg. Es dauerte viele Whiskys, bis meine Gesprächspartner aufgeschlossener wurden, aber ich glaube kaum, dass in der Praxis mein Besuch etwas geändert hat. Noch einige Schlaglichter: Der Nachbar, ein Colonel, sagte zum Abschied: »Heute habe ich gelernt, dass ich noch viel lernen muss.« Und Mister *Bruno:* »Schade, dass wir Ihnen jagdlich gar nichts bieten können.« Ich: »Oh doch, lassen Sie mich mal einen von den dicken Schafböcken schießen!« Antwort: »Um Himmels willen, das geht nun aber doch nicht!«

Ich habe auch nicht ausfindig machen können, wem diese Tausende von Schafen eigentlich gehörten, und wie sie genutzt wurden. Geschoren wurden sie offensichtlich nur zum Teil. Sie lebten frei und wild, und ich kann mir nicht vorstellen, wie die Eigentümer sie identifizieren wollten. Gezeichnet waren sie nicht.

Am letzten Tag besuchte ich noch den Ostteil der Insel, der einen geringen Waldanteil hatte, in dem das Rotwild seinen Einstand nahm. Hier wurden mir auch Abwurfstangen gezeigt. Die Hirsche waren besser, wurden auch gefüttert, und es waren Kunstwiesen angelegt. Auf einer solchen sah ich am hellen Tage drei verhältnismäßig gute Hirsche, Anfang August noch in Bast, die sich durch einen Schafbock, der sich dort herumlümmelte, nicht stören ließen. So sah das vor fünfzehn Jahren auf Islay aus, war sicher nicht typisch für Schottland überhaupt. Das Rotwild mochte wohl auch ein anderes soziales Verhalten haben. Das festzustellen, hatte ich keine ausreichende Gelegenheit, aber die Geweihbildung der Hirsche entsprach durchaus dem, was bei uns in einem solchen Hungerbiotop zu erwarten gewesen wäre. Immer musste ich an meine belgischen Hirsche denken, die im Schlaraffenland leben konnten.

Mein Gutachten betraf dann auch mit Schwerpunkten Vorschläge zur Verbesserung der Äsungsverhältnisse, Anlage von Kunstwiesen bei Einsatz von Kalk, der überraschenderweise auf der Insel auch anstand und greifbar war.

Für eine »Hege mit der Büchse«, wie ich sie verstand und vielerorts praktiziert hatte, war hier wohl im Augenblick noch kein Platz, denn sie verträgt sich wirklich nur schwer mit einer Jagdausübung, bei der der sportliche Aspekt so betont wurde, und bei der die Tradition um ihrer selbst willen erhalten werden sollte.

So möchte ich annehmen, dass mein Besuch keine nennenswerte Langzeitwirkung gehabt haben wird und dass diese Inselhirsche sich weiterhin durch ihre nicht allzu auffälligen Geweihe auszeichnen werden. Warum eigentlich auch nicht?

Wie es ausging

Ja, wie es wohl ausging? Über 60 Jahre hinter den Hirschen her, im Harz und anderswo – nicht nur als mit der Büchse bewaffneter Jäger, sondern im gleichen Maße als »Bewirtschafter«, planend und richtungweisend, davon fast ein halbes Jahrhundert als Mitgestalter des Rotwildgebietes wie auch Rotwildringes Harz, – immer ein Trommler für die »Hege mit der Büchse«, deren Gültigkeit dort, wo sie konsequent angewendet wurde, in verschiedenen Rotwildgebieten unter Beweis gestellt werden konnte, – immer ein Verfechter der Auslese nach Körper- und Geweihmerkmalen, ohne jemals ein spezifischer »Trophäenjäger« gewesen zu sein.

Wenn man über eine so lange Zeitspanne ein Prinzip vertritt, es realisiert und Erfolge dabei hat, dann fühlt man sich verhältnismäßig sicher. Das bedeutet, Rat und Vorschläge werden gemacht, Planungen und Weisungen werden gegeben in der sicheren Erwartung: Das muss Erfolg bringen! Und doch wurde diese Sicherheit noch einmal gegen Ende meiner Tätigkeit in Frage gestellt, als Ende der sechziger, Anfang der siebziger Jahre, neue Hegegedanken aufkamen, die einen erheblichen Wirbel, eine starke jagdbiologische Turbulenz hervorriefen: Unter spektakulären Titeln und ebensolchen Schlagwörtern, die fast zu »Ohrwürmern« wurden, griff man die »Hege mit der Büchse« an. »Sind Geweihe als Auslesemerkmale zu bewerten?«, »Trophäenhege auf dem Holzwege«, »Klassische Hege – Klassischer Irrtum!« Das waren im wesentlichen die Themen, die den jagdlichen Blätterwald belebten.

Der Wirbelsturm ist inzwischen abgezogen, der Wind hat sich gelegt. Dennoch einige Worte zu diesen Vorgängen, selbst auf die Gefahr, dass ich mich wiederhole: Über die Notwendigkeit einer Auslese bei Regulierung der Bestände ist wohl kein Wort zusätzlich zu verlieren. Wir müssen die früheren Regulatoren, das große Raubwild, ersetzen, die ihr Geschäft vermutlich besser verstanden als wir Jäger von heute. Eine gute Körperentwicklung kann selbstverständlich als Indiz für ein gesundes Stück gelten. Eine Binsenweisheit! Und das Geweih ist in Abhängigkeit vom Stoffwechsel ebenso geeignet, in seiner reifen Stärke die Gesundheit zu dokumentieren. Nur ein lang- und starkstangiges Kronengeweih entspricht seiner biologischen Funktion. Körper- und Geweihentwicklung sind Merkmale, die man sehen kann, die jeder nur durchschnittlich befähigte Jäger sehen kann, wenn er sie sehen will, auch bei zeitlich beschränkter Ansprechmöglichkeit wie auch bei nicht vollem bzw. schwindendem Licht. Das Rotwild wird mehr und mehr zu einem Nachttier. Wir sollten uns daher hüten anzunehmen, jeder Jäger, der auf Rotwild jagen darf, sei gleichwertig in seinem persönlichen Vermögen des Ansprechens! Viele wollen es wohl, manche können es aber einfach nicht. Nicht alle Rotwildjäger haben auch die gleichen Möglichkeiten, wie etwa Forstbeamte oder Berufsjäger in spezifischen Rotwildgebieten.

Nun noch ein Hinweis auf die von Dr. *Bubenik* seit 1959 vorgeschlagenen »sozialen Wildklassen«, in die eine Population gegliedert sein soll, um biologischen Erfordernissen zu entsprechen. Diese Klassen sind nichts weiter als Altersklassenanteile, die von Dr. *Bubenik* mit bestimmten Prozenten festgelegt worden sind. Nur bei Innehaltung dieser Gliederung könnten sich die Individuen einer Population »wohlfühlen«. Ich habe schon 1957 in der vierten, meiner ersten, Auflage von *Raesfeld/Vorreyer* einen idealen Bestandesaufbau gezeigt und kann hier nur wiederholen und noch einmal feststellen, dass sich meine Altersklassenanteile von denen *Bubeniks* numerisch kaum, praktisch überhaupt nicht unterscheiden. Man möge das im Standardwerk nachlesen. Und ob und wann sich das Rotwild »wohlfühlt«, habe ich noch nicht ergründen können. Ich bin noch nicht soweit und lese noch im Gesetzestext der Natur, nicht schon im Kommentar!

Meine vorstehenden jagdpolitischen und jagdbiologischen Nachdenklichkeiten hätte ich wohl kaum niederschreiben können, wenn diese Turbulenzen nicht durchgestanden wären, wenn ich diesen »Rumpier« nicht ausgesessen hätte.

Denken könnte ich mir, dass einer meiner Leser bis hierhin meine Historie und meinen Erlebnisbericht – mehr soll diese Arbeit nicht sein – verfolgt hat und vielleicht fragen möchte, welches Ende ich mir aufgehoben habe. Zunächst natürlich einmal die Geschichte meines »letzten Hirsches«. Er war tatsächlich der Schlusspunkt meiner jägerischen Laufbahn überhaupt. Nie wieder habe ich einen Schuss auf ein Wild, ganz gleich welcher Art, abgegeben. Das Ende war von mir bewusst gewählt, war also nicht im Zwange von Umständen bestimmt, die von mir unbeeinflusst gewesen wären.

Hier also die Geschichte, deren Drum und Dran eigentlich das war, was mir besonders erinnerungswürdig vorgekommen ist: Da fragte mich doch in Budapest, wo ich 1971 gelegentlich der Welt-Jagdausstellung in einer Bewertungskommission tätig war, ein freundnachbarlicher Bewerter aus der DDR: »Wo hängt eigentlich der von Ihnen erlegte Kapitalhirsch aus dem Harz?« Ich: »Da muss ich leider passen, ich habe keinen geschossen!«

Der »Heuler«, mein einziger Hirsch der Klasse Ia aus dem Harz, gehörte, vor einem Jahrzehnt erlegt, noch nicht zu den Spitzenhirschen, wie wir sie 1971 kannten. Diese Anfrage machte mir aber bewusst, dass ich aus Anlass meiner Pensionierung nicht, wie bei jedem Harzer Forstbeamten üblich, einen Abschiedshirsch der Klasse Ia freibekommen hatte. Warum eigentlich nicht? Ob man mir das selbst beantragte, frühzeitige Ausscheiden aus dem Dienst anlastete, anstatt sich darüber zu freuen, dass ich einem jungen Kollegen Platz machte? Ich weiß es nicht, es hatte mich bis zu diesem Augenblick auch wenig bekümmert.

Aber nun war ich, für mich selbst etwas überraschend, der Meinung, dass mir die Freigabe eines Erntehirsches wohl angestanden hätte. So rührte ich die Sache an – und richtig, noch im Jahre 1971 bekam ich ihn frei mit der ausdrücklichen Zusage, es gelte keine zeitliche Begrenzung, und ich könne mir das Revier aussuchen. Das war natürlich ein Angebot! Fast selbstverständlich wäre es nun gewesen, dass ich mir mein vertrautes Oderhaus erwählt hätte, aber besondere Gründe ließen dies leider nicht tunlich erscheinen. So versuchte ich mich zunächst in der Nähe, im Forstamt Harzburg, und war auch noch ohne besondere Ansprüche. Um es kurz zu machen: Trotz aller Mühen des zuständigen Beamten blieb ich Schneider. Aber ich hatte ja Zeit.

Das nächste Jahr, 1972, war ich in der Feistzeit in einem Harzrandrevier bemüht, wo mir die Abwurfstangen von zwei sehr starken Hirschen vorgezeigt wurden. Dass diese für einen prominenteren Jagdgast des Ministers vorgesehen waren, verschwieg man mir aber zunächst. Das war dann auch alles, was ich von den Hirschen zu sehen bekam! Aber ich konnte allein sein, leider auch ohne Hirsche. Am Ecksberg stimmte mich die aus dem Schussbuch meines Vaters gezogene Erinnerung milde, dass er hier im Juli 1902 als Dublette zwei Schmalspießer erlegt hatte, und er notierte als zusätzliches Erlebnis, dass »die Hirschkäfer wie die Maikäfer schwärmten!« Tempi passati, beide Krabbeltiere gibt es dort seit langem nicht mehr!

So zog ich mich in der Brunft mehr in das Harzinnere zurück, wo mir *Kurt Reulecke,* mein Nachfolger im Rotwildring, den Versuch auf einen alten Hirsch anbot. Ich fand das sehr dankenswert, ließ mir aber von ihm vor dem ersten Frühansitz die Stangen des Hirsches auf dem Forstamt noch einmal vorzeigen. Und da passierte es: Ich war nun im dritten Jahr so verstockt, man kann auch sagen »verbohrt«, und bildete mir ein, Ansprüche stellen zu müssen. *Reulecke,* sei mir nicht böse, ich sagte auch nichts entsprechendes, dachte aber nur: Den schießt du nicht, nur einen über 180 I.P.!, oder gar keinen! Das letzte wäre das richtige gewesen, aber wer tut das immer? Nur einige Pflichtübungen machte ich im »Kesselloch«, hörte dortige und Oderhäuser Hirsche schreien, aber es wollte nicht, weil ich wohl nicht wollte. So verrückt! Der »Punktomanie« war ich verfallen, ganz abseitig meiner sonstigen Einstellung!

Nun sollte mein letzter Hirsch etwas Besonderes, etwas Ausgefallenes sein, meinte ich. So viele Hirsche hatte ich schon erlegt, an so vielen, auch geringen Geweihen hatte ich volle Freude und Zufriedenheit empfunden, und nun beutelte mich zum Schluss noch der Teufel mit einer, wie ich allerdings glaubte, berechtigten Trophäensucht!

Da nahm sich meiner der Revierleiter von Altenau an, langjähriger, zuverlässiger Mitarbeiter an der Verminderung des Rotwildbestandes, und bot mir einen seiner besten Hirsche, den »Admiral«, zur Bejagung an. Ihn beschoss ich schließlich in seinem Beisein auf sehr weite Entfernung. Sehr hoch saß der Schuss am Vorderlauf, und es wurde eine lange Nachsuche erforderlich, die wohl nur wegen der vielen Fehler, die wir machten, etwa 10 Stunden dauerte. Ich möchte sie nicht noch einmal wiederholen und mag auch gar nicht sagen, wie mir zumute gewesen ist. Lange Zeit saß ich in der prallen Augustsonne auf einem Stuken und dachte nur: Was sagen meine Harzer Jäger, wenn sie hören, dass ich den Hirsch womöglich zu Holze geschossen hätte? Aber schließlich hatten wir ihn doch, und ich konnte ihm im Kellwasser den Fangschuss geben. Am nächsten Morgen haben wir ihn dann im Schwarzenbergjagdhaus feierlich zur Strecke gelegt unter Beteiligung von vielen Freunden und Prominenz vom Rotwildring. Da lag nun der von mir gewünschte Hirsch, mein letzter, mein bester aus dem Harz: 193 I.P. Ich war kein großer, aber ein alter Jäger, der mit diesem Abschied nahm von der praktischen Jagdausübung. Ein Foto wurde gemacht: »Am Ende eines erfüllten Jägerlebens.« So war es, aber der Hirsch war keine Erfüllung; es war ein Geweih der Angabe und der Repräsentation. Und nun hängt es auf einem Ehrenplatz am Kamin, wohin es nicht gehört. Keiner wusste es, aber es ist so. Alt war er wenigstens.

Das war nach 50 Jahren das selbstgewählte Ende meines Jägerlebens. Selbstverständlich blieb ich auf der Fährte, nur die praktische Jagdausübung hatte mit dem Verlust der Aufgabe und Verantwortung ihren Sinn und damit auch ihren Reiz verloren. Ich war ein Spezialist vom Rotwild, darauf weise ich immer wieder hin, nicht aber einer, von denen man sagt: »Er weiß zwar von immer weniger immer mehr, um schließlich von nichts alles zu wissen.« Alle deutschen Wildarten habe ich mit Erfolg bejagen dürfen, aber von Jugend an war ich dem Harzhirsch besonders verbunden. Ihm gelten daher auch meine Gedanken für die Zukunft. Was jetzt an neuen Öko-Strategien um den Wald geschrieben wird, betrifft die Heimat des Wildes und kann deshalb nicht ernst genug genommen werden. Es sei aber daran erinnert, dass Immissionsschäden schon vor einhundert Jahren den Harz getroffen haben. So sind die geringen Hirsche auf dem Aquarell von *v. Eschwege* nach seiner eigenen Unterschrift »in den Hüttenrauchbeständen« der damaligen Oberförsterei Schulenberg 1885 beobachtet worden. Und solche Bestände waren uns in unserer Jugend noch durchaus bekannt.

Es werden schwere Zeiten für unser Rotwild kommen. Allzu lange hat eine rein ökonomische Betrachtungsweise ein ökologisches Harakiri zur Folge gehabt, an dem nun Wald und Wild leiden müssen. Ich kann keine gute Prophezeiung für das Rotwild abgeben und nur den »Jäger« nennen, der sich schützend vor den Harzhirsch stellen mag. Es wird der »Knochenjäger« nicht sein und auch der »Küchenjäger« nicht. Es wird der »hirschgerechte« Jäger meiner Beschreibung sein, der es nicht zulässt, dass der »Kammerjäger« einst mit höhnischem Lachen den Abschuss des letzten Stückes Rotwild quittiert.

Und so gebe ich zum Schluss dem hirschgerechten Jäger, der seine Sache wohl versteht, die Mahnung:

Ein hohes Ziel soll hirschgerechten Jäger leiten, ein Ziel, so alt wie das Gebäu der Welt: Wo Mensch und Tier um Existenz sich streiten, Ist er als Mittler hingestellt.

Als Mittler!

Ich bin am Ende meiner Erzählung – am Ende eines Erlebnisberichtes, der jagdhistorische Rückblicke und nachdenkliche jagdpolitische und jagdbiologische Akzente enthält. Manches, was ich schrieb, wird manchem nicht recht gefallen, und der tröste sich mit mir: Ich schrieb manches auch nieder, weil mir manches nicht schmeckte, aber: De gustibus non est disputandum.

Abschließend und rückblickend stelle ich fest, dass ich nostalgische Gedanken niedergeschrieben habe. Ja, ich habe Heimweh nach Zeiten, in denen die Jagd auf Rotwild besinnlicher gewesen ist, als sie das heute sein kann. Viel habe ich von mir gesprochen. Ich hätte es auch neutraler schreiben können, aber ich war es ja, der über ein halbes Jahrhundert der Fährte des Hirsches folgte – im Harz und anderswo.

Am Ende eines erfüllten Jägerlebens.
Altenau, 18. August 1973: Der »Admiral«, 193 I.P..

Friedrich Vorreyer

*1904 – †1986

Friedrich Vorreyer wurde 1904 als Sohn eines Forstbeamten in Braunschweig geboren. Seine Kindheit verlebte er im Braunschweigischen Forstamt Stiege, wo er früh mit der Jagd in Verbindung kam. Gern erzählte er später von seinem ersten „Hirscherlebnis", der Einholung eines von seinem Vater erlegten alten Hirsches, es war einer der damals typischen Harzachter. Die Harzer Hirsche haben ihn seitdem nicht mehr losgelassen.

Da es in der näheren Umgebung keine höhere Schule gab, besuchte er die Kadettenanstalt in Plön, und später die in Berlin-Lichterfelde, wo er auch sein Abitur ablegte. Sein Wunsch Forstwissenschaft zu studieren stand schon in jungen Jahren fest. Da er während seiner Schulzeit nur in den Ferien zu Hause gewesen war, durfte er mit einer Ausnahmegenehmigung die vorgeschriebene forstliche Lehre bei seinem Vater in Stiege absolvieren. Danach studierte er Forstwissenschaften in Hannoversch-Münden und München und wurde nach dem Examen als Referendar in den Forstdienst des damaligen Landes Braunschweig übernommen. Sein erstes Forstamt war Grünenplan im Hils, von wo er zu seinem großen Bedauern schon nach wenigen Jahren in das Landesforstamt Braunschweig versetzt wurde, um dort das Jagdreferat für die Braunschweigischen Staatsforsten zu übernehmen.

Eine seiner ersten Aufgaben war die Ausrichtung der ersten Pflichttrophäenschau gemäß dem damals neu eingeführten Reichsjagdgesetz, wobei erstmals der grüne und rote Punkt für richtigen bzw. falschen Abschuss eingeführt wurden. Diese Kennzeichnung war dafür gedacht, auf einfache Weise aus der Trophäenschau eine Lehrschau zu machen.

Dem Rotwild im Harz galt auch in der Braunschweiger Zeit sein wesentliches Interesse, und es gelang ihm, im Harz ein zusammenhängendes Rotwildgebiet von 230.000 ha zu bilden. Dieses Rotwildgebiet Harz umfasste Teile Preußens, Anhalts und Braunschweigs. Es wurde hierfür eine einheitliche Abschussrichtlinie erlassen, das „Merkblatt für den Rotwildabschuß im Harz". Dieses Merkblatt veröffentlichte er übrigens 15. Jahre später, also 1951 unter seinem Namen beinahe unverändert, und verdiente damit „bescheidenes Geld", wie er später schrieb.

Sehr bald wurde er ins Reichsjagdamt nach Berlin versetzt und war dort für die Jagd in den Staatsforsten zuständig. Dazu gehörte selbstverständlich auch die Abschussregelung und zwar besonders für das Rotwild. Wenn der Dienst ihm Zeit ließ, jagte er auch weiterhin in seinem Harz, und konnte so die Ergebnisse seiner Planungen verfolgen. Während des Krieges war er Soldat in Frankreich, Afrika und Ostpreußen.

Nach Kriegsende kam er aus familiären Gründen nach Bad Harzburg, in seinen geliebten Harz zurück, war dann aber längere Zeit berufsfremd tätig, bis er 1955 Geschäftsführer des Landesverbandes Niedersachsen der „Schutzgemeinschaft Deutscher Wald" wurde. Inzwischen war mit seiner Mitwirkung im Harz der „Rotwildring Harz" gegründet worden, diesmal allerdings nur im Westharz, und er übernahm dessen Geschäftsführung.

Wesentliches Ziel einer vernünftigen Bewirtschaftung des Harzer Rotwildes sah er in der Reduzierung des zu hohen Wildbestandes und stets wiederholte er diese Forderung, denn die Diskrepanz zwischen den jährlichen Zählungen, dem jährlichen Abschuss und dem berechneten Zuwachs des Rotwildbestandes wurde im Laufe der Jahre immer deutlicher. Nach seinen Berechnungen wäre das Rotwild im Harz mehrmals ausgerottet worden, ein Beweis dafür, dass die jährlichen Zählungen stets zu geringe Wildbestände ergaben.

Sein größter Wunsch, wieder als Forstbeamter tätig sein zu können, wurde ihm 1959 erfüllt, als er schließlich Leiter des Forstamtes Oderhaus wurde, das er bis zu seiner Pensionierung im Jahr 1966 leitete. Als Anerkennung seiner Verdienste erhielt er 1967 das Verdienstkreuz 1. Klasse des Niedersächsischen Verdienstordens. Als Pensionär zog er dann wieder nach Bad Harzburg, wo er im Mai 1986 verstarb.

Friedrich Vorreyer war während seiner gesamten beruflichen Laufbahn und auch später noch schriftstellerisch tätig, wobei es nicht überrascht, dass es fast immer um Biologie, Bejagung und Bewirtschaftung des Rotwildes ging. Neben vielen Aufsätzen in der Jagdpresse ist wohl als die wichtigste Arbeit zu nennen die vierte, völlig neu bearbeitete Auflage der Monographie „Das Rotwild" von Ferdinand von Raesfeld, die unter ihm weitere vier Neubearbeitungen erlebte. Sie festigte seinen Ruf als Rotwildkenner und führte dazu, dass er in viele deutsche Rotwildgebiete, z.B. Odenwald, Sauerland, Eifel und Hainberg, aber auch ins Ausland, als Berater und auch Vortragender geholt wurde.

Die „Hege mit der Büchse" war für ihn eine conditio sine qua non zur Erreichung eines gesunden Rotwildbestandes und die wichtigste Aufgabe eines hirschgerechten Jägers. Die völlige Neubearbeitung von W. Hetschold „Das Ansprechen des Rotwildes", die 1977 unter seinem Namen erschien, sollte das notwendige Rüstzeug hierfür liefern.

Neben dem vorliegenden Buch schrieb er noch persönliche jagdliche Erinnerungen mit dem Titel „Blätter aus meinem Jagdtagebuch", die sich vorwiegend mit seinen jagdlichen Erlebnissen auf anderes Wild beschäftigten. Im Gersbach und Sohn Verlag, Braunschweig erschien ab 1954 eine Auswahl aus dem dreibändigem Werk von Otto Busdorf, Wilddieberei und Förstermorde (etwa 1928), die F. Vorreyer bearbeitete, in 2 Bänden. Der Verlag Neumann-Neudamm brachte diese Ausgaben in mehreren Auflagen ab 1993.

In den Belgischen Ardennen war er lange Jahre mit Einrichtung und Betreuung eines Rotwildringes nach „Harzer Vorbild" tätig, dem „Grand Bloc de Chasse", und er hat diese Gegend oft als seine zweite Heimat bezeichnet.

Seine Vorstellung über die Bewirtschaftung von Rotwildbeständen hatte er erstmalig 1937 anlässlich der Internationalen Jagdausstellung in Berlin mit der „Rotwildhegeschau Harz" öffentlich gemacht. Nach dem Krieg war er auf der Internationalen Ausstellung Jagd und Sportfischerei 1954 in Düsseldorf mit Ausstellungen „Rotwildhege im Harz" und „Das Rotwild des Hainberges" vertreten. Auf der deutschen Jagdausstellung 1963 in München arbeitete er das Thema Rotwild in der Lehrschau „Rotwildring Harz" noch einmal umfassend auf. Bei der Welt-Jagdausstellung 1971 in Budapest war er im Vorsitz der Trophäen-Bewertungskommission für Hirsche.

Friedrich Vorreyer war lange Jahre Mitglied im Schalenwildausschuss des Deutschen Jagdschutz-Verbandes (DJV) und wurde 1971 mit dessen Goldenem Verdienstabzeichen ausgezeichnet. Durch Verleihung seines Kulturpreises würdigte der DJV 1984 seine Bemühungen um Rotwild und Waidwerk mit folgender Begründung: „Friedrich Vorreyer hat – in der Tradition Ferdinands von Raesfelds – durch seine Hegearbeit und durch seine literarischen Arbeiten über die Grenzen Deutschland hinaus Grundlegendes für die artgemäße Hege, Bejagung und Erhaltung des Rotwildes geleistet. Dem Harzhirsch, dem seine ganze Hingabe galt, hat er zu nie erwarteter Stärke verholfen. Die Fortführung seines Werkes in guten Händen wissend, konnte er sein eigenes Wirken auf jagdkulturellem Gebiet ausreifen lassen in Gestalt des „Harz-Rotwild-Archives" und in Form seines Buches „Auf alten Wechseln zu neuen Wegen". All das gilt es, in weitgespannter Schau mit der Verleihung dieses Preises zu würdigen."

Christian Vorreyer
Bad Harzburg im Juli 2008